电子商务类专业 · 创新型人才培养系列教材

慕|课|版

移动商务运营

刘雷 汤飞飞 ◉ 主编

陈兆熙 李园园 ◉ 副主编

人民邮电出版社

北 京

图书在版编目（CIP）数据

移动商务运营：慕课版 / 刘雷，汤飞飞主编. --
北京：人民邮电出版社，2021.2（2022.6重印）
电子商务类专业创新型人才培养系列教材
ISBN 978-7-115-55290-7

Ⅰ. ①移… Ⅱ. ①刘… ②汤… Ⅲ. ①移动电子商务
－运营管理－高等学校－教材 Ⅳ. ①F713.365.1

中国版本图书馆CIP数据核字(2020)第222396号

内 容 提 要

　　本书对移动商务运营的相关知识进行了系统的介绍。书中利用移动商务运营的核心理念来支撑和指导移动商务运营工作的开展，将移动商务运营的体系划分为用户运营、内容运营、产品运营、活动运营、平台运营和数据运营 6 个核心模块，分类阐述移动商务运营的理论知识和实操知识。本书在讲解这些知识的同时，还提供了丰富的案例和资源，设计了实战训练，以培养读者的实际分析与应用能力，使读者能尽快掌握所学内容。

　　本书可作为高等院校移动商务运营、电子商务运营和新媒体运营等相关课程的教材，也可作为有志于学习移动商务运营相关知识的社会人士的参考用书。

◆ 主　　编　刘　雷　汤飞飞
　　副 主 编　陈兆熙　李园园
　　责任编辑　侯潇雨
　　责任印制　王　郁　焦志炜
◆ 人民邮电出版社出版发行　　北京市丰台区成寿寺路 11 号
　　邮编　100164　　电子邮件　315@ptpress.com.cn
　　网址　https://www.ptpress.com.cn
　　固安县铭成印刷有限公司印刷
◆ 开本：787×1092　1/16
　　印张：13.25　　　　　　　　2021 年 2 月第 1 版
　　字数：281 千字　　　　　　　2022 年 6 月河北第 3 次印刷

定价：49.80 元

读者服务热线：(010)81055256　印装质量热线：(010)81055316
反盗版热线：(010)81055315
广告经营许可证：京东市监广登字 20170147 号

前　　言

当下是移动互联网的时代，随着智能手机和 4G、5G 技术在世界范围内的推广、普及，越来越多的用户使用手机等移动端设备来购买各种商品,从而为移动端的各种电商平台带来了巨大的商机。移动商务已经深刻影响了人们的生活方式、企业的生产经营方式等。但与此同时,移动商务也使电商平台和企业面临诸多前所未有的挑战。在移动互联网时代,用户的消费行为和消费特点已经发生了较大的改变,用户会选择性地浏览广告信息和接收品牌信息,也可以说,用户变得越来越挑剔。因此,企业对精细化运营的要求也越来越高,从而催生了企业对移动商务运营人才的大量需求。

在此背景下,我们特编写了本书。本书从用户运营、内容运营、产品运营、活动运营、平台运营和数据运营这 6 个运营维度介绍移动商务运营,并介绍不同运营维度之间的关联,使读者能够全面掌握移动商务运营的核心理论知识和操作技巧,帮助企业实现"拉新、留存、促活、转化和传播"的运营目的。本书以移动商务运营初学者的视角进行全书内容的布局,希望能帮助读者快速理解移动商务运营,并利用所学知识实现运营变现。

本书具有以下特点。

1．完整的移动商务运营知识体系。本书结合读者的学习需求与企业的生产运营过程,全面围绕支撑移动商务运营的各项内容进行介绍,先从基础的知识开始,循序渐进,层层深入,使读者能对移动商务运营有一个全方位的了解。

2．理论与实践相结合。本书除了介绍移动商务运营的基础理论知识外,还在每章末设计了"实战训练"板块,以帮助读者更好地运用所学知识。

3．重视培养读者的运营能力。本书注重培养读者自主学习、独立思考的能力,制订工作计划并组织实施的能力,团队协作的能力,企业管理的能力,运营新媒体的能力。

4．教学配套资源丰富。本书不仅提供了精美的 PPT 课件教辅资源,还提供了题库、电子教案等资源,有需要的读者可自行登录人邮教育社区网站 (http://www.ryjiaoyu.com/) 免费下载。

同时,本书配套精讲慕课视频,现将本书配套视频的使用方法介绍如下。

1．读者购买本书后,刮开粘贴在本书封底上的刮刮卡,获取激活码 (见图 1)。

2．登录人邮学院网站 (www.rymooc.com),使用手机号码完成网站注册 (见图 2)。

图 1　激活码

图 2　人邮学院首页

3．注册完成后，返回网站首页，单击页面右上角的"学习卡"选项（见图3），进入"学习卡"页面（见图4），输入刮刮卡上的激活码，单击确定，即可获得慕课课程的学习权限。

图3　单击"学习卡"选项

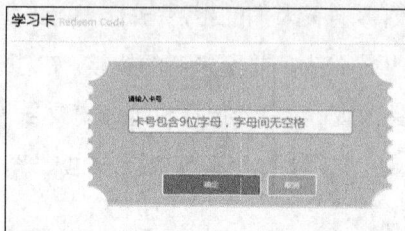

图4　在"学习卡"页面输入激活码

4．获取权限后，读者可随时随地使用计算机、平板电脑或手机进行学习，还能根据自身情况自主安排学习进度。

5．书中配套的教学资源，读者也可在该课程的首页找到相应的下载链接。关于人邮学院平台使用上的任何疑问，可登录人邮学院咨询在线客服，或致电：010-81055236。

在本书编写过程中，编者参考了许多相关资料，在此对资料的作者表示崇高的敬意和衷心的感谢！

编者

2020 年 12 月

目 录

第 1 章　移动商务运营概述

本章简介　　　　　　　　　　　1

学习目标　　　　　　　　　　　1

1.1　认识移动商务　　　　　　1

1.1.1　移动商务的定义　　　　1

1.1.2　移动商务的特点　　　　2

1.1.3　移动商务的应用场景　　3

1.1.4　移动商务的发展趋势　　4

1.2　认识移动商务运营　　　　6

1.2.1　移动商务运营的概念　　6

1.2.2　移动商务运营人员的必备能力　6

1.2.3　移动商务运营的体系建设　7

1.2.4　移动商务运营的思维　　8

1.3　实战训练　　　　　　　　12

1.3.1　实战目标　　　　　　　12

1.3.2　实战要求　　　　　　　12

1.4　课后练习　　　　　　　　12

第 2 章　移动商务运营的核心理念

本章简介　　　　　　　　　　　14

学习目标　　　　　　　　　　　14

2.1　从流量经济到用户经济　　14

2.1.1　流量经济　　　　　　　15

2.1.2　用户经济　　　　　　　19

2.2　移动商务运营的用户体系与价值链　20

2.2.1　用户体系　　　　　　　20

2.2.2　用户价值链　　　　　　23

2.3　移动商务生态系统　　　　26

2.3.1　开放的移动商务生态系统　26

2.3.2　移动商务生态系统的结构　27

2.3.3　移动商务生态系统的协调问题　27

2.4　实战训练　　　　　　　　28

2.4.1　实战目标　　　　　　　28

2.4.2　实战要求　　　　　　　28

2.5　课后练习　　　　　　　　29

第 3 章　移动商务用户运营

本章简介　　　　　　　　　　　30

学习目标　　　　　　　　　　　30

3.1　用户运营概述　　　　　　30

3.1.1　用户运营的概念　　　　30

3.1.2　用户运营的工作内容　　31

3.2　用户运营的核心　　　　　32

3.2.1　用户画像　　　　　　　32

3.2.2　用户标签　　　　　　　34

3.2.3　用户筛选　　　　　　　37

3.2.4　用户获取　　　　　　　38

3.3　用户运营的价值转化　　　42

3.3.1　用户互动运营　　　　　42

3.3.2　用户裂变　　　　　　　44

3.3.3　用户习惯培养　　　　　46

3.4　实战训练　　　　　　　　48

3.4.1　实战目标　　　　　　　48

3.4.2　实战要求　　　　　　　48

3.5　课后练习　　　　　　　　49

第 4 章 移动商务内容运营

本章简介   50

学习目标   50

4.1 内容运营概述   50

4.1.1 内容的表现形式   51

4.1.2 内容运营的定位   52

4.1.3 内容运营的方式   54

4.1.4 内容运营的生产模式   54

4.2 运营内容的生产与呈现   55

4.2.1 标题设计   55

4.2.2 正文写作   58

4.2.3 图片设计   62

4.2.4 内容排版   69

4.3 内容长期运营   72

4.3.1 内容长期运营的推送法则   73

4.3.2 内容长期运营的关键   75

4.4 实战训练   76

4.4.1 实战目标   76

4.4.2 实战要求   76

4.4.3 实战步骤   77

4.5 课后练习   77

第 5 章 移动商务产品运营

本章简介   79

学习目标   79

5.1 移动商务产品概述   79

5.1.1 产品的定义及类型   79

5.1.2 产品的价值   81

5.1.3 产品实现的基本原理   81

5.1.4 产品设计的原则   82

5.2 产品运营的核心   83

5.2.1 产品需求分析   84

5.2.2 竞品分析   88

5.2.3 产品卖点确认   91

5.2.4 推广方案策划   93

5.2.5 产品运营的数据考核   94

5.3 爆品的打造   95

5.3.1 打造爆品的关键思维   95

5.3.2 打造爆品的途径   98

5.4 实战训练   99

5.4.1 实战目标   99

5.4.2 实战要求   99

5.5 课后练习   100

第 6 章 移动商务活动运营

本章简介   102

学习目标   102

6.1 活动运营概述   102

6.1.1 活动运营的含义与特点   102

6.1.2 活动的常见形式   103

6.1.3 活动运营的作用   105

6.2 活动运营的策划   107

6.2.1 活动策划案的构成   107

6.2.2 活动的预估与测试   109

6.2.3 活动的细节安排   110

6.3 活动运营的执行   114

6.3.1 活动的预热   114

6.3.2 活动的传播   115

6.3.3 活动的数据监控   115

6.3.4 活动复盘   115

6.4 实战训练   116

6.4.1 实战目标   117

6.4.2 实战要求   117

6.5 课后练习   117

第 7 章　移动商务平台运营

本章简介	118
学习目标	118

7.1　社交平台运营	**118**
7.1.1　微博运营	118
7.1.2　微信运营	123
7.1.3　今日头条运营	134
7.1.4　抖音短视频运营	141
7.2　电商平台运营	**144**
7.2.1　有赞微商城运营	145
7.2.2　拼多多运营	161
7.3　实战训练	**171**
7.3.1　实战目标	171
7.3.2　实战要求	172
7.3.3　实战步骤	172
7.4　课后练习	**173**

第 8 章　移动商务数据运营

本章简介	174
学习目标	174

8.1　数据运营概述	**174**
8.1.1　数据运营的概念	175
8.1.2　数据运营的条件	175
8.1.3　数据运营的目的	175
8.1.4　数据的获取	176
8.1.5　数据运营的依据	177
8.2　数据运营的分析指标	**177**
8.2.1　App 数据分析	178
8.2.2　第三方平台数据分析	180
8.2.3　网店数据分析	181
8.3　数据运营的分析方法	**188**
8.3.1　直接观察法	188
8.3.2　AB 测试法	188
8.3.3　对比分析法	188
8.3.4　拆分分析法	189
8.3.5　漏斗分析法	190
8.4　数据运营的分析工具	**190**
8.4.1　使用阿里指数查看区域与 　　　　行业的数据	190
8.4.2　使用百度指数查看趋势、 　　　　需求和人群画像	194
8.4.3　使用百度移动统计分析 　　　　App 应用数据	198
8.4.4　使用酷传发布与监控 App	201
8.5　实战训练	**202**
8.5.1　实战目标	203
8.5.2　实战要求	203
8.5.3　实战步骤	203
8.6　课后练习	**204**

目录

3

第1章
移动商务运营概述

本章简介

科技的进步为人们开展商务活动带来了无限可能。在消费领域，随着互联网的应用普及以及网络技术的成熟发展，电子商务异军突起并迅猛发展。随之而来的移动互联网和移动通信技术的发展迎合了人们随时随地进行商务活动的需求，于是移动商务应运而生。

本章将分别对移动商务和移动商务运营的基础知识进行详细讲解。

学习目标

｜认识移动商务
｜认识移动商务运营

1.1　认识移动商务

20 世纪 90 年代后期开始，移动通信技术快速发展，移动商务逐步进入人们的视野。在了解移动商务运营的基础知识之前，我们先对移动商务进行初步认识，包括移动商务的定义、特点、应用场景和发展趋势。

▶▶▶ 1.1.1　移动商务的定义

从广义上讲，移动商务是指通过移动设备进行的一切商务，行业包括通信、娱乐、广告、旅游、农业、金融和教育等。从狭义上讲，移动商务是指基于移动通信网络，通过手机、平板电脑等移动设备开展的商品或服务交易的商务活动（在整个交易过程中至少有一个环节涉及移动设备的使用）。它将互联网技术、移动通信技术及其他信息处理技术结合起来，使人们可以在任何时间、任何地点进行线上、线下的各种商务活动。本书侧重的是狭义的移动商务。

从技术角度来看，移动商务是电子商务的扩展，为电子商务拓展了新的应用领域；但从应用角度来看，移动商务是对有线商务的整合与发展，是新技术条件与新市场环境下电子商务发展的新形态。由于移动通信的实时性，在移动商务环境下，企业与用户可以在第一时间准确地与对方进行沟通、与商务信息数据中心进行交互，使企业和用户能够摆脱固定的设备和网络环境的束缚，最大限度地驰骋于自由的商务空间。随着智能手机的逐渐普及，我国的移动商务得到了较快的发展。现在 4G 网络的应用已经普及，5G 也逐步投入商用领域，在移动商务环境日趋成熟的环境下，各种新型的移动商务应用形式还会不断涌现，移动商务的应用范围将更加广泛。

专家指导

随着 5G 移动通信的兴起，移动商务势必将进入新的发展阶段。从用户体验看，5G 具有更快的速度，其网速将比 4G 快 10 倍左右。受益于 5G 移动通信技术，其产业链上下游企业将迎来快速发展的机会。预计 5G 将率先在视频内容消费、远程诊断、物联网、车联网等方面变革用户使用场景。

1.1.2 移动商务的特点

移动商务以移动通信等技术为手段，以商品交换为中心。移动商务的兴起，得益于电子商务、互联网技术和移动通信技术的发展。移动商务融合了多方面的特点，下面从开放性、移动性、即时性、便捷性、连通性、可定位性、定制化服务、用户规模等维度来说明移动商务的特点，如表 1-1 所示。

表 1-1　移动商务的特点

维度	主要特点
开放性	接入方式无线化，任何人都可以很容易地进入网络世界，从而使网络范围广阔、开放
移动性	采用移动设备进行商务活动，不受时间、地点限制，用户可以在移动的状态下进行工作、社交、购物等活动，应用场景丰富
即时性	可以在移动的状态下满足用户即时产生的需求，从而使用户获得相关的信息或服务
便捷性	移动终端体积小，便于携带，并且操作简单。此外，通过移动终端具有的照相等功能，用户可以保存商品的外观图片、店铺、支付详情等信息，同时这些信息都可以在消费者购物或签订合同时通过移动终端及时传递和确认
连通性	具有相同爱好或兴趣的用户可以方便地通过移动聊天的方式连接到一起，形成一个个社交圈。企业可以方便地在这些社交圈里促销商品，同时还能够及时地获得用户的反馈信息，帮助企业改善自身的产品和服务

维度	主要特点
可定位性	因为移动终端具备全球定位技术，因此企业可以对手持移动终端的服务对象进行精准定位
定制化服务	由于移动终端具有比 PC 端更高的连通性与可定位性，因此移动商务企业可以更好地发挥主动性，为不同用户提供定制化的服务
用户规模	中国互联网络信息中心（China Internet Network Information Center，CNNIC）发布的第 45 次《中国互联网络发展状况统计报告》显示，截至 2020 年 3 月，我国网民规模为 9.04 亿，网民中使用手机上网的比例高达 99.3%。从计算机和手机的普及程度来看，手机远远超过了计算机。而从消费用户群体来看，手机用户中包含了各个层次的消费用户

▶▶▶ 1.1.3　移动商务的应用场景

移动商务现已渗入人们工作和生活的方方面面，其所涉及的领域非常广泛，应用场景十分丰富。下面主要从移动娱乐、移动办公、移动教育、移动购物、移动票务、移动物流、移动出行、移动金融、移动营销等方面来对移动商务的应用场景进行介绍。

● **移动娱乐**｜移动商务环境下，用户只需通过手机等移动设备即可接入互联网，娱乐方式变得更加简单、方便。同时，娱乐种类也变得更丰富，如微信、QQ 等以即时通信为主的移动服务，微博、移动广播等以信息服务为主的移动服务，移动音乐、移动游戏和移动视频等以纯娱乐为主的移动服务。这些移动服务可以直接在网站或应用商店中下载或共享，并且能够为移动运营商、内容提供商和服务商带来附加的收入，是影响范围较广的移动商务应用场景。

● **移动办公**｜移动办公是通过手机等移动设备中的移动信息化软件，与企业的办公系统进行连接，将原本公司内部的局域网变为安全的广域网，从而摆脱传统办公时间和办公场所对工作的限制，满足了随时随地移动办公的需求，如短信提醒服务、远程会议、信息浏览与查询和远程内部办公网络访问等。移动办公有效地解决了一些企业管理与沟通的问题，使企业整体运作更加协调。

● **移动教育**｜随着智能手机和 4G、5G 移动互联网的普及，网络传输速度得到了显著的提升，在线教育的移动客户端 App 形式开始涌现，精品手机教育 App 脱颖而出，成为学习的另一个重要平台，并受到越来越多年轻用户的喜爱。移动教育打破了传统教育的局限性。一方面，移动教育可有效地激发学员的学习兴趣，还可使学员学习机会增多，并利用零散时间进行碎片化学习，从而使自主学习更易发生；另一方面，移动教育资源丰富，交互性强，学习内容不受限制，且可自动跟踪并记录学员的学习过程，更有利于满足学员的个性化学习需求。

● **移动购物**｜随着移动商务的发展，传统电子商务商家纷纷进军移动商务市场，如

第一章　移动商务运营概述

3

淘宝、京东等大型电商平台开发了手机购物 App。用户下载并安装这些 App 后，即可直接在其中进行网上购物，如购买服装、预订鲜花和订购快餐等。移动购物改变了用户的传统购物方式，为用户提供了更加方便和快捷的服务。同时，用户购买商品后，可以更为方便地享受售后服务。当对商品和售后服务等各方面满意时，用户便会在微信等平台主动分享这些内容，从而使商家进一步增加客户资源。

- **移动票务**｜通过移动互联网预订机票、车票或入场券已经成为移动商务的一个主要应用场景，并且其规模还在继续扩大。移动互联网有助于方便核查票证的有无，并进行购票和确认。移动商务使用户能在票价优惠或班次取消时立即得到通知，也可支付票费或在旅行途中临时更改航班或车次。借助移动设备，用户还可以浏览电影剪辑、阅读评论，然后订购附近电影院的电影票。

- **移动物流**｜移动物流是移动商务近几年来发展比较迅猛的一种应用场景。常见的移动物流应用包括路况信息、车源信息和货源信息的查询，物流公司、物流资讯信息的查询与共享等。

- **移动出行**｜智能设备的快速普及和城市生活节奏的逐步加快，让移动出行服务的出现成为可能。而用户消费能力的不断提高和消费需求的不断细分，让更加多样化、高质量的出行服务得到快速发展。移动出行服务在满足各类出行需求、提升用户出行体验和改善城市交通等方面表现出色，便捷和高质量的移动出行服务也促使了用户线上使用和消费习惯的养成，如城市叫车、共享单车、汽车分时租赁、车辆充电加油、在线停车和代驾等。

- **移动金融**｜移动金融包含的内容较多，如移动银行、移动支付和移动股票等。用户可以随时随地通过移动设备进行金融业务活动，如账户余额查询、转账、付款、话费充值、水电气费缴纳、股市行情查询和股票交易等。其次，用户还能获得实时财务信息并进行金融信息的查询和浏览，快速掌握金融市场动向。

- **移动营销**｜电子商务业务向移动终端的转移带动了营销的移动化，移动营销能够帮助企业更加快速、便利地进行信息传递、与消费者互动，还能够帮助企业更快抢占移动互联网市场，促进消费市场的线上线下整合。移动营销具有受众目标群体明确、信息传递及时和互动性强等特点，是目前非常流行的营销方式，如微博营销、微信营销、二维码营销等。

▶▶▶ 1.1.4 移动商务的发展趋势

移动商务的技术逐渐走向成熟，人们可以利用上下班等碎片化时间，通过移动设备进行网上购物、网上订餐、网上订票等线上线下的互动。这些互动已经成为人们日常生活中不可或缺的一部分。随着用户消费习惯和需求的改变，移动商务呈现以下 6 方面的发展趋势。

1. 去中介化成为移动商务发展的常态

去中介化历来受到企业和用户的关注，而自媒体的兴起和发展恰好带来了去中介化的契机。自媒体条件下的商务模式依托微博、QQ 和微信等移动社交平台，通过"粉丝"效应分享和传播内容，从而在社交场景中激发用户的购买欲望。例如，贝贝网开设的"红人街频道"，就融合了社交、内容及直播等新型营销方式，并通过与"粉丝"的互动去引导用户消费。另外，时下流行的微商行业也是通过自媒体形成了去中介化模式，商家与用户之间进行直接的沟通交流，直至达成交易。去中介化已成为移动商务的常态，并将进一步得到深化。

2. 提供信息将成为移动商务的重要应用

随着大数据时代的到来，信息的价值日益凸显。例如，用户可以利用移动终端设备，通过信息、邮件、标签读取等方式来获取股票行情、天气、旅行路线、电影场次、航班、游戏等各种信息，而这些信息有助于引导用户进行电子商务交易活动。信息服务的加强或广告植入能够促进消费，同时提升用户对移动商务的认同感。

3. 移动电商企业的社交化应用将成为热点领域

如今社交媒体已经渗透人们生活的方方面面，人们更注重社群意见，社交化为电商行业带来新的流量入口。不只是微商等群体注重自媒体的应用，电商企业也在积极打造自己的社交电商平台。当然，企业的社交化应用不是只推出 App，App 只不过是一种传播工具。例如，贝贝网采用了"闪购"的形式进行限时特卖，同时，它还打造了与亲子服务相关的App，提供了母婴市场重要的增值服务（涵盖育儿、早教等方面）。

4. 全渠道、线上线下融合发展

移动商务时代，一方面，网购环境和用户的需求均有较大改变，用户希望随时随地，在任何场景下，通过任何方式，都能精准地购买到所需的商品和服务；另一方面，由于商品供大于求，单一渠道发展的增量空间有限。因此，线下消费体验和线上购物便利的双向需求将带来线上和线下购物期望值的融合，未来全渠道、线上线下融合是移动商务的重要发展趋势。

5. 移动终端应用将更加注重界面展示

移动商务中的信息获取、交易支付等问题都和移动终端息息相关，并且对业务开展有着至关重要的影响。如今的手机 App 多如牛毛，很多 App 的界面千篇一律。要想在众多的App 中脱颖而出，移动电商平台应该更加重视 App 界面的人性化设计，展示更多的个性化商品推荐信息。例如购物 App，有的商品品类丰富，注重分类搜索，有的则注重浏览，带给用户一种"逛街"的感觉。

6. 安全性能优化将成为移动商务的发展机会

移动商务的使用离不开移动互联网，而移动互联网本身存在的安全问题，这也给用户的信息安全造成了巨大的隐患。移动商务研发者应充分意识到用户在使用移动终端这一环节的安全问题。在这样的大环境下，有关安全性的标准和法律的出台也将成为趋势。同时，这也为相关的供应商和服务商提供了较大的创新机会，谁能够带来更安全可靠的移动应用，谁就能拨得头筹，获得先机。

1.2 认识移动商务运营

移动商务运营，顾名思义，是指移动商务环境下的运营工作。下面将从移动商务运营的概念、移动商务运营人员的必备能力、移动商务运营的体系建设和移动商务运营的思维这几方面来全方位介绍移动商务运营。

1.2.1 移动商务运营的概念

要弄清楚移动商务运营的概念，我们需要先了解什么是运营。运营是围绕商品管理而展开的一系列计划、组织、实施和控制等工作，是与产品生产和服务密切相关的各项管理工作的总称，如产品设计、品牌宣传策划、公关和广告投放等。

那么运营与营销有什么区别和联系？这两者之间有什么关联呢？营销是指企业挖掘用户的需求，制订恰当的营销方案进行目标销售。简单地讲，营销就是让用户了解产品进而购买该产品的过程。例如，某个产品，有人因为电视广告而购买，有人因为微博推广而购买，有人因为他人推荐而购买。让用户知道并购买这个产品就是营销的目的。运营包含营销，除了使用户了解并购买产品，还要维护产品、留下用户，并让用户信任产品，愿意继续使用产品并参与产品的改良过程。可以说，营销和运营这两项工作是相互协调的，有运营才会涉及营销，有营销才能更好地进行运营。

总体而言，移动商务运营基于移动互联网，主要利用手机、平板电脑等移动终端，依靠微博、微信等工具或平台，完成企业和用户之间产品和服务的交换，并持续维系产品和企业与用户的关系。

1.2.2 移动商务运营人员的必备能力

要成为一名合格的移动商务运营人员，必须要具备一些基本的能力，如产品理解能力、网感、资源整合能力、策划和写作能力等。下面分别进行介绍。

1. 产品理解能力

产品是运营的基础，一名合格的运营人员必须具备产品理解能力。这样才能清晰地进行产品定位，分析产品对用户的吸引力，找到用户的行为模式和特点，并针对不同类型用户的需求进行有针对性的营销，从而最大化激发用户的购买欲望和传播欲望。

2. 网感

网感是指运营人员对网络的敏感度，主要表现在运营人员对网络热点话题、网络热点词汇、网络热点表情包等网络元素的敏感度上，是对网络流行热点的快速反应能力。这种能力能够给运营人员带来创作的灵感，让运营人员更好地把握时机，将企业产品或品牌精神与网络热点结合起来，打造具有吸引力的营销内容，从而抢占营销的先机。

3. 资源整合能力

移动商务的平台众多，虽然方便了运营人员进行营销信息的推广，但也很容易导致资源分散、端口交叉重叠等问题的出现。例如，在不同的平台中发布多个同质化的内容会导致营销内容的原创性与质量的降低，给用户带来不佳的感观。运营人员要了解企业自身的传播渠道和营销模式，积极收集和合理利用网络中的资源（如文章素材、优质合作对象等），进行充分整合后科学选择最有利于企业的营销方式，从而最大限度提高企业营销的传播价值，完成企业品牌的布局。

4. 策划和写作能力

运营人员需要具备良好的内容策划能力，包括对营销内容和方式的定位、对营销渠道的确定、对目标用户人群的分析等，这是进行营销推广的前提。特别是在瞬息万变的互联网环境中，运营人员还要不断通过实践来提高自己的策划能力，以保证营销计划能够顺利开展。

同时，写作能力也是运营人员不可或缺的一项能力。营销内容是营销的关键，没有良好的写作能力，就算吸引了大量的流量，如果内容不能吸引和打动用户，也会造成资源的浪费。

▶▶▶ 1.2.3 移动商务运营的体系建设

移动商务运营的体系怎么建设？本小节主要从用户运营、内容运营、产品运营、活动运营、平台运营和数据运营这 6 个运营方式来介绍如何建设移动商务运营的体系，并进一步介绍和探讨移动商务的运营工作，如图 1-1 所示。

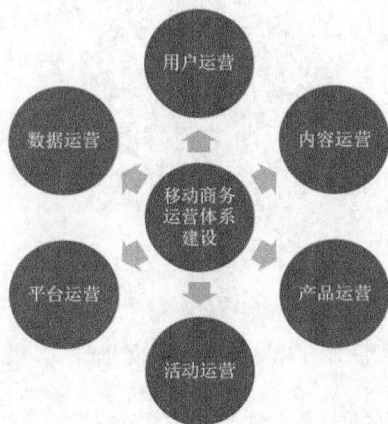

图 1-1 移动商务运营的体系建设

用户运营、内容运营、产品运营、活动运营、平台运营和数据运营是移动商务环境下，不同的运营维度和运营方式。它们之间相互交叉又相互联系，分别以用户、内容、产品、活动、平台和数据为核心支撑移动商务的运营工作。不管采用哪种运营方式，都是为了直接或间接地实现拉新、留存、促活、转化和传播这5个基本的运营目的。拉新是指吸引新用户；留存即留住用户；促活即促进用户活跃度；转化是指变现过程，让用户购买和使用产品；传播是指让用户自主参与产品的分享和传播过程。

值得注意的是，数据运营是移动商务运营体系的基石。数据能够真实反映产品或服务的现状，帮助运营人员更好地了解产品、用户、内容、活动和收益等的变化规律，从而迭代产品、优化运营策略、规避风险，为下一步决策做参考。

▶▶▶ 1.2.4 移动商务运营的思维

好的运营思维，是支撑运营工作顺利开展的有利条件。运营人员需要重点掌握和理解常见的移动商务运营思维，以适应不断变化的移动商务环境和市场。下面主要介绍移动互联网思维、用户思维、社会化思维、免费思维和品牌思维。

1. 移动互联网思维

在移动互联网时代的背景下，就移动商务领域而言，每个运营人员都应该具备移动互联网思维。移动互联网思维也称为5F思维，包括碎片化（Fragment）思维、"粉丝"（Fans）思维、焦点（Focus）思维、第一（First）思维和快一步（Fast）思维，如图1-2所示，下面进行详细介绍。

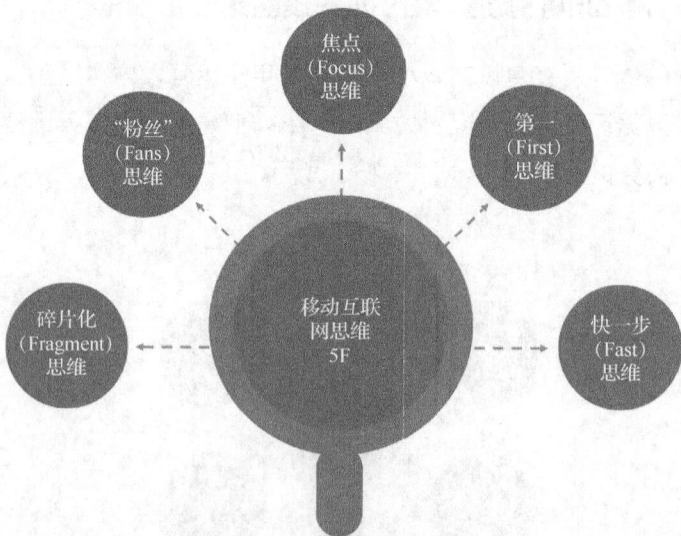

图1-2 移动互联网思维

（1）碎片化（Fragment）思维

移动互联网时代，用户的消费特点发生了巨大变化。消费时间碎片化是移动互联网环境下，用户最显著的消费特点。因此，移动商务模式下，店铺商品的上新、促销信息的推送都可以在用户碎片化的时间段内进行。企业要为用户提供新颖的、有创意的营销内容，这样才更有机会让用户看到和记住商品信息，从而更快地获得用户的关注。

（2）"粉丝"（Fans）思维

传统企业服务模式以产品和服务本身为重心，用户只能选择和接受这种产品和服务，难以与企业产生更多的联系。而现代企业服务模式将重心转移到用户上，并在产品和用户之间建立起一种情感联系，"粉丝"开始成为企业重点培养的对象。

在移动商务环境下，任何一个兴趣、事物、话题的参与者都可以成为"粉丝"。他们被这些兴趣、事物、话题所吸引，继而可能产生消费行为，我们可以将这类"粉丝"群体称为"外围粉丝"。而企业通过品牌展示或者活动、话题来吸引对品牌有认知的"粉丝"，这类"粉丝"群体可被称为"品牌粉丝"或"核心粉丝"，这类"粉丝"对企业或产品的忠诚度更高。例如，一个被某产品的营销吸引过来单纯购买该产品的消费者，在现阶段，该消费者是一个广泛意义上的"粉丝"；而一个同样购买过该产品的消费者，他参加过该企业的年会，在年会上积极发言，和企业内部人员有过交流，或担任过企业同城会的组织者，那么这样的消费者就与企业存在情感关系，是对企业有更高忠诚度的"粉丝"。

"粉丝"群体的兴趣爱好往往能带来极大的行动力和购买力，会对互联网文化生产和线上线下消费产生巨大的影响。当个人、品牌或企业拥有一批忠实的"粉丝"后，他们更容易在市场中站稳脚跟，如罗振宇的"罗辑思维"。

另外，"粉丝"不一定是消费者，"粉丝"可以是品牌的口碑传播者。企业可以与"粉丝"互动，让"粉丝"主动参与营销环节，建立成熟的反馈机制，来提高"粉丝"对企业、品牌的黏性和忠诚度，让"粉丝"主动分享和传播企业的营销活动，扩大企业营销的影响力。

（3）焦点（Focus）思维

德国知名苹果分析师迪尔克·拜克曼在其《失去乔布斯，苹果会怎么做？》一书中，认为"苹果的方法论就是一旦决定做一款产品，就一定要将所有力量聚焦在这一点上，把这一点做到极致"。移动互联网时代，焦点思维就是"聚焦到一个点上"，在某个方面做到极致。例如，将产品做到极致，毫无瑕疵；将服务做到极致，超越用户的预期。正如苹果用它的发展轨迹证明了一款好产品足以影响一个企业的命运。而对用户而言，用户在纷杂的媒体信息环境中已经缺乏耐心和精力，他们对某个企业的印象同样会聚焦到某一点上，如产品质量、产品价格、品牌文化等。

（4）第一（First）思维

在如今竞争越发残酷的时代，用户在碎片化的时间下只会记住行业或同类中的翘楚，第二、第三往往会成为"背景板"。"第一"往往更能吸引用户关注，不管是行业品类第一、思维想法第一，还是技术第一。要想第一时间博得关注，就必须进行准确定位，保持与营销环境的发展一致，保持与用户的步调一致，找到成为第一的正确途径。

（5）快一步（Fast）思维

捷足先登是商场营利的一大原则。众所周知，先进入市场者相比后进入市场者有更多竞争优势。这是一个速度当先的时代，企业若是做决策或布局发展稍慢一步，就将失去先机。而"快一步"就是各种速度要快，如决策要快、产品推出要快、产品迭代要快、创新要快、市场反应要快、品牌信息传播要快等。

2. 用户思维

用户思维是用户经济最核心的思维（关于用户经济的相关知识将在后文进行具体介绍），即用户需求永远是营销工作的导向。企业在开发、研制、营销任何一款产品或服务时，都应该以用户为核心。特别是在互联网时代，做好用户工作就是做好营销。用户思维的运营是一种更加人性化的运营，找到用户心理共同点、用户痛点更容易提升运营效果。

运营用户心理共同点是指找到用户群体的共同特征，然后针对他们的共同心理将产品推广出去，吸引用户主动汇聚。例如，小米前期面对专业级用户的运营口碑重点是"为发烧而生"，运营后期面对大部分普通用户的运营口碑重点则是十项"黑科技"。

3. 社会化思维

社会化媒体是互动式在线媒体的总称，本质是用户即媒介、用户可参与和用户创造内容。社会化思维要求企业善于利用社会化媒体与用户进行沟通和交流，再通过社会化媒体实现市场推广。

（1）使用社会化媒体

现在这个时代，人人都是自媒体，口碑传播在社会化媒体平台可以产生巨大的效果裂变，为企业带来十分可观的营销效果。企业可以形成产品与用户之间的连接，促进产品在用户的社交圈传播，实现产品和品牌的裂变式推广。例如，为了让企业和消费者真正地互动起来，江小白推出了表达瓶，只需要扫描瓶身上的二维码，消费者就可以输入想表达的内容，参与江小白的文案撰写，自动生成一个专属自己的酒瓶。如果消费者撰写的文案被选中，它就可以与江小白的产品一起，批量生产并全国上市。江小白的表达瓶就是将产品变成像微博、微信朋友圈一样表达消费者态度和行为的载体，让消费者参与江小白的移动营销，成为江小白的品牌传播者。

（2）众包协作

众包是在互联网下诞生的产物，强调社会差异性、多元性带来的创新潜力，强调从企业外部吸引人才参与，实现创新与合作。

众包蕴含"携手用户协同创新"的理念，让产品设计由原来的以生产商为主导转向以用户为主导，延伸创新边界，借社会资源来提升自身的创新与研发实力。用户的参与让产品更具创造力，让企业更容易适应市场需求并获得利润。小米手机在研发中让用户参与实际上就是一种众包模式。

4. 免费思维

互联网带给用户的好处不仅有便利，还有实惠。很多企业借助免费思维不仅快速开辟了市场，甚至打造了优秀的用户口碑。当然免费思维并不是单纯地提供免费的产品和服务，而是通过免费模式达到收费的目的。

移动商务运营中常见的免费模式主要有以下4种。

● **先免费消费，再付费消费**│先为用户免费提供商品，同时在商品基本功能的基础上进行二次开发，提供更多、更好、更实用、更便捷的功能或服务，引导用户进一步消费。这种模式在很多行业中都有应用。不过需要注意，该模式要想达到预期的效果，必须保证所提供的产品或服务有价值、有特色，以及符合用户进行消费或再次消费的需求。

● **间接收费**│先对一部分用户或一部分功能免费，再通过这部分用户背后的隐形消费或其他功能来营利，这种免费模式通常都带有附加条件。这种模式也是比较常见的一种促销手段。例如，购买手机时，手机免费使用，但每个月必须消费一定额度的话费。

● **交叉免费**│向一方免费的同时向另一方收费，让收费和免费交叉进行。例如，某平台同时面向买家和卖家开放，为了实现双方的利益交换，进行交叉免费，一部分功能向买家免费、向卖家收费，另一部分功能向卖家免费、向买家收费等。

● **暂时免费**│类似分期付款的一种模式。用户可以通过信用担保来分期偿还购买款，从而分散用户的一次性购买压力，刺激用户进行购买。

专家指导

企业在设计免费模式时，不应该仅将免费模式当作促销手段来使用，而应该全面布局，考虑免费模式的更多价值，设计出更好的营销方案，提升品牌知名度，并及时获得市场反馈的信息。

5. 品牌思维

品牌是企业的无形资产，也是产品的附加价值，很多企业之间的竞争，实际上就是品牌的竞争。品牌知名度、美誉度是企业保持长期竞争力的内在动力，甚至现在很多营销渠道、营销价格和促销模式的选择，都是建立在品牌影响力的基础上的。

（1）营造品牌概念

品牌会直接影响用户对产品的认知、认可和评价，用户通常会优先选择品牌知名度、美誉度更高的产品。在这种情况下，如果品牌影响力大，用户黏性就会越高，忠诚度也会越高。在用户心中营造品牌的概念是为了给用户树立一个鲜明的、独一无二的品牌形象，打造品牌的独特价值，吸引用户认可和购买产品。企业在设计品牌时需要进行清晰的定位，进行产品分析和策略分析。

● **产品分析**│产品分析应该围绕产品的特色进行挖掘，好产品才能支撑起有影响力的品牌，产品特点、卖点、功能、形象、服务等都可以作为品牌特色进行打造。

● **策略分析**│策略是指打造品牌的差异化。企业可以定位细分市场以满足用户的个性化需求，从而获得独特的品牌优势。

（2）品牌宣传

品牌宣传主要包括传统媒介和新媒介两种方式。传统媒介如报纸、杂志、电视、广播等；新媒介有社交平台、数字产品等。传统媒介的宣传成本比较高，相比之下，更多的企业开始转战新媒介，微博、微信等社会化媒体成了宣传品牌的主要媒介。信息传播途径的多样化、智能化为品牌宣传提供了更多的渠道。在这个信息爆炸的环境下，越真实、新颖、个性、有创意的宣传，传播效果就会越好。

1.3 实战训练

本章主要介绍了与移动商务和移动商务运营相关的基础知识，本章的实战训练将进一步巩固所学知识。

▶▶▶ 1.3.1 实战目标

本章实战目标主要包括以下几个。

- 熟悉移动商务的特点和应用场景。
- 了解移动商务运营人员的必备能力和工作内容。
- 掌握移动互联网思维和品牌思维。

▶▶▶ 1.3.2 实战要求

① 举例说明目前移动商务的现状及发展趋势，并说说你的看法。

② 调查身边熟悉的中小型企业，掌握企业的基本经营情况，并分析企业现有的移动商务运营方式。

③ 列举两个以上典型的移动互联网思维案例，分析案例的表现模式并总结其优缺点。

④ 列举两个以上典型的品牌思维案例，并将成功案例和失败案例进行对比和分析。

⑤ 在招聘网站中搜索新媒体运营职位，查看新媒体运营工作岗位的岗位要求，多浏览几个招聘网站，进行对比、分析和总结。

1.4 课后练习

一、简答题

1. 简述移动商务和电子商务有何联系与区别。

2. 简述移动商务的发展前景如何。

3．简述移动商务运营人员需要具备哪些能力。

4．简述移动商务运营的核心运营思维有哪些。

二、操作题

1．在互联网上查看什么是移动商务和移动商务运营。

2．在网上查找移动商务运营的成功案例，总结该案例的运营方式和运营成功的经验。

第2章
移动商务运营的核心理念

本章简介

互联网具有辐射面广、交互性强等特点，它的飞速发展不仅改变了人们的生活，也使企业的运营理念开始逐渐发生变化。所谓运营理念，就是系统的、根本的运营思想，一切的运营工作都需围绕一个根本的核心思想进行。运营理念决定了企业的运营方向，它和企业使命、企业愿景一样是企业发展的基石。

本章将就从流量经济到用户经济、移动商务运营的用户体系与价值链，以及移动商务生态系统这几个方面介绍移动商务运营的核心理念。

学习目标

│了解从流量经济到用户经济的转变
│掌握移动商务运营的用户体系与价值链
│认识移动商务生态系统

2.1 从流量经济到用户经济

人们常说，当下是互联网经济时代，用户的力量越来越强大，"流量为王、用户至上"成为众多互联网企业的生存法则。只有真正能够洞察、满足用户需求的企业，才能提升自身的品牌价值。

企业最初的运营理念大多都以技术为导向，注重网站建设和推广技术。后来逐渐发展至以流量为导向，这个时期流量是网络营销的重要指标。而新时期的企业运营，以人为本，关注用户价值，重点建立用户与用户之间、用户与企业之间的价值关系网络，创造用户价值成为企业运营的出发点和落脚点。

未来的运营核心依然是以人为中心，以用户价值为中心。企业运营不应该再单纯地以入口、流量为目标，而是必须打造一个以客户为核心的价值关系网络，整合各种多媒体媒介和工具，实现多元化、立体化的营销。

▶▶▶ 2.1.1　流量经济

有人曾说，任何一家互联网公司都离不开一个核心的需求——流量。所谓"得流量者得天下"，事实的确如此，毕竟只有拥有了流量，企业才能进一步实现"精准营销"和"转化变现"。微信拥有超过十亿的用户，这十几亿的用户就是微信的流量，假如微信没有如此庞大的用户量，那么它就没有如今的影响力。

互联网的世界里，很多的概念被打上了流量标签，如"流量巨头""流量独角兽""流量明星""流量变现"等。现在我们所理解的流量，是一个非常广泛的概念，应用程序在手机上的下载量、安装量是一种流量，App 的日活跃用户数、月活跃用户数是一种流量，网店的访客数也是一种流量。流量经济的概念其实在很早之前就存在了，一些实体产业也需要借助流量来提高自己的营收。例如，企业要经营一家实体店铺，那么店铺地址是选择在一条每天只有两三个人路过的街道，还是人流密集的中心区域呢？如果以营利为目的，后者无疑是首选。因为人流密集的中心区域可以增加店铺被更多人发现和访问的概率，在人流量大的基础上，一般后者的收入要明显高于前者。

接下来我们将从流量经济的演变、流量变现的方式和流量经济的困境 3 个方面来了解流量经济的相关知识。

1. 流量经济的演变

互联网环境下的流量经济起源于 PC 端的时代。1994 年，我国开通了第一条 64K 国际专线，中国互联网络信息中心（China Internet Network Information Center，CNNIC）公布的数据显示，截至 1997 年，我国网民数量仅有 60 余万人，此时的互联网只是几十万用户的"小众世界"。"流量"是什么，如何从互联网中去赚钱，并无太多人知晓。更多的用户和企业关注的是互联网能够为生活带来什么样的变化。1994—2001 年出现的互联网公司，迄今被人熟记的也只有阿里、百度、网易、搜狐、新浪、腾讯等。

流量的争夺始于 2001 年年初，当时网民数量已经飙升至 2200 余万。仅 2003 年，搜狐、新浪、网易等门户网站的广告收入就均高达数千万美元。此时的互联网变得热闹起来，论坛、即时通信（Instant Messaging，IM）、网游、电商等商业模式都在这个时候被酝酿出来，"流量"成为互联网的主角。网络上的信息从匮乏变得充足，人们迫切需要在互联网中快速获得有效的信息，搜索引擎自然而然地被催生出来。百度从这个时候崛起，千千万万个个人站长依附于百度搜索引擎的庞大流量获得了第一桶金。2005 年，百度登陆纳斯达克正式上市，也掀起了我国互联网流量争夺战的第一次高潮。搜狗、搜搜、谷歌等搜索引擎平台开始发力，可以说，谁掌握了搜索入口，谁就掌握了互联网流量的"命门"。直到 2009 年，搜索入口的流量争夺以百度的胜出才告一段落，百度也成为当时国内 PC 端最大的流量平台。这一时期，我们的购物是在计算机上完成的，这是一种传统的电商商业模式，也是一种典型的流量经济，淘宝也是在这一时期发展壮大的。

2010年后，智能手机开始在我国普及，越来越多用户的上网习惯从PC端转移到了移动端，流量的入口也从PC端向移动端迁移，这让无数的创业者看到了抢占新流量入口的可能。微博率先掀开了流量争夺战新的篇章，新浪、腾讯、搜狐、网易、百度纷纷加入战局。在很多场所都能看到人们拿着手机翻看微博信息，人们发现这种短小、新奇的内容很适合打发时间。对企业而言，微博也成了与用户进行实时互动的平台。小米抓住微博流量红利期，频繁地在微博上提示软件更新、收集用户反馈、处理用户投诉等；江小白将代表品牌态度的标语文案在微博上以图片和短文的方式进行传播，以匹配用户的媒体使用习惯。小米和江小白是这一时期流量经济的典型代表。

2011年微信上线，2012年微信相继推出朋友圈、公众号，朋友圈和公众号成为知识和文章等信息传播的主阵地。2014年春节，微信红包亮相，激活了无数微信的潜在用户，微信迅速成长为人们日常必备的社交工具。此时，拥有海量用户流量的微信风头一时无二，成为这一时期的流量霸主。与此同时，移动互联网迅速发展，社交流量红利凸显。拼多多推出"社交电商"的创新理念，依靠"低价拼购"的商业模式，迅速成长起来。在社交流量红利的驱动下，微商这一群体出现了，其他社交电商还有小红书、有赞微商城等。2013—2016年，我国网民数量增加了一亿人，远低于此前20年的增速，但是承载流量的业态变得更加丰富。除微信、微博外，今日头条、抖音短视频、喜马拉雅、滴滴出行等数亿用户的超级App相继诞生。

2016年以后，互联网流量的争夺变得白热化，流量的获取成本越来越高，创业成本只增不减。对于广告主们来说，投放成本的提高要求更为严苛的投放精细度。但不同于以往，微信、今日头条等流量巨头将流量分发给了更多的创业者，给了创业者更多的机会。

总体来说，流量经济下，流量是基础。企业的运营理念是先获取流量，先投入成本，用"免费下载""免费入驻""免费购买""赠送活动""推荐有奖"等方法吸引用户，再逐渐思考如何实现流量变现。

2. 流量变现的方式

流量变现的主要方式包括广告变现、电商变现和增值服务变现，下面分别进行介绍。

（1）广告变现

广告变现是流量经济模式下最主要、最简单、最快速的一种流量变现方式，是指企业或个人提供广告位、流量赚广告主钱的一种方式，根据流量多少、广告时间长短等结算费用。互联网广告的原理与传统广告并无二致，只是广告的形式变成了网络上各种各样的链接、图片或视频，广告的载体变为了网站、App等。例如，开启各类App时以全屏的形式弹出的插屏广告，图2-1所示为开启新浪微博App时出现的插屏广告；位于App的底部或顶部的横幅广告，如图2-2所示（在PC端，横幅广告这种广告形式经常出现在门户网站网页的顶部或底部）。另外，自媒体营销也是一种常见的广告变现方式，即广告主与自媒体号合作，通过推广文章来获得品牌曝光度。这种模式下的流量经济曾经盛极一时，如一篇成本在 5000 元左右、浏览量 10 万以上的微信公众号文章可以带来近 10 万元的合作费用。

图 2-1　插屏广告

图 2-2　横幅广告

（2）电商变现

目前的电商变现可以分为电商 CPS 变现、导购变现和自营电商变现。

- **电商 CPS 变现**｜电商 CPS 是指电商的代运营，即商家把商品放到电商平台上进行售卖，电商平台通过增加一些展示入口来引流到对应的店铺，并实现转化，然后同商家进行 CPS（以实际销售产品的提成来换算广告刊登金额）分成，从而实现变现。

- **导购变现**｜导购变现适用于拥有足够多的活跃用户的网站、App。企业通过内容或社区来搭建商品展示页面，并通过与购物平台分销、广告系统合作来进行选品招商、商品上下架、结算等工作。

- **自营电商变现**｜与导购业务相比，自营电商的不同在于企业自主搭建购物频道、订单支付等系统，自主把控商品的品质和服务。此模式虽利润空间较大，但企业应对商品质量进行严格控制，因为一旦出现不合格的商品，就可能会造成大量用户的流失。

（3）增值服务变现

增值服务变现是指为满足用户（个人或企业）需要，提供相应的付费内容或服务的流量变现方式。增值服务的种类有很多，大致可以分为会员类和内容消费类。会员类如视频网站的付费会员，用户付费后可以获得更好的视频观看服务。内容消费类如直播和知识付费，直播由用户购买虚拟礼物赠送给主播，平台方靠分成赚取利润。知识付费的代表产品有知乎、得到、有道精品课、网易公开课（见图2-3）等。增值服务变现门槛较高，需要有完善的产品和服务体系，以及一定的用户信任度和忠诚度，适用于较为成熟的互联网产品。

图 2-3　网易公开课付费内容页面

3. 流量经济的困境

当前市场经济正在朝着"脱虚向实"的方向发展，这也意味着以吸引"眼球"为主，缺少直接营利能力的流量经济变现会变得越来越困难。造成流量经济没落的原因主要有以下几点。

- **流量天花板**｜《2019 年互联网趋势报告》指出，中国移动互联网用户规模增长率下降明显。随着全网流量见顶，移动端用户量天花板日益明显。全网流量就那么多，但目前各类平台（电商平台、社交平台、内容平台等）数量仍呈井喷式的增长，平台上的商家或创业者的总数也在上涨，因此每个商家或创业者能分到的具体流量就极其有限了。

- **监管力度加大**｜互联网依靠从流量到广告变现的经济模型获得了飞速发展。流量经济的成功改变了大众的生活方式。然而，很多内容平台通过机器算法分发内容的方式也广受诟病。唯"流量"是从，被流量绑架，鱼目混珠者通过炮制"热点"来骗取流量，这些行为大大降低了优质原创内容作者的持续性收益，也让我们对整个互联网行业的认识严重肤浅化、脸谱化。在这种背景下，有关部门和行业加大了互联网行业的监管力度。例如，2019 年，《中华人民共和国电子商务法》正式施行，凡是广告内容都要标记上"广告"标签；各类平台鼓励用户创作原创内容，并建立起严格的内容筛查机制，提升内容质量。

- **用户的行为习惯改变**｜在微信朋友圈、微信公众号、短视频平台等新鲜事物刚上线时，人们总是充满了好奇，不加筛选地查看任何内容。当市场趋于饱和，人们已经习以为常，关注了几十、上百个微信公众号，每天面对各类平台海量的同质化信息推送，但真正想点开的内容少之又少。用户变得"精明"起来，已经能够分辨那些依靠炮制"热点"来骗取流量的内容了。

当互联网的流量趋于饱和，行业监管力度加大，用户行为习惯的改变三管齐下，流量经济就逐渐式微了，即单纯地依靠流量直接获得经济收益变得困难。流量经济式微，不代表流量不重要，流量仍然是移动商务环境下企业运营的基础。在未来，企业运营会更加注重用户的服务和体验。例如：广告素材的审核将更加严格，广告内容更加原生，即广告像是内容的一部分，不影响用户的阅读体验；增值服务变现需要持续保持高质量的内容输出，需要维护用户的活跃度和忠诚度。这些也都是流量经济转变到用户经济的具体表现。

▶▶▶ 2.1.2 用户经济

用户对品牌的认可，是企业得以茁壮发展的立足点。在移动互联网的发展下，"用户至上"已成为移动商务环境下企业的核心价值观。把用户体验放在第一位，以用户需求为导向，为用户提供有价值的服务是当下企业的核心任务。

1. 用户经济的特点

用户经济是一种基于用户需求的经济，要求企业在价值链各个环节中都要以用户为中心，深度理解用户，比用户更知道他们自己的需求是什么。用户的反馈信息越多，企业的产品研发越能紧跟用户的需求步伐，使产品更有生命力。企业在了解用户的过程中，有 3 个比较核心的问题，即市场定位、品牌和产品规划、用户体验，研究这 3 个问题实际上就是研究目标用户是谁，目标用户的需求是什么，产品和品牌怎样满足用户的这些需求。

了解用户最好的方式是直接接触用户，从用户心理、用户特征、用户需求等各个方面搜集用户信息，分析用户数据，最终汇集成目标用户画像。用户画像不仅能帮助企业找到用户的主需求，还能找到用户的很多隐性需求。

为了提升营销效果，企业在吸引到用户之后，还需要提升用户的参与感。用户参与感的培养方法比较多，比较常见的包括为用户设计个性化定制产品和让用户参与产品开发及优化的过程，而这些方法也能进一步精准地获取用户需求信息。参与感还能让用户进一步变成粉丝，粉丝比用户的忠诚度更高，粉丝会为品牌投入感情因素，是企业最优质的目标消费者。

产品在满足用户需求时，还必须要给用户带来良好的体验，这样才算是真正满足了用户的需求。好的用户体验应该关注每一个细节，并将细节贯穿到体验的整个过程，让用户能清晰感知这些细节，给用户带来预期之外的惊喜。

2. 用户经济的运营法则

用户经济的运营是一种更加人性化的运营。对于企业来说，设计产品和服务时，可遵循"简单""快速""易变""实惠"这 4 个基本运营法则。

（1）简单

移动互联网时代，简约、简单是很多用户选择产品时的第一要求。不管是产品设计、产品外观还是操作流程，都要尽量简化。除此之外，功能的便捷性也是用户非常关心的问题，能否快速找到自己想要的信息、能否快速掌握操作方法等都影响着用户的产品体验。越简单的产品，才越容易传播。

（2）快速

快速不仅是用户的需求，也是移动互联网非常明显的特征之一。用户在使用移动互联网时，总是希望能尽快看到消息资讯。因此企业在设计产品时，不仅要减少页面的跳转，还应该考虑用户接下来希望看到什么。

（3）易变

在互联网产品越来越多元化的时代，用户的可选择性也越来越大。企业如果不能维护好用户关系，那么就很容易造成用户流失。因此，企业要重视用户使用产品的体验，设计更多贴心的产品细节，关注每一个使用环节，提供更方便的支付方式。

（4）实惠

实惠是用户进行网络消费时经常考虑的因素，越物超所值、物美价廉的产品就越容易受到用户的欢迎。企业可以从用户的精神层面出发，给予用户一些有价值的实惠，让用户得到心理满足。

专家指导

从"流量经济"到"用户经济"的转变，本质上是从注重用户"数量"到注重用户"质量"的运营理念的升级优化。其中一个显著的变化是，在以用户需求为导向的"用户经济"模式下，用户愿意为满足需求的产品和服务付费。

2.2 移动商务运营的用户体系与价值链

移动商务环境下，企业运营以用户需求为导向，如何获取用户、留存用户，以及活跃用户成为各移动端企业最为重要的任务。下面将介绍用户体系和价值链的相关知识，为移动商务运营提供指导。

▶▶▶ 2.2.1 用户体系

"用户体系"是企业为方便管理和维护用户所创造的一个词语，不同企业对用户体系有不同的认知。下面我们将从用户及用户体系的概念、用户体系的组成元素，以及用户体系搭建这几个方面探讨用户体系的相关知识。

1. 用户及用户体系的概念

在了解用户体系的概念之前，我们先来解释一下用户的概念。用户的概念来自营销学，指某一种技术、产品、服务的使用者，或被服务的一方。按照营销学的说法，所有移动终端的使用者都可称为"用户"。

接下来，我们来认识什么是用户体系。我们可以将用户体系理解为"为满足用户不同需求而设计的方案"。

2. 用户体系的组成元素

在传统商务时代，最初的用户体系简单地把用户分成了 3 类：潜在用户，指尚未购买，但可能购买的用户；买家，指发生过购买行为的用户；常客，指经常发生购买行为的用户。

在互联网发展早期，通常互联网企业只是将用户粗略地分为注册用户和访客，因为那时候大多数互联网企业还没有精细化运营的需求。同时，流量经济盛行，多数互联网企业的营利是基于流量的广告收入，是否具备完善的用户体系并不是决定企业运营成功或失败的关键要素，而流量的多少才是企业能否存活的关键要素。因此，用户体系并未受到重视。但随着互联网的发展，"唯流量是从"不再是企业运营的不二法则，"以用户为中心，以用户需求为导向"推动了现在更加复杂的用户体系的形成。

下面将通过常见的用户分级来概括用户体系的组成元素，用户一般可划分为新用户、普通用户、核心用户和种子用户，如图 2-4 所示。

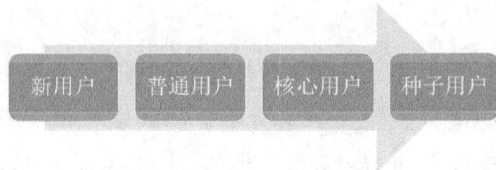

新用户　普通用户　核心用户　种子用户

图 2-4　用户分级

- **新用户**｜新用户是指刚使用或未使用产品的用户，对产品处于初级认知阶段。新用户是用户增长的基数。此时，企业可以让新用户快速了解产品的使用方法和价值，尽快地完成产品的核心行为；企业还可以鼓励新用户带来更多的新用户，通过有效的方式加强用户对产品的黏性。

- **普通用户**｜普通用户是指使用频次较高、观看点播较多、没有或偶尔有付费行为的用户。普通用户是产品活跃用户的来源。企业利用普适性的运营活动可以将新用户筛选和转化成普通用户。

- **核心用户**｜核心用户是指深度使用产品、高频点播或付费的用户。核心用户具有能活跃氛围、推老带新的作用，是消费和互动的主力军。企业可以策划参与度高、有实物奖励的线上活动，或提供福利和特权，保证核心用户群体的活跃度和黏性。

- **种子用户**｜种子用户是指高忠诚度、高贡献度的用户。他们除进行产品高频点播和付费外，也乐意互动分享。种子用户往往具有关键意见领袖（Key Opinion Leader, KOL）

的属性，甚至能参与产品设计决策，具有提升产品黏性的作用。企业可对种子用户进行一对一的关系维护，并给予其情感和金钱方面的满足。

并不是所有的场景都适合搭建用户体系。当产品用户基数过小时，划分的用户群体特征容易受到极值影响；当用户量持续增长时，用户群体的特征进一步扩大，现有的用户分层难以满足全部业务需求，难以制订高效率的运营方案。而办婚庆、买房这样的超低频消费场景，大部分用户消费不超过两次，难以搭建精确的用户体系。

同时，用户等级的划分不是绝对的，不同行业的划分方式不同，需视具体情况而定。以电商行业为例，根据用户的行为路径（注册、下载、查看、下单、购买）可以将用户等级划分为注册用户（新用户）、下载用户、活跃用户、兴趣用户和付费用户，在持续服务的过程中，各用户等级的用户数量会呈现出漏斗状的转化效果，如图 2-5 所示。

图 2-5　电商用户层级划分及漏斗转化

3. 用户体系搭建

搭建用户体系可以将用户群拆分成特征明显的各个群体，并有针对性地设计不同的运营手段和运营方案以提高不同类型用户的留存率、活跃度和付费率。

在规划产品的用户体系时，可以按照以下的设计思路进行设计。

- **明确产品目标**｜明确产品搭建用户体系的目标是什么，这样才能以此为导向规划用户体系。例如，某内容产品的核心目标是将普通用户转化为付费用户，所以它的用户体系中，打赏系统是核心模块。建立打赏系统，一是企业可以通过内容付费等实现营利；二是企业通过打赏收益可以吸引更多的优质内容创作者入驻平台；三是可以留存用户，因为用户付费后离开是需要成本的。

- **明确用户需求**｜明确产品的目标用户的需求，企业可以根据用户的需求规划用户体系。例如，某内容产品的用户是观众（内容接收者）和内容创作者，观众希望能够享受优质的内容，内容创作者希望才华得到认可。此时，建立粉丝系统能够同时满足观众与内容创作者、观众与观众之间的社交互动需求，实现优质内容的分享传播；建立荣誉系统能够使内容创作者获得成就感。又如课程培训产品，用户的需求是查看学习资料，因此限制资料查看可以作为用户成长的源动力，这样才能促进用户更好地参与到产品的用户体系中。

- **完善产品功能**｜用户体系不能在产品初期就搭建完善，当用户群体进一步扩大，用户的分级会变得更加精细化。这时，就需要在产品的核心功能的基础上扩展更多功能板块，用于实现产品不同阶段的目标，或满足更多用户的需求。例如，某内容产品是在打赏系统核心功能的基础上，增加粉丝系统和荣誉系统等，以逐步完善用户体系。

专家指导

18世纪末期，一位美国商人设计了一个非常简单的奖励体系，消费者完成一次消费，就可以获得相应数量的铜板。消费者持续在店里消费，当累计到一定数量的铜板之后，就可以在店内兑换礼品。这一做法在19世纪和20世纪被许多商人采用，用来获取长期的消费用户。这是最初的用户体系模型的搭建，希望读者可以从中得到启发。

▶▶▶ 2.2.2 用户价值链

用户价值链分析是思考向用户传递哪些价值、为用户提供更优质的服务，全面回顾企业能够实施且能够为用户提供最大价值的业务活动的有效途径。下面我们将从价值链及用户价值链的概念、移动商务用户的消费特点、用户价值链的核心要素和用户价值链与竞争优势这几个方面介绍用户价值链的相关知识。

1. 价值链及用户价值链的概念

价值链的概念是由哈佛大学商学院教授迈克尔·波特于1985年在《竞争优势》一书中提出的，随后价值链理论被广泛应用于服务行业。企业的价值创造是通过一系列活动构成的。这些活动可分为基本活动和辅助活动两类，基本活动包括内部后勤、生产作业、外部后勤、市场和销售、服务等；而辅助活动则包括采购、技术开发、人力资源管理和企业基础设施等。这些互不相同但又相互关联的生产经营活动，构成了一个创造价值的动态过程，即价值链。企业的价值链及其进行单个活动的方式，反映了该企业的历史、策略、实施策略的方式以及自身的主要经济状况。

用户价值链是从用户角度对用户消费过程的描述。迈克尔·波特在《竞争优势》中指出，消费者也有自己的价值链，即买方价值链。迈克尔·波特认为，一个公司可以采取提高买方效益或者减少买方成本的方式，为买方创造他们需要的价值。而买方成本不仅包括购买成本，还包括时间成本或方便的成本。随着互联网的发展，我们可以将移动商务环境下的用户价值链简单概括为"是以用户需求为导向来管理与协调组织内部的诸多要素"。

2. 移动商务用户的消费特点

在移动互联网环境下，用户在移动商务活动中的消费特点与传统市场，甚至与传统的电子商务活动中的消费特点有了巨大的差异。具体表现为以下几点。

● **理性化的消费决策** | 需求是用户消费的动机，决定了用户购买产品的类型、原因和途径。在众多产品中，用户为什么选择购买本企业的产品？用户需要企业给出一个能够打动自己的理由。以往，传统商务时代，信息不对称，企业告诉用户什么产品好，应该买什么样的产品，用户就会买什么产品。如今，移动互联网环境下，用户的消费更加理性化，

这是因为绝大部分的知识和内容都能通过网络寻找相关的答案，用户有更多的时间、能够更方便地通过不同的途径"货比三家"。理性化的消费意味着用户可以自我管理、自我决策，在移动终端进行传统营销推广，试图拦截或说服用户的举动将不再那么有效。

- **碎片化的消费时间**｜人们不再利用较长的时间在线下商场、实体店，或者在 PC 端去选购商品，而是在上下班途中、夜晚前的休息时间等碎片化时间里浏览各类促销信息，查找和购买商品。因此，店铺商品的上新、促销信息的推送可以在用户碎片化的时间段进行，并且要为用户提供新颖、有创意的营销内容，这样才更有机会让用户看到和记住商品信息，更快地获得用户的关注。

- **个性化的消费需求**｜在传统商务活动中，人们普遍追求物美价廉，他们一般看重商品的功能和实用性，对商品外观、样式等因素不太注重。而在移动电子商务活动中，人们不仅重视价格等因素，还同样重视甚至更加重视商品外观、样式、品质及附加价值等因素。不同的群体，甚至细化到不同的个体，他们需要不同的服务体验，以此彰显自己与众不同的个人品位。因此，移动商务的运营应尽量满足用户追求个性化的心理需求，并提供个性化的服务体验。

- **多元化的消费入口**｜入口是指人们获得商品、促销信息以及沟通渠道等的方式。移动互联网环境下，各种各样的 App 给用户提供了很大的便利。用户想要浏览新闻资讯时，可以打开众多的移动新闻客户端；想要购买商品时，可以直接打开手机天猫、手机淘宝等 App；想要沟通聊天时，可以打开手机 QQ、微信或进入社群。用户所有的需求都被细化到每一个不同的手机应用程序，实现了消费入口的多元化。同样，商家提供更多的方式（如微信公众号、二维码等）让用户进入自己的移动店铺或商品详情页中，就可以获得更多的商业机会。

- **社群化的消费活动**｜移动互联网时代，人们沟通更便利、联系更紧密。一个共同的兴趣爱好、一个话题都能够使用户聚集在一起形成一个社交圈，并通过社交圈产生消费。当用户每天面对海量的商品信息时，就有可能在别人的推荐下产生消费行为。

- **用户更具产品发言权**｜移动互联网环境下，用户有了更多为产品发言的途径，也更加具有发言权。用户的评价信息，是用户对产品的反馈。一是反映了用户在使用产品的过程中对产品的体验感受，也为企业进行产品迭代提供了建议；二是反映了用户对品牌的直接感受。营销人员即便千言万语，也远不如用户替产品说一句"我用过这产品，产品很好"管用。所以，网店中的差评就成了用户购买产品最关注的。每家店都有好评，但差评才真正显示出这个产品的市场诚信问题。因此，移动互联网时代也是好企业和好品牌的时代，因为真正好的产品或服务是有口皆碑的。

- **用户是内容创造者**｜传统营销是典型的单向思维，用户被动接受产品。和过去不同，现在用户本身就参与了产品的设计和营销环节，并且以内容创造者的身份在改变场景内容。一个现象或事件，有无数的粉丝或路人各抒己见，经过无数次的反馈后，"经典"的句子往往会在用户提供的内容中瞬间碰撞出来。

虽然移动商务和传统商务面对的是同一群用户，但用户的消费心理和消费行为已经和过去截然不同了。过去大多数用户是没有话语权的，现在移动互联网将每个用户有效地连接起来，信息传播速度更快，信息传播途径更多，用户对产品设计和营销的影响力也在与日俱增。

3. 用户价值链的核心要素

移动商务构建的用户价值链包含三大核心要素，即产品、场景和社群。

（1）产品

产品是移动商务运营的载体，在用户对产品越来越挑剔的今天，产品的极致化是所有品牌追求的最终目标。产品质量好、服务好、口碑好将不再是一种差异化，而是一种承诺和保证。在当前升级的消费理念下，与价格相比，用户更重视产品质量，品质产品即使以高的价格呈现给用户，用户同样会形成购买冲动。

（2）场景

场景，即用户场景。每个人在使用产品的时候都会置身于一个环境中，或者处于某种状态，因此，用户场景可以简单地理解为用户使用产品的场景。用户的思维是立体的，只要接触到产品就会有自己的所见、所闻、所感、所想。用户体验的每一个关键环节都是一个场景。在营销中，并不是企业自己一味地讲"我的产品是最好的"，用户就这样认为。构建场景是为用户提供具象化的画面，唤起用户内心的场景联想，让用户自己得出"这是我所见到最好的产品"的结论，这样比起企业的自卖自夸更能打动用户的心。因为当代用户追求个性、强调自我，他们在购物的时候，选择产品或品牌的准则不是以"合适"或"不合适"这一理性认知作为评判标准，而是更为注重产品的使用体验和感受，追求产品或服务与自己情感体验的一致性。

构建用户的使用场景时应包括以下 5 个核心要素。

- **用户**｜用户场景围绕用户才能产生，用户是场景建立的基础条件，也是场景中的主角。

- **地点**｜场景需要基于某个具体的地点或场所。在拥挤的地铁上，既要腾出手来扶着把手，还要关注有没有坐过站，这样的场景下使用音乐类产品是一种不错的选择。而在嘈杂的建筑工地，则很难匹配到合适的音乐类产品。

- **时间**｜用户的生活是有时间规律的，不同的时间段做不同的事情，如工作日是每天上午起床、洗漱、乘车、打卡、工作。而产品基于用户使用场景的不同，是在不同的时间段被用户所需要的。例如，早上起床需要闹钟产品叫醒自己；出门前使用地图产品了解路况信息；上班后，选择各种办公产品解决工作中遇到的各种问题。

- **动机**｜动机是产生需求的前提，用户使用产品的动机就是触发用户使用该产品的原因。例如，用户在上下班途中乘坐地铁时想打发无聊的时间，可能会选择玩游戏放松一下，游戏产品就提供了打发时间的解决方案。

- **服务**｜服务对应用户使用场景中的解决方案，即产品能提供什么样的服务，能为用户解决什么问题。例如，用户想静下来听听舒缓身心的音乐时，音乐播放器可以帮助用户迅速找到合适的轻音乐集；用户如果想了解一下国家大事，资讯类软件可以快速提供时事新闻。

（3）社群

社群以社交文化为基础，其基于移动网络和社交工具，拥有特定的表现形式。一个完整且典型的社群通常有稳定的群体结构、一致的群体意识、一致的成员行为规范和持续的互动关系，同时社群成员之间能够分工协作，具有一致行动的能力。互联网的便利性让社群成员间的沟通可以不受空间上的限制，互联网不仅方便了社群成员之间的沟通，还方便了运营人员的管理。

以社群为基石的社群营销是一种基于圈子和人脉的营销模式。企业可以将有共同兴趣爱好的人聚集起来，打造一个共同兴趣圈并促成最终的消费。社群营销的本质是口碑传播的过程，其人性化的营销方式不仅广受用户欢迎，还可以通过用户口碑继续汇聚人群，让用户成为继续传播者。在社群营销中有两个关键指标，其一是用户黏性，其二是用户口碑转化率。黏性体现用户忠诚度，而用户口碑转化率和用户内容创造者与传播者的特征息息相关。

4. 用户价值链与竞争优势

用户价值链会体现在企业的竞争优势上。分析和完善相应价值活动可以使企业更具有独特性，利用新的方式来塑造企业的竞争优势。

2.3 移动商务生态系统

在移动商务领域，与"生态系统"相关的词汇是近几年经常被提到的。下面将对移动商务生态系统的相关知识进行简要介绍。

▶▶▶ 2.3.1 开放的移动商务生态系统

商务生态系统的概念来源于自然界的生态系统。生态系统是指在自然界的一定空间内，生物与环境构成的统一整体。在这个统一整体中，生物与环境之间相互影响、相互依存、相互制约，并在一定时期内处于相对稳定的动态平衡状态。商务生态系统正是模拟了自然界的生态系统"相互影响、相互依存、相互制约"的机制。所谓商务生态系统，是指以组织和个人的相互作用为基础的经济联合体，是供应商、生产商、销售商、市场中介、投资商、政府、消费者等以商品和服务为中心组成的群体。商务生态系统具有模糊的边界，主要体现在两个方面，首先是每一个商务生态系统内部包含着众多小的商务生态系统，同时它本身又是一个更大的商务生态系统的一部分，也就是说，其边界可根据实际需要而定；其次，某一企业可同时存在于多个商务生态系统。

移动商务环境下，互联网、移动通信技术和其他信息处理技术为商务生态系统各成员提供了便利的商务渠道，使其可以随时随地开展各种活动。基于互联网全球信息传播与覆盖的特点，移动商务拥有更加广阔的空间，消除了传统商务的空间限制。高效的电子化连接将系统中伙伴企业的各个业务环节紧密联系起来，使组织间的信息的交换量与交换速度大大提高，为形成移动商务生态系统提供了有力的支持。在移动商务环境下，商务生态系统为企业提供了一条新的实施移动商务的途径，企业在制订发展战略时，应根据移动商务生态系统不同发展阶段的特征和自身在系统中所处的位置来进行。

▶▶▶ 2.3.2 移动商务生态系统的结构

结合移动商务的发展，按照生态系统的概念和特点，有人将移动商务生态系统分为社会环境、相关主体、核心企业和需求主体4个部分，如图2-6所示。

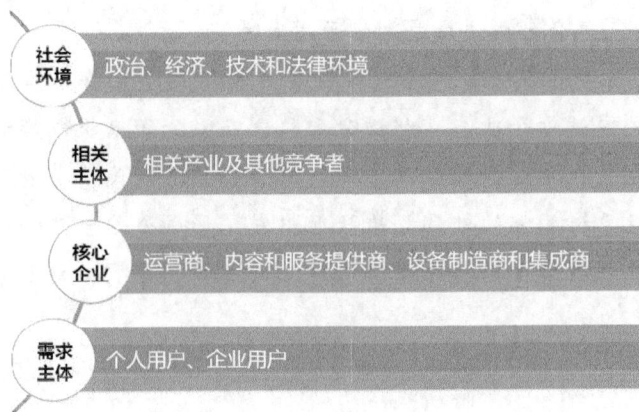

图2-6 移动商务生态系统的结构

* **社会环境**｜社会环境是移动商务生态系统特定的组成部分，主要包括政治、经济、技术和法律等环境，如政府机构和管理部门及其制定的政策和标准等。
* **相关主体**｜相关主体具体指移动商务相关产业和其他竞争者。
* **核心企业**｜核心企业主要包括运营商、内容和服务提供商、设备制造商和集成商。这些企业构建了整个系统正常运转所需的基础架构，提供了硬件和软件等方面的设施与平台。所有生态系统中的活动都将在核心企业构建的框架中进行。
* **需求主体**｜需求主体主要包括个人用户和企业用户，他们是其他组成物种存在的支撑基础，还引导着整个生态系统的发展方向。个人用户和企业用户先提出需求，核心企业才能在相关主体的支持下利用社会环境等条件推出各种产品。

▶▶▶ 2.3.3 移动商务生态系统的协调问题

未来的竞争不是企业和企业之间的竞争，而是移动商务生态系统和移动商务生态系统之间的竞争。企业胜出的关键取决于哪一方的生态系统更有竞争力。然而系统中各成员为追求自己的目标，相互之间可能产生冲突。成员间的协调问题也就成为制约移动商务生态系统正常运转的重要影响因素，这些协调问题主要包括以下 3 个方面的内容。

- **信任** | 信任是构建移动商务生态系统的基础，成员之间的信任关系对提高系统竞争力有十分重要的作用。成员之间相互信任，才能有效地共享技术、经验与能力。移动商务生态系统中存在 3 种信任关系，即基于契约的信任关系、基于声誉的信任关系和基于信息及知识共享的信任关系。第一种信任关系适用于系统构建的初期，通过契约建立信任机制，后两种信任关系是在系统长期发展的过程中建立的，需要成员之间进行长期的合作。

- **协作** | 移动商务生态系统中各企业的目标可能不一致，参与方过多可能会导致在合作过程中产生矛盾和冲突。同时各个企业自身的发展情况参差不齐，也会影响系统效率的发挥。作为核心企业，一是需要吸引更多系统发展所要依靠的企业，完成系统的功能配置，为各成员的分工协作创造更好的条件，二是要成为各成员合作的纽带和桥梁，为成员协作提供平台和机会，并合理解决成员间的矛盾和冲突。

- **利益分配** | 移动商务生态系统内各成员对利益的争夺有可能导致出现恶性竞争及破坏性行为。系统内核心企业应从利益分配机制及激励约束机制两方面着手应对各成员间利益争夺的问题。在利益分配机制方面，核心企业不能偏重自身利益，应从各成员在系统中的地位以及系统面临的外部竞争状况出发，形成公平合理的利益分配模型；在激励约束机制方面，则要奖励对整个系统贡献大的成员，惩罚破坏移动商务生态系统整体利益的成员。

2.4 实战训练

本章就从流量经济到用户经济、移动商务运营的用户体系与价值链以及移动商务生态系统 3 方面介绍了移动商务运营的核心理念。本章的实战训练将进一步巩固所学知识。

2.4.1 实战目标

本章实战目标主要包括以下几个。
- 掌握流量经济和用户经济的特点。
- 掌握构建用户体系的方法。
- 熟悉移动商务生态系统。

2.4.2 实战要求

① 分别列举流量经济和用户经济模式下成功的企业案例，并分别说明这些企业取得成

功的关键。

② 列举两个 App，说明这两个 App 的用户体系，包括用户体系的组成和激励机制。

③ 列举两个移动商务生态系统，分析这两个移动商务生态系统的优劣、组成结构以及可能存在的问题。

2.5 课后练习

一、简答题

1. 简述流量经济和用户经济的主要特点。

2. 简述用户体系的概念。

3. 简述移动商务生态系统的概念。

二、操作题

1. 现有一款闹钟 App，请从用户、地点、时间、动机和服务这 5 个要素构建一个用户场景。

2. 菜鸟网络是由阿里巴巴集团牵头，联合其他金融企业、物流公司共同组建的社会化物流网络生态系统。请上网查找菜鸟网络的相关信息，说明菜鸟网络的产生背景和定位，以及其合作伙伴有哪些。

第 3 章
移动商务用户运营

本章简介

    无论是吸粉引流，还是推广营销，企业所开展的运营工作都离不开用户这一关键因素。用户运营，其本质就在于企业要了解用户，在用户需求的基础上，为用户提供所需产品的同时更好地为用户提供贴心的服务。

    本章将首先介绍用户运营概述，然后介绍用户运营的核心，最后讲解用户运营的价值转化。

学习目标

| 了解用户运营概述

| 掌握用户运营的核心

| 掌握用户运营的价值转化

3.1 用户运营概述

在介绍用户运营的核心和价值转化之前，我们先来了解用户运营的概念和工作内容。

3.1.1 用户运营的概念

用户运营是指以用户为中心，在用户需求的基础上，设置运营活动与规则，制订贴近用户、团结用户、引导用户的运营策略与运营目标，严格控制运营的实施过程，以达到预期所设置的运营目标与任务。图 3-1 所示为用户运营的运营机制。

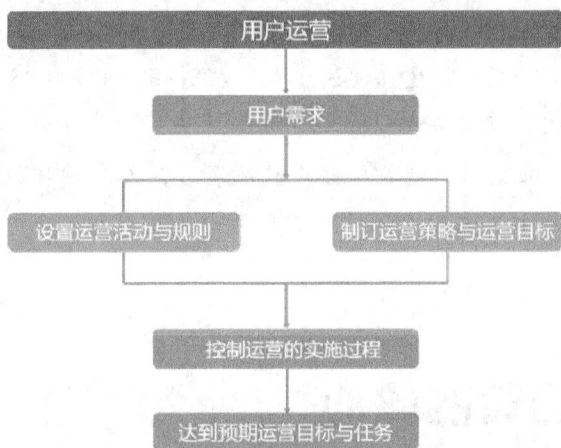

图 3-1　用户运营的运营机制

不管是产品运营、内容运营，还是活动运营、平台运营、数据运营等，小到一篇产品宣传文案、一次客服答疑，大到一场运营活动，在一定程度上移动商务运营体系中的所有运营工作都是面向用户的。

既然移动商务中不同的运营维度都是面向用户的，为什么还要以用户运营这个维度单独开展运营工作呢？原因有以下 4 点。

- 无论是传统商务还是移动商务，企业发展到一定阶段后都需要对用户进行更精细化的管理和维护，以实现用户价值的最大化。例如，传统门店的会员管理、客户关系管理（Customer Relationship Management，CRM）体系。

- 在传统商务中，用户与用户之间大多是缺乏联系、相互孤立的。而在移动商务环境下，用户与用户之间是可以互相影响的，并且用户对其他用户的消费决策具有决定性的影响。所以，运营人员可以在用户之间建立影响、放大影响，为产品带来更多新用户或提高用户价值。

- 移动商务环境下，企业可以通过丰富的渠道获取更加丰富的用户行为数据。这一天然条件可以为运营人员开展运营工作时提供更多依据，使营销方式多样化和精准化。

- 用户的持续使用和转化是产品价值提升的核心要素，而用户对产品的使用方式又多种多样，所以我们需要对用户行为进行更加精细化的引导。

总体来说，企业对用户精细化的管理和维护的需求催生了"用户运营"这一运营维度。所谓精细化，就是细化到对单个用户进行管理和维护，实现精准营销。

▶▶▶ 3.1.2　用户运营的工作内容

用户运营的核心目标有 3 点，分别是拉新、留存、促活。要完成用户运营的目标，可从以下 5 点进行着手。

- 做好用户需求的调研与分析，找到用户的兴趣点。
- 在可以接受的成本范围内开展运营活动，让用户使用自己的产品。

- 策划一系列活动让用户成为忠实用户，持续使用自己的产品。
- 与用户保持密切的互动，建立奖励机制，提升用户的活跃度，使用户成为产品和品牌的传播者，提升产品和品牌价值。
- 进行沉默用户（沉默用户是指那些下载注册后，因为种种原因没有再使用产品的用户）的维护，如推送有效信息唤醒用户、进行活动策划召回流失的用户或与其他产品合作推广等。

3.2　用户运营的核心

用户运营的工作核心是围绕用户并且以用户为中心来运转。下面将从用户画像、用户标签、用户筛选和用户获取4个方面来介绍用户运营的核心。

3.2.1　用户画像

用户运营首先要做的事情是要知道使用产品的用户或购买商品的用户都是谁，他们有什么样的特征。用美图秀秀"玩"自拍的用户和"刷"知乎的用户一般不会是同一批人，美图秀秀是大受爱自拍群体欢迎的美图软件，知乎是国内知名的知识分享型网站——两者的用户画像是不同的。不同的用户画像，就决定了企业输出的内容、制订的运营活动是不同的。

在目前的大数据环境下，用户通过网络进行商务活动所产生的一切行为，在企业面前都是"可视化"的，这就为企业获得用户画像提供了便利的条件。而随着大数据技术的深入研究与应用，企业的专注点将聚焦于怎样利用用户画像来为精准营销服务，进而深入挖掘潜在的商业价值。

1. 用户画像的概念与作用

用户画像是企业收集与分析用户的社会属性、生活习惯、消费行为等各方面信息的数据后，抽象化出来的用户的商业特征。换句话说，用户画像就是企业通过多个维度对用户特征进行描述后的结果。用户画像为企业提供了足够的信息基础，用户画像越精准和全面，就越能够帮助企业快速找到精准的用户群体。

具体而言，用户画像的作用体现在以下几个方面。

- **指导产品研发**｜在以用户需求为导向的产品研发中，企业将获取的大量目标用户的数据进行分析、处理、组合，初步搭建用户画像，从而设计制造更加符合用户核心需要的新产品，为用户提供更加良好的体验和服务。
- **精准营销**｜明确用户的基本特征，了解用户的消费行为特征，洞察用户，让营销更加精准。例如，可以对经常看电影的用户发放电影套餐优惠券。没有用户画像，就很难实现这种精准化营销方式。精准营销具有极强的针对性，是企业和用户之间点对点的交互，它不但可以让营销变得更加高效，也能为企业节约成本。

- **数据挖掘** | 用户画像可以帮助企业进一步挖掘用户数据、提高服务质量，也可以为运营管理提供更有利的数据支持。例如，为活动策划提供依据、增强活动效果，对业绩进行周期性预测、趋势性预测等。
- **标签准备** | 用户画像是企业给用户贴上属性标签的前提，因此建立了用户画像，也就为给用户贴上标签做好了准备。

2. 用户画像的维度与指标

构建用户画像需要根据不同的运营策略进行设计，其中会涉及多种维度和指标的使用。下面介绍常用的构建用户画像时会用到的维度与指标。

（1）用户画像的维度

针对不同的行业和场景，用户画像的维度有所不同。这里介绍常见的几种用户画像维度，具体如下。

- **人口属性** | 描述用户的个人基本特征信息，这是用户画像中最基本的信息，主要包括姓名、性别、年龄、联系方式等。
- **消费特征** | 描述用户的消费习惯和偏好，主要包括购物类型、购买周期、品牌偏好等。为了便于筛选用户，企业还可以参考用户的消费记录等数据，将用户直接定性为某种消费特征人群，如差旅人群、境外游人群、母婴人群、理财人群等。
- **兴趣爱好** | 描述用户的兴趣偏好，以便进行精准定向营销活动。例如，有些用户经常询问有关科技产品的资讯，在对用户语义进行挖掘分析后，可以将其定义为"科技发烧友"。
- **社交信息** | 描述用户的社交图谱、家庭成员、朋友圈等，这些信息能够表现用户的消费预期和用户社会关系网。建立用户社交信息的画像可以更完整地了解用户，以便为其提供个性化服务。
- **信用属性** | 用于描述用户收入与支付能力，主要包括学历、收入、资产、信用评分等。

（2）用户画像的指标

这里将用户画像常用的指标梳理到表 3-1 中（部分指标将在第 8 章 8.2 节中进行具体介绍，这里进行简要说明），以供参考。

表 3-1　用户画像常用的指标

指标	含义
浏览量	浏览量，即页面被查看的次数。同一用户多次打开或刷新同一页面，浏览量将累加
访客数	访客数，即页面被访问的人数。同一用户在某个时间段内多次访问同一页面，访客数不会累加

指标	含义
平均访问深度	访问深度指用户一次性连续访问的页面数，平均访问深度则指用户访问店铺时平均连续访问的页面数
跳失率	只访问了一个页面就离开的访问次数占该页面总访问次数的比例
成交用户数	下单且完成付款的用户数量
成交金额	成功完成付款的金额
转化率	完成支付的访客数占总访客数的比例，转化率=支付人数÷访客数×100%
收藏率	收藏商品或店铺的访客数占总访客数的比例
加购率	将商品加入购物车的访客数占总访客数的比例
客单价	在一段时间内所有用户的平均购买价格，客单价= 成交金额÷成交用户数
浏览回头用户数	最近 7 天内浏览过的，并跨天再次浏览的用户数量
成交回头客人数	发生交易后，再次发生交易的用户数量

专家指导

目前许多平台都开发了专业的工具对用户画像进行分析。例如，阿里指数的"行业指数"可洞察某行业的买家概况（具体操作见 8.4.1 小节），如性别占比、年龄阶段占比、终端偏好占比等，卖家可利用这些数据建立具体的用户画像；在有赞微商城中选择"数据/流量分析/访客特征"选项，打开"访客特征"页面，可查看访问店铺的用户画像（具体操作见 8.2.3 小节）。

▶▶▶ 3.2.2 用户标签

如果针对某一位具体的用户，则还需要"用户标签"，这样才能真正实现精准营销。

1. 用户标签的作用

用户标签可以理解为具有某种特征的用户群体的代称，用于记忆、识别和查找用户。图 3-2 所示为某款篮球鞋的用户评价概括。实际上，这就是根据用户评价的内容依托大数据分析后，为该商品打上的评价标签。通过这些简单易懂的标签，用户可以很容易地了解其他购买了该商品的用户对它的评价。而对网店卖家而言，为每位用户打上标签能实现更加精准的营销推广。例如，对标签为"爱收藏篮球鞋"的用户，卖家就可以向其推广限量版的高端篮球鞋，而不用给他推广与此标签无关的其他运动鞋类（如足球鞋、网球鞋等）。

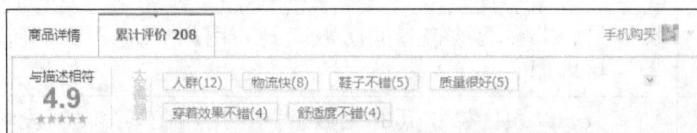

图 3-2 某款篮球鞋的用户评价概括

具体而言，用户标签的作用有以下几种。

- **用户接待**｜已被贴上标签的用户向客服进行咨询时，客服可以根据这个标签快速识别用户特征，第一时间抓住用户的喜好，快速拉近与用户之间的距离，更容易得到用户的信任。例如，当已被贴有"麻辣吃货"标签的用户来咨询时，客服就可以先和用户聊聊食物、谈谈对无辣不欢的认同等，然后为用户推荐各种美味的麻辣食品。这样就可以真正做到个性化接待和精准营销，提高咨询转化率和客单价；同时也能提高用户满意度，进而提升店铺的卖家服务评级系统（Detail Seller Rating，DSR）动态评分。

- **老用户营销**｜维护老用户是有效提升转化率、客单价等指标的重要途径。在用户标签的帮助下，卖家可以更加精准和贴心地进行用户关系维护。例如，对已被贴上"准妈妈"标签的用户，卖家可以不定期地向其询问宝宝健康状况、提醒注意事项等。这样会提高这类用户与店铺的黏性程度，促使其以后继续使用产品或进入店铺完成交易。

- **新用户推广**｜用户标签有助于跟踪和洞察用户特征。卖家在分析已被贴有不同标签的用户后续的购买行为特征之后，可以进一步指导店铺的推广和引流工作，让推广与引流更具针对性，为实现精准引流奠定基础。例如，对一些客单价高的用户，卖家可以为这类用户打上"高客单价"的标签，店铺在进行推广引流时，可以侧重向这类用户推广高客单价的商品，实现精准引流。

2. 用户标签的设计

用户标签的设计因人而异。不同的店铺、不同的行业，都可以根据实际情况和自身需求，设计不同的用户标签。

（1）标签属性值的设计

用户画像需要以不同的维度来衡量，每一个维度就是一种用户属性，而每一种属性都对应不同的属性值，最终这些不同的属性值组合起来就可以构成特定的用户标签。因此，标签属性值的设计是用户标签设计的基础。例如，就网店而言，标签属性涉及用户的基本信息、各种偏好等。表3-2归纳了部分常见的标签属性值，读者可根据需要适当进行参考。

表 3-2　用户标签的常见属性值

分析维度	属性	属性值
用户基本情况	性别	男、女
	年龄	0～18岁、19～24岁、25～29岁、30～39岁、40～49岁、50岁及以上
	职业	个体经营者、务工人员、学生、教师、公司职员、其他
	职位	普通职员、主管、高管、其他
	地域	按省份划分、按城市划分
	婚姻状况	已婚、未婚
商品偏好	品质	高、中、低
	等级	高、中、低

分析维度	属性	属性值
商品偏好	风格	标准、流行、时尚、个性、其他
	款式	新款、次新款、其他
	色彩	亮色、暗色、其他
	功能	按不同商品的功能划分
	用途	按不同商品的用途划分
	口味	酸、甜、苦、辣、其他
	材质	按不同商品的用料划分
	工艺	手工、机械、其他
消费偏好	价格	高、中、低
	促销	特价、打折、包邮、送礼、满减、退换、其他
	时节	上新、换季、大促、节日、其他
	时间	早晨、上午、中午、下午、傍晚、晚上、深夜
	平台	淘宝、天猫、拼多多、京东、有赞微商城、其他
	渠道	短信、微信、微博、其他

（2）标签的设计思路

设计用户标签的基本原则就是通俗易懂、简单易记。一般情况下，卖家可以在客服人员与用户进行沟通时，利用专门的配套插件获取沟通内容来为用户打上相应的标签；也可以利用专门的用户管理系统，根据用户的特征为其打上标签。下面以美妆行业中的某个店铺为例，简要说明用户标签的设计思路。

将用户维度确定为基础信息、交易信息、主观信息这3个维度，具体如下。

- **基础信息**｜姓名、昵称、联系方式、所在地域、年龄、生日、职业、行业、肤质、体质、情感状态等。
- **交易信息**｜交易时间、交易次数、购买的商品、退货、投诉、好评、交易渠道等。
- **主观信息**｜偏好风格、品牌倾向、价格敏感度、消费方式、重视内容等。

在确定维度的基础上，卖家可以进一步为用户标签设计属性和属性值。这里的属性可以与维度中的属性重叠，也可以不重叠，最终目的是保证用户标签简单易懂。例如，某美妆店铺设计的用户标签属性和属性值如下。

- **偏好哪种交流方式**｜QQ、微信、短信、邮箱、旺旺等。
- **愿意接受的推广信息**｜新品首发、会员活动、热销推荐、店铺活动、促销活动等。
- **购物性格**｜爽快型、理智型、挑剔型、随意型等。
- **促销敏感度**｜高、中、低。
- **评价积极性**｜高（主动确认收货且编写评价信息）、中（主动确认收货但不编写评价信息）、低（系统自动确认收货、自动好评）。

- **物流偏好** | 顺丰、圆通、韵达等。
- **职业** | 办公室职员、教师、公务员等。
- **肤质** | 中性、干性、油性、混合性、敏感性等。
- **需求功效** | 补水、美白、保湿、隔离、提亮肤色、抗氧化、防晒、收缩毛孔等。
- **过敏史情况** | 无、酒精过敏、香料过敏等。

最后，就可以按照标签属性和属性值为用户打上标签。例如，以肤质和需求功效这两个属性为基础，就可以设计出表 3-3 所示的用户标签。

表 3-3　美妆行业的用户标签

维度	中性	干性	油性	混合性	敏感性
补水	中性补水	干性补水	油性补水	混合性补水	敏感性补水
美白	中性美白	干性美白	油性美白	混合性美白	敏感性美白
保湿	中性保湿	干性保湿	油性保湿	混合性保湿	敏感性保湿
隔离	中性隔离	干性隔离	油性隔离	混合性隔离	敏感性隔离
防晒	中性防晒	干性防晒	油性防晒	混合性防晒	敏感性防晒
抗氧化	中性抗氧化	干性抗氧化	油性抗氧化	混合性抗氧化	敏感性抗氧化
提亮肤色	中性提色	干性提色	油性提色	混合性提色	敏感性提色
收缩毛孔	中性收缩	干性收缩	油性收缩	混合性收缩	敏感性收缩

根据上述用户标签，当卖家需要向用户推广商品时，如果某商品适合中性皮肤，且功效为美白、保湿，就可以向标签为"中性美白"和"中性保湿"的用户推荐。同理，当某位用户进行咨询时，也可以根据其用户标签，有针对性地进行推广交流。

▶▶▶ 3.2.3　用户筛选

用户筛选常常用在营销及活动策划后，从相对多的用户中筛选出更为精准的目标用户（目标用户可以是付费用户、核心用户或种子用户）。例如，征集 200 名用户参与活动，在这样的情况下，会有很多用户来报名，那么如何筛选出 200 名目标用户就需要用有效的制度或方式，高效筛选出目标用户。

下面将介绍一些常用的筛选用户的方法。

1. 邀请制

这里的邀请制是指平台官方按照自己的需求向目标用户发出邀请。邀请制是最直接的一种用户筛选方式，当然，邀请制的用户拓展效率会有一定的限制。

邀请制可以保证用户的质量，稀缺性也会给用户带来自豪和满足感。例如，高端的会员俱乐部向高端用户发出邀请，邀请其进入社区平台；借贷产品平台向 25 岁以上、月收入稳定的用户发出邀请。邀请制适合一些刚起步的产品或项目，但需要大规模拓展用户量时，邀请制可能就不是非常适合了。

2. 设置价格门槛

设置价格门槛是一种比较有效的筛选用户的手段，价格限制能够剔除没有价值的用户，获取真正有需求的用户。例如，一些分销电商平台，需要用户充值一定的金额或购买一定的商品才可以拥有成为分销会员的资格，设置价格门槛有助于获取真正想成为分销会员的用户，因为付费成为分销会员后，用户才有动力去推广商品实现营利，同时也实现了分销电商平台的推广。另外，对一些产品设置较高的价格门槛，才能找到愿意付出较高成本的目标用户，从而帮助平台收集有效的用户数据。

3. 设置操作门槛

设置操作门槛意味着提高准入条件，会让正常操作者有一点负担，也会让可能会滥发消息或骚扰别人的用户增加使用成本。例如，设计用户注册平台后 3 天不能发布消息，必须签到 3 天，并且浏览超过一定数量的文章，才可以进行评论。

4. 差异性策略

差异性策略是指"区别对待"一般用户和目标用户。例如，使用会员卡的价格比没有使用会员卡的价格低；原创作者的单篇文章的收入比一般作者的单篇文章的收入高。

5. 使用 RFM 模型

我们可以将传统商业中的 RFM 模型引入移动商务中，使用 RFM 模型进行用户特点分析，并筛选出有效的目标用户。

R（Recency）——用户新鲜度，是指用户最后一次购买企业产品的时间。理论上，上一次消费时间越近的用户对即时提供的产品或服务越有可能产生反应，如果要密切地注意用户的购买行为。

F（Frequency）——用户消费频率，是指用户在特定时间段里购买企业产品的次数。我们也可以理解为最常购买同一企业产品的用户，或者对企业满意度较高的用户。

M（Monetary）——用户消费金额，是指用户在特定时间段里消费企业产品的总金额。毫无疑问，用户新鲜度、用户消费频率和用户消费金额高的用户具有重要价值。最近消费时间较远，但消费频率和消费金额都很高，说明这是个一段时间没来的忠诚用户，营销人员需要主动与其保持联系。最近消费时间较近，消费金额高，但消费频率不高，表示该用户忠诚度不高，但具有消费潜力，可以重点发展。最近消费时间较远，消费频率不高，但消费金额高，可能是将要流失或已经流失的用户，应当采取挽留措施。

用户新鲜度、用户消费频率、用户消费金额这 3 个指标是测算用户价值的最重要、最容易的指标，对营销活动具有很强的指导意义。这 3 个指标的排列顺序是严格的，有轻重缓急和先后次序，其中用户新鲜度是最有力的预测指标。

▶▶▶ 3.2.4 用户获取

任何一个成功的产品都有一个用户量从"0 到 1"的过程，正是因为它能成功地实现零的突破，才有后面更多的用户增长。而那些成功的产品是如何实现零的突破的呢？要获取产品的第一批用户，就需要找到有效的用户获取渠道。同时，随着移动互联网流量红利期的结束，获取一个新用户的成本已经大大超出以往，因此，在筛选有效的用户获取渠道时还要考虑用户获取成本。

1. 用户获取渠道

常见的获取用户的渠道主要有以下5种。

（1）地推

地推，顾名思义就是地面推广的意思，指以校园、广场、社区等为地面市场资源，实地宣传并进行传播的一种市场营销推广方式。地推的形式多样，有发传单、贴广告、摆摊、企业线下合作等。如今的行业翘楚阿里巴巴、滴滴、饿了么、美团等，在创业之初都是地推挖掘了第一批种子用户，为自己后来成为行业巨头奠定了基础。地推适合新产品上线初期，它的优点是不需要有用户基数，拉新速度快，但用户量会受到一定限制，且用户获取成本较高，留存率较低。

（2）广告投放

线上可按 CPM、CPA、CPC、CPS 等模式投放广告，投放渠道包括 App、微信朋友圈、企业网站等。线下的广告投放渠道包括地铁站、公交站等。广告投放从获取用户的速度和规模上占有优势，缺点是获取用户的成本固定且越来越高，这种方式适合企业有足够的资金，又需要爆发性增长的时期。

专家指导

广告的计费方式解释如下。

每千次展示费用（Cost Per Mille，CPM） | CPM 指广告投放过程中，听到或者看到某广告的每一人平均分担到多少广告成本，即只要展示了产品，就会发生计费。例如，横幅广告的单价是 1 元/CPM，这表示当有 1000 人次看到这个广告，广告主就要向广告平台支付 1 元广告费，以此类推，10000 人次观看的广告费为 10 元。

每次行动的费用（Cost Per Action，CPA） | 指根据每个访问者对移动广告所采取的行动收费的定价模式。这里的用户行动包括形成一次交易、获得一个注册用户，或者对移动广告的一次点击等。

每次点击的费用（Cost Per Click，CPC） | 以实际点击的人数为标准来计算广告费用，当没有产生点击行为时，就不会产生费用。这种方式能为企业带来真实的流量，直接反映了用户对广告内容是否有兴趣。

以实际销售额换算广告佣金（Cost Per Sales，CPS） | 根据每个订单或每次交易收费，即用户每成功达成一笔交易，广告主按比例支付佣金。

（3）资源置换

资源置换就是等价资源交换。企业可以与其他渠道资源互换信息，在推广中最常见的置换就是用户和流量之间的置换。资源置换的常见方式有线上互推、线下互推、联合活动等。例如，电影宣传，电影方与企业合作互推，在企业的包裹上、优惠券上进行电影的宣传，电影方在电影推广里植入企业的品牌。

（4）事件营销

事件营销是比较常用的一种网络营销模式，指企业通过策划、组织和利用具有价值的人物和事件，引起媒体、社会团体和用户的兴趣和关注，从而提高企业产品和服务的知名度、美誉度，树立良好的品牌形象，促成产品或服务销售的一种方式。对企业来说，容易吸引用户关注同时有利于提升品牌形象的事件营销主要包括 3 种类型。

- **公益活动** | 公益活动是对打造口碑非常有利的一种事件营销类型，企业参与公益活动不仅能够引起用户关注，提高人们对品牌的认知度和美誉度，还能树立良好的品牌形象。例如，可口可乐的"一个能打电话的瓶盖"活动，为了解决迪拜当地南亚劳工打不起电话的困境，可口可乐开发了一款可以用可乐瓶盖当通话费的电话亭，并把这些电话亭放到工人生活区，让工人们可以用可口可乐瓶盖免费进行 3 分钟的国际通话。

- **热点事件** | 在事件营销中，热点事件一直是网络营销重要的借力对象。热点事件通常具有受众面广、突发性强、传播速度快等特点，合理利用热点事件可以为企业节约大量的宣传成本，同时带来爆炸性的营销效果。随着硬广告的宣传推广效果不断下降，现在的企业更加偏向于比较受广大群众关注的新闻或信息，并以此开发出形式多样的软性宣传推广方式。例如，"科比超过乔丹"这一新闻成为热门话题时，京东推出一则文案：之所以会超越传奇，是因为成功者都在他人看不见的地方流下过无数辛劳的汗水。我知道洛杉矶每一天凌晨四点的样子——科比·布莱恩特。我知道北京每一天凌晨四点的样子——配送小哥。

- **危机公关** | 一般来说，企业危机公关主要包括两个方面：一方面是危害社会或人类安全的重大事件，如自然灾害、疾病等；另一方面是企业自身因管理不善、同行竞争或外界特殊事件引发的负面影响。当出现危机公关情况时，合理的公关策略不仅可以提高企业形象，增强用户对企业的信任，还可能改变用户的观念，打开市场。例如，网友在网上披露海底捞某分店后厨卫生状况不佳的信息后，海底捞立刻发表声明，对旗下所有分店进行详查和整改，并对出问题的分店进行处理，既接受了用户的批评，又表明了改正错误的态度，从而赢得了大量用户的好感。

（5）社交传播

在可控的前提下，想要用极低的成本、极快的速度获得一定规模的用户量，社交传播是一种有效的途径。社交传播有多种实现方式，如红包分享、创造优质的内容、团购等。只要产品具备这些功能就一定会带来拉新效果，拉新效果的好坏则取决于社交传播的效率是否够高。社交传播的拉新效率由 3 部分组成：一是分享效率，即有多少现有用户愿意分享；二是转化效率，即触达受众后有多少人能被转化成新用户；三是分享频次，即所有愿意分享的用户可以实现几次分享。

2. 用户获取成本

用户获取成本（Customer Acquisition Cost，CAC），指获取一个新用户的花费。用户获取成本＝新增用户的投入费用÷新增用户总量，这里的开销，一般只计算新增用户相关的费用，如负责拉新用户的全职地推人员的工资需要计入用户获取成本，但产品开发、维护人员的工资不计入用户获取成本。

用户获取成本与产品的商业可行性息息相关。如果一个产品需要花费 200 元获取一个新用户，那么产品在后续的一系列商业化运作中，就需要从用户身上赚回 200 元。在实际计算用户获取成本时，需要从不同渠道进行计算。因为不同渠道的投入和产出不同，分渠道统计才能衡量哪个渠道获取用户的成本更低，哪个渠道获取用户的成本更高，如表 3-4 所示，在相同的投入费用下，新增用户总量越大，该渠道的用户获取成本就越低。但实际运营中，不同渠道的投入费用可能是不同的，表 3-5 所示的渠道 D 获取的新增用户总量小，但其投入费用远低于其他渠道，说明其用户获取成本低于其他渠道，获取用户的能力也更强。

表 3-4　相同投入费用下的用户获取成本统计

获取渠道	新增用户总量（人）	投入费用（元）	用户获取成本（元/人）
渠道 A	3000	60000	20
渠道 B	2000	60000	30
渠道 C	2500	60000	24
渠道 D	1500	60000	40

表 3-5　不同投入费用下的用户获取成本统计

获取渠道	新增用户总量（人）	投入费用（元）	用户获取成本（元/人）
渠道 A	3000	45000	15
渠道 B	2000	80000	40
渠道 C	2500	60000	24
渠道 D	1500	15000	10

统计不同渠道的用户获取成本只能查看到产品的获客能力，但是在实际运营中，我们会通过活动、红包等手段激励新用户注册，有的用户会在获得奖励或利益后选择卸载 App，如果使用产品的不是目标用户，那么再多的注册数也毫无意义。因此，衡量一个用户获取渠道的好坏，还需要进一步考虑用户的留存情况，如表 3-6 所示。

表 3-6　用户获取成本与留存情况统计

获取渠道	新增用户总量（人）	投入费用（元）	用户获取成本（元/人）	7 日用户留存量（人）	7 日用户留存成本（元/人）
渠道 A	3000	45000	15	800	70
渠道 B	2000	80000	40	1200	60

获取渠道	新增用户总量（人）	投入费用（元）	用户获取成本（元/人）	7日用户留存量（人）	7日用户留存成本（元/人）
渠道 C	2500	60000	24	1000	65
渠道 D	1500	15000	10	500	100

从表 3-6 中可以看到渠道 A 的用户获取成本低于渠道 B 的用户获取成本，但结合用户留存的情况看，渠道 A 的 7 日用户留存成本高于渠道 B 的 7 日用户留存成本，并且渠道 A 的 7 日用户留存量低于渠道 B 的 7 日用户留存量，渠道 B 获取的用户显然更贴合产品，虽然用户获取成本高一些，但实际上渠道 B 要优于渠道 A。

需要注意的是，通过上述方法考察不同渠道的获客能力和用户质量时，可以拉长考察用户的留存时间，如 30 日用户留存量及留存成本，以便更准确地统计相关数据。

专家指导

部分产品会先获取用户的手机号让用户注册，如微信分享上常见的领取优惠券。事实上，有的用户注册后没有下载或打开过 App。这是一种成本和效益的浪费，推广费用已经支出，却没有收获用户。此时，运营人员可以利用已经获取的手机号，对这部分用户进行短信精准营销，实现新用户的二次唤回。

3.3 用户运营的价值转化

用户运营的价值转化就是企业通过用户运营实现价值转化，如获得更多的活跃用户、提高用户黏性、实现更高的盈利等。下面将通过用户互动运营、用户裂变和用户习惯培养这 3 个方面介绍用户运营的价值转化。

3.3.1 用户互动运营

用户运营以用户为中心，而建立用户的情感连接都是基于与用户的互动来展开的。互动运营是增粉、活跃用户、使用户获得参与感的重要手段。

1. 互动时的技巧

互动不是简单地回复用户的评论，也不是简单地和用户在评论区聊天，而是需要掌握一定的技巧。图 3-3 所示为内容创作者用不同的方式回复用户评论。

- **多说感谢的话** | 当用户有言语的赞扬，运营人员可向对方表示感谢。例如，"谢谢×××的建议""谢谢×××的精彩点评"，让用户感受到平台的诚意与热情，并有意愿继续互动。

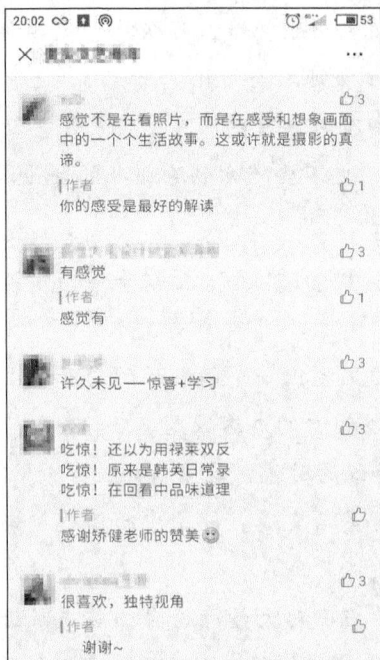

图 3-3　内容创作者用不同的方式回复用户评论

- **多积累段子**｜不管是开展活动时和用户互动，还是在评论区和用户互动，运营人员最好能保持一定的幽默感。但是许多运营人员自己本身不够外向，也没有幽默的潜质，那么对他们来说，应该怎么办呢？这时就要建立段子库，平时多积累些段子，记在心里，利用段子与用户进行互动。

- **表情动作丰富**｜表情动作丰富是针对直播这类平台而言的，直播是一种互动，可以很好地维系用户和主播的关系。主播在直播中与用户互动时，一定要表情、动作丰富，如"卖萌"、比爱心等。这些表情细节能让用户感受到主播的积极与热情，以加深用户与主播之间的黏性。

专家指导

互动分为两个层面：一是用户与用户之间的互动；二是平台与用户之间的互动。在平台运营早期，很难形成用户之间的互动，所以需要平台直接与用户互动，甚至伪装成用户来与用户进行互动。之后，再来引导用户与用户之间的互动。

2. 互动时需注意的问题

在互动时需要注意以下问题。

- **多发起讨论**｜评论是所有人的舞台，评论区可谓人才辈出，有些评论的点赞量有时比内容本身还高、比本身的内容还精彩。一条精彩的评论有时可以弥补内容不足的部分。同时，发起讨论可以帮助运营人员多角度分析问题，多了解用户的想法，同时也能增加自己账号的活跃度，增加用户的参与感，提高用户的黏性。

- **做好监督工作**｜既然是问了问题，那么就一定要负责任地查看用户的每一个回复和评论，运营人员自己也要积极地参与讨论。
- **注意互动时的情绪**｜有时候有些人可能会出言不逊，或者质疑内容创作者，但是不要生气，也不要鄙视对方，更不要随意删除别人的评论。

3. 提高评论量的技巧

评论量能为运营平台带来更多的人气。相对于点赞来说，让用户进行评论是比较难的。如何提高评论的数量呢？

- 在内容结尾或者标题里抛出一个问题性的句子，祈使句、疑问句表达的内容更容易引起用户评论，更容易激发用户的表达欲望。
- 巧妙制造冲突，有争议的时候，就会有评论了。
- 注意评论语气，学会灵活变通。评论中的语气要与自己内容表达风格一致，避免给用户造成混淆。
- 优先回复重点评论。当面对大量评论时，首先挑选重点评论进行回复，可以优先回复有负面情绪的用户、提出建议的用户以及互动频繁的用户等；然后回复其他的评论，尽量做到有咨询必回复。

▶▶▶ 3.3.2 用户裂变

用户裂变是低成本获取用户流量的有效手段，运营人员要好好利用用户裂变的力量。通过裂变产生的新用户，他们的分享欲望是非常强烈的，他们又将成为下一次裂变的种子，从而使企业源源不断地获取新的用户。下面介绍常见的 5 种用户裂变方式。

1. 拼团裂变

拼团裂变顾名思义就是两个及两个以上的人一起拼团，用户发起拼团，通过社交平台分享给好友，好友参与拼团，邀请者和受邀者共同以低于单品价的价格购买某种商品或服务。拼多多、京东拼团等就采用的是拼团裂变。图 3-4 所示为京东拼团的页面，用户点击商品详情页右下角的"我要开团"按钮，支付货款后，即可向好友发出拼团邀请。

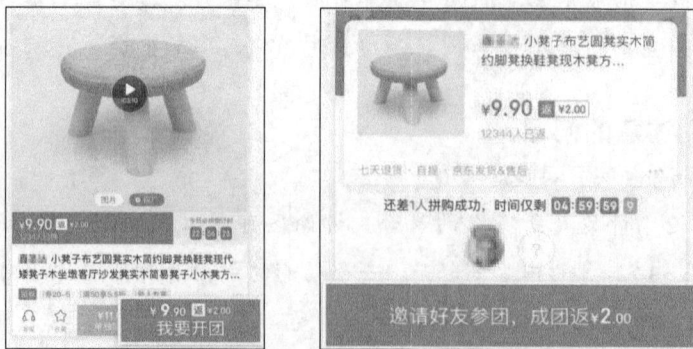

图 3-4　京东拼团的页面

2．邀请裂变

邀请裂变的逻辑是利用老用户的资源获取新用户，具体的做法是提出一定的奖励来吸引老用户拉新。用户在注册后同样可以向好友发出邀请而获得奖励，以此形成用户裂变。图 3-5 所示为常见的邀请页面。

图 3-5　常见的邀请页面

3．分享裂变

分享裂变的方式比较简单，即分享后可获取产品或者服务。分享裂变比较常见的是社群裂变，在群里提供一定的福利，以激励用户自发分享。例如，在线教育行业可在社群中发布一些分享给好友，好友可免费获取某种课程的资源，这种分享的形式可以让更多的人知道该产品或服务。分享裂变适用于边际成本为零或接近于零的产品。例如，在线教育制作的课程被 1 个人领取和被 100 个人领取，并没有什么额外的成本，这样就可以用免费资源的形式做大量的分享裂变。

4．助力裂变

助力裂变的意思是利用好友来帮助自己获取利益，实现的方式是分享内容，让好友进行一定的操作使自己得到收益。例如，拼多多的砍价活动，用户挑选好某个商品后，分享在自己的社交圈，通过好友帮助砍价使自己可以以较低的价格获取高性价比的商品。助力裂变的形式同样可以适用于在线教育，用户可以分享课程让好友助力。助力裂变的关键在于设置好助力的人数、商品或者服务的优惠价格，以及一个用户可以达到的目标值，这样才能让用户觉得这个方式是可期的。图 3-6 所示的拼多多领现金活动，即采用的助力裂变。

5．口碑裂变

用户体验或者使用某种产品后，觉得这个产品非常不错，这个时候用户就会产生推荐给亲朋好友使用的想法，这无疑是非常好的传播方式。但是口碑裂变的前提是产品足够好、足够吸引用户，如小米和海底捞，就是口碑裂变做得非常好的例子。

图 3-6　拼多多领现金助力活动

▶▶▶ 3.3.3　用户习惯培养

用户习惯是一种无意识的行为，就是让用户不假思索地使用产品。从运营层面来看，就是让用户对产品的使用形成习惯。如今，手机应用、社交媒体以及智能设备占据了我们绝大部分的注意力。在众多互联网产品中，要想取胜，其中非常重要的一点是企业要培养用户使用本企业产品的习惯。下面介绍几种常见的培养用户习惯的思维和方法。

1. 提高活动运营周期

一般活动都是围绕一个主题进行策划的，为了提升某个指标，在短期内，可以是 1 天，也可以是在 1~3 天的时间内做活动。企业也可以将运营计划从 1 天、几天的周期，延长到 1 个月、3 个月、半年甚至一年的周期。摩拜单车的免费骑行活动吸引了众多用户使用，但是，在用户习惯还未养成之前，如果骑行需要收费，1 元/半小时的摩拜单车与 0.5 元/半小时的某单车相比，用户肯定选择后者。

将活动周期延长的常见方式还有将每个月的某一天定为会员日，如图 3-7 所示，这样不仅可以向用户提供优惠，还可以加深用户的印象。或者在某个时间点，如元旦、新年、劳动节、情人节、愚人节等，进行长期的运营策略设计，图 3-8 所示为某平台的新年促销活动。这些活动运营设计，提醒了用户在某一个固定的时间内来参加活动，培养了用户的习惯，即使没有大肆宣传，到了特定的时期，用户也会自动前来查看活动内容并参与相应的活动。

图 3-7　会员日促销活动

图 3-8　新年促销活动

2. 培养用户习惯性的认知

伦敦大学对人类的习惯进行了研究，研究人员让研究对象使用牙线去清洁牙齿，并告知他们用牙线清洁牙齿才是最好的牙齿清洁方式。当研究对象使用牙线的次数越来越多后，最终就形成了使用习惯，而在其他方面也是同样的道理，如 Google 与 Bing 的竞争。

虽然 Google 一直号称是搜索算法最先进的搜索引擎，并得到了行业内的认可。但是，Google 和 Bing 的功能相差无几，并且 Google 的搜索引擎算法就算再先进，对用户来说，搜索结果和搜索体验的差别是极小的，甚至可以忽略不计。最终多数用户还是选择了 Google。究其原因，Google 培养了用户习惯性的认知，就算 Bing 的搜索结果和搜索体验与 Google 并无差别，但用户在心理上却始终认定 Google 才是最好的搜索方式。

3. 用惊喜引导用户培养习惯

在用户每次使用产品时，如果产品能给用户提供印象深刻的体验和非常有效的使用反馈，那么就能让用户形成使用习惯。以亚马逊为例，它的竞争策略就是让用户每次购买时都会有惊喜的体验，用户在寻找某个商品时，会在亚马逊获得网络上的最低价格，这会让用户产生惊喜的情绪，在下次购物时第一个想到的还是亚马逊，因为在亚马逊可以以低价格买到同类商品，久而久之自然人们就形成了一种购物习惯。拼多多能快速发展的原因就是以"低价拼团"的方式培养了用户的使用习惯，因为通过拼团的方式，用户在拼多多上能购买到性价比较高的商品。

4. 差异化运营

在培养用户习惯时，运营人员可以时刻观察竞品，做差异化运营。在同类产品中，不同的运营方式和运营策略可以显示出自己产品与众不同，更能吸引用户的注意，在获取用户的同时，为培养用户的使用习惯做准备。与同时期的美团外卖、百度外卖相比，饿了么刚开始做市场推广时，除了免配送费之外，还给了用户很大的折扣，几个人一起点餐，除去红包、满减，平均下来也就几块钱一餐饭，有时甚至还送饮料。这种差异化的运营使饿了么在短时间内赢得了大量用户，并逐步培养起了用户的使用习惯。后来，美团外卖、百度外卖等外卖平台纷纷效仿，开始了疯狂的补贴大战。经过激烈的竞争后，存留下来的外卖平台走上了正轨，补贴力度下降，外卖订餐费用上涨。尽管如此，以前积累的用户也没有因为平台涨价而离去，因为用户已经习惯了外卖点餐的方式。

3.4 实战训练

本章重点介绍了用户运营概述、用户运营的核心、用户运营的价值转化，本章的实战训练将进一步巩固所学知识。

▶▶▶ 3.4.1 实战目标

本章实战目标主要包括以下几个。
- 掌握获取用户画像的方法。
- 掌握设计用户标签的方法。
- 掌握对用户获取成本进行评估来衡量用户获取渠道的方法。
- 掌握培养用户习惯的思维和方法。

▶▶▶ 3.4.2 实战要求

① 收集拼多多的相关资料，从性别占比、年龄分布、学历分布和城市分布等维度对其用户进行画像。

② 以购物性格和职业这两个属性为基础，设计美妆行业的用户标签，并将标签填入表3-7中。

表 3-7　美妆行业的用户标签

维度	办公室职员	教师	公务员
爽快型			
理智型			
挑剔型			
随意型			

③ 调查身边熟悉的某中小型企业，了解其基本经营情况，并补充表 3-8 进行用户获取成本与留存情况的统计，判断该企业的用户获取方案是否合理，并说明原因。

表 3-8　用户获取成本与留存情况

渠道	新增用户总量	投入费用	用户获取成本	7 日用户留存量	留存成本
地推					
广告投放					
社交传播					

④ 列举 2 个以上典型的培养用户习惯的案例，分析该企业采用的思维和方法。

3.5　课后练习

一、简答题

1．简述用户运营的概念。

2．简述筛选用户的方法。

3．"一个'80后'消费者喜欢上午 11 点在生鲜网站下单买菜，晚上 6 点回家做饭，周末喜欢去附近吃韩国烤肉"，请根据这样的画像，为该消费者贴上标签。

4．用户裂变的方式有哪些？

5．现有一款针对 25～35 岁女性用户的健身 App，设想如何为该产品构建用户场景。

二、操作题

1．收集淘宝和京东平台的相关资料，从性别占比、年龄分布、学历分布和城市分布等维度分别对其用户进行画像，并分析淘宝和京东核心用户的区别。

2．查找短视频的用户获取成本的相关资料，然后推算相似产品的用户获取成本，说明使用什么样的渠道推广效果会更好。

第4章
移动商务内容运营

本章简介

内容运营在整个移动商务运营体系中是不可缺少的。尤其是现在这个人人都是自媒体的时代，内容是最重要的，这也是很多企业开始投入大量时间和资源，通过内容营销做品牌传播的原因。内容运营要求企业创造有价值的内容，吸引特定用户主动关注。内容是否有吸引力，将直接影响用户的阅读、分享传播与购买行为。

本章将首先介绍内容的表现形式，内容运营的定位、方式及生产模式等基础知识，然后重点介绍运营内容的生产与呈现的相关知识和操作，最后介绍内容长期运营的推送法则和关键。

学习目标

| 了解内容运营概述
| 掌握运营内容生产与呈现的相关知识和操作
| 掌握内容长期运营的推送法则和关键

4.1 内容运营概述

内容运营是一种运营思维和方式，也是一种职能分工，任何企业都可以使用该思维进行移动商务运营。内容运营主要有两个目的，一是提供付费性内容给用户消费，二是通过内容建立产品与用户之间的连接。内容运营可以让用户通过内容了解产品，并向用户输出产品特定的价值，从而吸引目标用户，实现产品营销和品牌传播。要实现这两个目的，就需要运营人员创造出具有吸引力、说服力的内容，并影响用户的消费行为，提高用户对产品的黏性。本节将对内容运营的基础知识进行介绍。

▶▶▶ 4.1.1 内容的表现形式

移动商务环境下，内容的表现形式丰富多样。例如：电商类产品，内容为产品轮播图、网站横幅等；资讯类产品，内容为文章、视频等。无论内容是何种表现形式，归根结底，呈现的效果都是文字、图片、音频和视频这些基本元素。

- **文字** | 文字是内容信息最直接的表达方式，可以准确传递内容的核心价值，不容易使用户产生错误理解。同时，文字的写作手法多样，不同的写作手法可以带来不同的营销效果。标题、微博、文章等内容就常采用文字为主体的形式进行展示。

- **图片** | 图片比文字具有更强的视觉冲击力，可在展示内容的同时给予用户一定的想象空间。图片展示也可以将文字作为图片的一部分，使图片既能更鲜明地表达主题，又能提升用户的阅读体验。微信公众号中的封面图、电商中的宣传推广图就常采用图文结合的方式来展示信息，如图 4-1 所示。

图 4-1　图片内容

- **音频** | 与文字和图片相比，音频具有更强的亲和力和感染力。通常，音频这类内容表现方式会出现在特定的应用场景中。例如，音频分享平台喜马拉雅，它将小说、故事、小品等内容以音频的方式输出，并将内容打造成知识付费型产品，使用户从"看书"转变为"听书"。图 4-2 所示为喜马拉雅的内容页面。另外，音频也可以用于介绍性、说明性的内容，图 4-3 所示为微信公众号"罗辑思维"推送的内容，其在开始以一段 60 秒的语音进行说明。

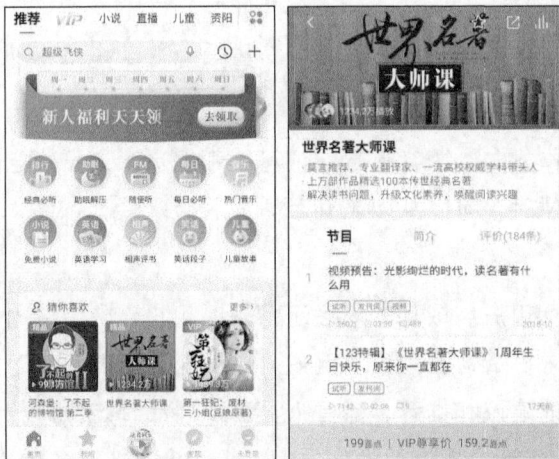

图 4-2　音频分享平台喜马拉雅　　图 4-3　"罗辑思维"60 秒语音说明

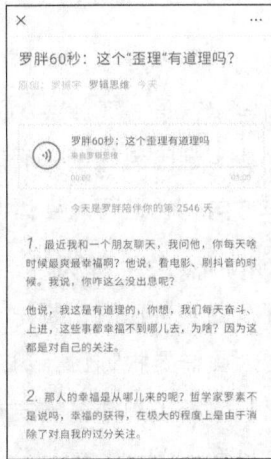

- **视频**｜视频能够更加生动、形象地展现内容，具有很强的即视感和吸引力，所谓"眼见为实"，视频能增加用户对营销内容的信任感。在使用视频作为内容的表现形式时，可以直接拍摄内容信息，也可以对已有视频进行剪辑，但要保证视频内容的真实性。视频内容的应用非常广泛，图4-4～图4-6所示分别为微博、今日头条、微信公众号推送文章中的视频内容。

图4-4　微博视频内容　　　图4-5　今日头条视频内容　　　图4-6　微信公众号视频内容

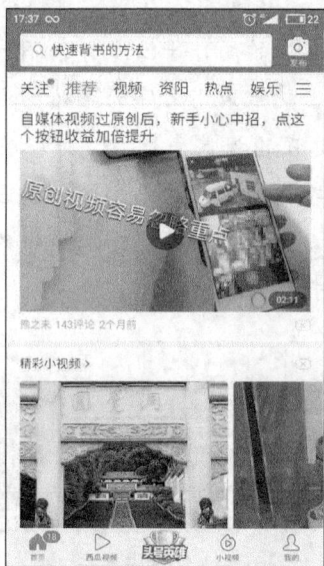

综合以上几种内容的表现形式，我们可以发现不同的表现方式有不同的特点，运营人员可以融合不同的表现形式，降低用户阅读内容时的疲劳感和枯燥感。但需要注意，并非要将每种内容表现形式都集中在同一内容中，要避免降低用户的阅读体验，合理搭配各种表现形式才会使内容更具有吸引力。

▶▶▶ 4.1.2　内容运营的定位

在移动商务环境下，内容的表现形式包罗万象，运营人员需要做好内容运营的定位。定位是内容运营首先要解决的问题，在没有明确定位的情况下，即使输出了优质内容，也可能事倍功半，因为你没有明确的创作方向。内容运营定位可以帮助运营人员确定内容运营的创作方向。在进行内容运营的定位时，可以从以下几个方面着手。

1. 用户需求主导内容

在进行内容创作前，要先明确目标用户。成功的内容运营是以用户需求为导向的。因此，运营人员需要根据目标用户的需求打造运营内容。例如，企业业务是健身、时尚潮流等领域，则目标用户往往需要寻求好的建议和推荐，运营人员可以将品牌定位为一个用户信任的信息源，输出健身技巧、服饰搭配等内容持续强化他们对企业产品或服务的信任度。

再如某音乐 App 对"90后""95后"的目标用户需求进行分析后，发现他们除了喜欢一线流行歌曲外，也喜欢一些小众的民间音乐、二次元音乐、各国影视剧主题曲等，针对用户的需求，该 App 以小众、猎奇、包罗万象的音乐为切入点，发动用户上传各种音乐内容，使其在音乐市场快速站稳脚跟。

总之，企业需要将运营的内容视为一款产品，确保内容与目标用户的需求是相匹配的。

2. 内容符合营销目的

营销的目的不同，内容写作的方向就不同，所需要呈现给用户的内容侧重点因此也就不同。如果以广告分成（内容平台为内容创作者提供的广告收益分成）为目的，那么内容就要注重阅读量，可结合热点、娱乐等信息确定内容写作方向；如果以个人品牌建设为目的，那么就要注重内容的质量与专业性，以积累个人口碑；如果以销售产品为目的，那么就要注重引流和转化，要选择能够直接引导用户到产品页面的营销平台，并在内容中突出目标用户的痛点或可以获得的好处。

3. 内容风格的统一

较为统一的内容风格能够传递内容运营的特色和产品的定位。就好像装修房间，如果将房间比作产品，"装修"就是房间的内容，家具的摆设、饰品的选择，以及房间色调的明暗等就能体现房间整体的装修风格和特点，如"小清新""欧美风"等，甚至其他人能够通过这些装修内容觉察房间主人的品位。同理，内容运营就是将内容传递给用户产品定位，从而使用户对产品产生深刻的认知，形成特定印象。例如：海底捞微信公众号的内容给人明亮、整洁的感受；抖音短视频上的某美食运营账号，美食内容多为家常菜，并且使用了统一的色调；图虫上的某风光摄影运营账号，摄影内容为绚丽夺目的自然风光，强调了优美的意境。如图 4-7 所示。

图 4-7 不同平台上风格统一的运营内容

▶▶▶ 4.1.3　内容运营的方式

内容运营主要包括自运营和第三方平台运营这两种方式，下面分别进行介绍。

1. 自运营

自运营是指个人或企业自己搭建平台（如官方网站、App、社区等）实现内容运营。这种运营方式成本较高，前期推广难度较大，一般适合已经具有一定影响力、拥有大量忠诚粉丝的个人或企业。

2. 第三方平台运营

第三方平台运营是指借助第三方平台实现内容运营。这种运营方式成本更低，可用于内容运营的第三方平台较多，如大家熟知的微博、微信、今日头条、抖音短视频等。其中：微信注重用户圈子的维系，内容的传播范围相对较小，但传播精准，其一对一的社交特点让用户之间的关系更加密切，更适合企业进行信息推送；微博是一个浅社交、泛传播的平台，内容传播范围广，但内容同质化严重，用户之间的关系相对薄弱，更适合进行品牌的曝光、用户关系的维护等；今日头条可以用于发布图文结合的原创文章，也可以用于发布视频，即可生产付费性的内容，也可用于品牌推广；抖音短视频是一款专注于年轻群体的音乐创意短视频社交软件，能够直观地展示产品功能、产品使用场景等，以此引起用户或粉丝的关注和传播，让品牌或产品的曝光度在短时间内集中爆发。

每一个第三方平台都有自身的特点和优势，可以根据具体的营销策略选择适合自己的平台或全平台进行推广。此外，运营人员还可以借助有影响力的人力因素进行推广，如自由撰稿人、合作伙伴的推广渠道、行业意见领袖、高人气达人、忠实优质的粉丝等。

▶▶▶ 4.1.4　内容运营的生产模式

内容生产主要包括两种模式：专业生产内容（Professionally Generated Content，PGC）和用户生产内容（User Generated Content，UGC）。下面分别对 PGC 和 UGC 这两种内容生产模式进行介绍。

- PGC 是指企业自己生产专业内容，包括内容的采集、编辑和排版等，或企业与专业领域的个人、团队进行合作生产内容。PGC 的内容质量较高，专业性较强，如有道精品课、网易云课堂等生成的专业课程内容。PGC 主要有两种呈现方式：一种是单篇内容，即内容的最小单位，它可以是一篇文章、一张图片、一段视频、一条微博等，用于知识、技能、方法的分享；另一种是内容聚合，内容聚合依靠专题、话题、相关推荐等形式，把内容打包并呈现给用户。

- UGC 是指用户生产内容，企业提供开放平台，用户（包括个人、企业等主体）可注册账户、入驻平台、上传和发布内容等，平台对内容进行审查、筛选等。UGC 模式下，运营人员要从零开始填充内容，并通过各种运营方式来引入用户加入内容生产，鼓励内容生产者在平台和其他社交媒体上发布内容，然后再引入更多用户，保证平台的内容供给。

4.2 运营内容的生产与呈现

标题、正文、图片和版式是运营内容的核心元素。标题是决定文章点击率的关键因素，正文体现了文章内容的营销价值，图片能够丰富文章的表达形式，同时图片和版式能够提高用户的阅读体验。下面主要从标题设计、正文写作、图片设计和内容排版等方面具体介绍运营内容的生产与呈现。

>>> 4.2.1 标题设计

无论内容以何种方式呈现，几乎都要提供一个标题。标题是用户最先看到的营销内容，标题是否具有吸引力是决定用户是否点击查看营销内容的关键。设计一个好的标题是为了引起用户的阅读兴趣，让用户阅读正文的具体内容。那么如何写好标题？下面介绍常用的标题设计技巧。

1. 使用符号

标题中的符号可以分为两部分，一部分是真正意义上的符号，如感叹号或疑问号，另一部分是"可怕""震惊"这样的字眼。符号能给人以强烈的感官刺激，激发用户点击的欲望，如"添加剂量大的零食排行榜，看了吓一跳！""口碑炸裂！观众给这部电影打了高分！"。

专家指导

灵活使用标点符号可以使文章标题锦上添花，但切记不要乱用标点符号，以免适得其反。常用的标点符号中：省略号表示意犹未尽，可以引起用户的兴趣；感叹号主要用于表达赞颂、喜悦、愤怒、叹息或惊讶等感情；问号主要表达疑问，给人留下悬念；破折号表示语气的转变或延续，常用于解释说明。

2. 使用数字

在标题中使用数字可以增加事物的可信度，能激起用户强烈的阅读欲望。例如"20条养生建议，看到第5条毫不犹豫地转了""3天时间，赚足5000元""5分钟去除黑头""1秒转账成功"等就是典型的数字式标题。

除此之外，数字的辨别力很强，用户如果要在繁杂的信息中找到自己需要的内容，往往会通过一些亮眼的数字快速进行定位，如"月薪3000元的运营人员与月薪30000元的运营人员文案的区别"与"差文案与好文案的区别"两则标题，前者就能快速吸引用户的视线并更容易被点击。特别是对总结性的数量和销量、折扣、时间、排名等数据，使用数字比文字更容易表达出震撼的效果，也更容易让人记住，如"手握 15 亿流量的美图，怎么突破美妆电商市场？""9260 亿元！细说中国人过年都把钱花在哪儿了？"。

3. 使用利益承诺

用户在购买产品之前，通常最想知道的就是这个产品能给自己带来什么样的实际利益。如果标题能给用户明确的利益承诺，就能吸引用户的关注。例如，某旅游网的文案标题"欢迎来到平价境外出行旅游网"，给用户的利益承诺就是"平价省钱"。某服装店的文案标题"怎么穿都显瘦"，给用户的利益承诺就是"衣服怎么穿都显瘦"。这些文案标题都直接向用户承诺了购买产品的利益。

4. 锁定目标用户

一篇文章很难满足所有用户人群的需要，因此在设计标题时可以精准锁定目标用户，筛选出合适的用户人群，排除不属于潜在消费者的用户。例如，某寿险产品的文案标题"专为 65 岁以上人群设计、保费合理的寿险"将目标用户锁定到 65 岁以上的用户。某抱托产品的文案标题"新生儿专属横抱 妈妈更轻松"，将潜在的目标用户锁定到新生儿妈妈群体。

5. 强调产品的卖点

有很多的产品通常依靠一个核心卖点被打造成热销品，一个核心卖点甚至会成为一个品牌兴盛的关键因素。可以说，一个核心卖点就是这个产品或品牌的名片。因此，在标题中强调产品的核心卖点，能够给用户留下深刻的印象，从而使用户查看详细的内容，并关注该产品或品牌。以下品牌及其产品的宣传文案的标题就经常采用强调产品卖点的写作手法。

- 沃尔沃汽车和公牛插座的文案标题中通常有"产品安全"这个核心卖点。
- 纯甄酸牛奶的文案标题中通常有"无添加"这个核心卖点。
- 海飞丝洗发水的文案标题中通常有"去屑"这个核心卖点。
- 立白洗衣液的文案标题中通常有"不伤手"这个核心卖点。

专家指导

撰写强调产品卖点的标题时，原则上标题应简明扼要，突出卖点，其写作公式为"品牌名称+产品名称+产品的核心卖点"。需注意，品牌名称和产品名称最好都出现在标题中。根据统计，有80%的用户只看标题不看内容，如果标题中没有品牌名称和产品名称，用户即便认真看完了标题，也不会对品牌和产品留下印象。

6. 借用名人效应

大多数人都有名人情结，名人的一言一行都容易受人瞩目。借用名人效应创作标题时，如果文中有关于名人的信息，则可以在标题写作中适当加入"名人"的字眼来增加标题的吸引力，提高文章的点击率。虽然借用名人效应来创作标题能增加标题的吸引力，但需要注意的是不能强制性地将"名人符号"与标题进行捆绑，正文内容必然需要与名人有所关联。如果只是单纯借用"名人符号"创作标题吸引用户，而正文则是叙述的其他毫不相干的信息，那么产品或品牌将失去用户的信任。

7. 借力借势

借力是指利用别人的资源或平台（如政府、专家或新闻媒体），对自身产品或服务进行推广营销，达到快速销售的目的。该方法对没有太多精力投入营销的初创企业或中小型企业比较实用，能够快速提高它们的知名度。

借势主要是借助最新的热门事件、新闻，以此作为标题的创作源头，利用大众对社会热点的关注，引导用户对文章的关注，从而提高文章的点击率和转载率，如"啤酒、可乐免费送，久久丫与您一同激情世界杯"等。

8. 塑造产生共鸣的场景

在标题中塑造场景能够快速传达出品牌定位或产品价值，并且为用户提供具象化的画面，唤起用户内心的场景联想，这类标题更能打动用户。例如，某空调产品的文案，用"回家路上开启 TA 让清凉等她回家"的标题营造了一个舒适的家的氛围，既能让用户知晓产品的特点，又能使用户对该品牌产生好感。

9. 巧用修辞手法

比喻、引用、双关、对偶、对比、拟人和夸张等修辞手法不仅可以增加标题的吸引力和趣味性，还能使标题显得更有创意。

* **比喻**｜比喻不仅能增加语言的生动性和形象性，还可使用户对所表达的事物产生深刻的印象，帮助用户更好地理解产品或品牌的特性。应用比喻修辞手法时，要求喻体和本体应具有可比性和相似性。例如：某培训机构的文案标题"3 种方法，让英语学习变得和'呼吸'一样简单"；某鸭绒被产品的文案标题"你恍如躺在洁白的云朵里"；某衬衣产品的文案标题"克拉夫衬衣，你的贴心伴侣"。

* **引用**｜引用就是把诗词歌曲、名言警句、成语典故、俗语方言等引入标题中，可以提升内容的"文化涵养"，给用户带来不同的感受。使用引用修辞手法时，可以直接引用原句，也可以引用原文大意，改变为自己的话语。例如，某款凉鞋产品的文案标题"陪你走过这一夏"改编自流行歌词。

* **双关**｜双关修辞手法是指利用词的多义及同音（或音近）条件，使语句有双重意义，言在此而意在彼。双关可使语言表达得含蓄、幽默，而且能加深语意，给用户留下深刻的印象。例如：某极速变色镜片产品的文案标题"有膜有样 能颜善变"；某针织帽产品的文案标题"请原谅我 如此'帽'美"。

* **对偶**｜对偶是用字数相等、结构相同、意义对称的一对短语或句子来表达两个相对或相近意思的修辞方式。采用对偶修辞手法的标题，词句对仗工整、凝练概括、结构对称，富有表现力，能够鲜明地表现相关事物之间的关系。此外，这类标题音韵和谐，读来郎朗上口，便于传诵记忆。例如：某啤酒品牌的文案标题"一对老朋友，两杯好啤酒"；某

银行的品牌标语"你未必出类拔萃，但肯定与众不同"。

● 拟人 | 拟人修辞手法就是把事物人格化，赋予事物以人的言行或思想感情，简单地说就是用描写人的词来描写事物。采用拟人修辞手法的标题，赋予了产品的人格化，不仅让产品形象更生动，帮助用户了解产品，还促进了品牌和用户的沟通。例如：某摩丝产品的文案标题"你的头发在生气"；某品牌葡萄酒的文案标题"三毫米的旅程，一颗好葡萄要走十年"。

● 夸张 | 夸张是为了达到某种表达效果，对事物的形象、特征、作用等方面特意扩大或缩小的修辞手法。例如：某家电卖场的文案标题"上万市民'夜袭'××家电卖场"；某保健品的文案标题"30岁的人60岁的心脏"；某床垫的文案标题"一生有三分之一的时间是在床上度过的，为什么不选个好床垫呢？"。

专家指导

撰写标题时，还需注意以下细节。

① 标题不是概括全文，而是文章的精华所在，起到吸引用户的作用。

② 用户通常会筛选掉那些与自己不相关或同质化的标题。

③ 标题应避免出现错别字。

④ 标题中如果有数字，请用阿拉伯数字，如"一"要写成"1"。

⑤ 最好不要重复出现同一个字、词。

⑥ 标题内容切记不能伤害到用户。

⑦ 借热点撰写的标题，应该注意热点的时效性。

⑧ 标题中不要过多插入"的""地""得"等虚词，虚词没有实际意义。

⑨ 标题关键词不要涉及过多领域。

▶▶▶ 4.2.2 正文写作

好的标题是吸引用户注意力的首要因素，而精彩的正文则是引导和刺激用户购买产品或了解品牌的关键因素，只有将两者完美地结合在一起，才能达到内容运营的目的。下面从正文开头、中间和结尾这3部分介绍运营内容正文写作的方法和技巧。

1. 正文开头的写法

如果标题吸引了用户打开文章，那么只有在正文开头部分的第一句、第一段或第一张图片引起了用户的阅读兴趣时，用户才会继续阅读后面的内容。因此，撰写出有吸引力的正文开头就显得格外重要，下面具体介绍正文开头常用的写作方法。

（1）开门见山

开门见山就是直奔主题的写作方法，它要求快速切入文章中心，在文章一开始就引出文中的主要人物、揭示主题或说明对象。对营销性质的文章来说，就是直接说明某产品或服务的好处，介绍如何解决某种问题等。具体而言，文章可以围绕产品或服务本身的功能或特性展开，同时结合用户的需求，以引起用户的共鸣。图4-8所示的今日头条的一篇专栏文章开头的图片，就直接告知用户"快速逆袭，写作收入翻10倍的头条写作变现攻略"的益处，对目标用户有很大的吸引力。

（2）引用名言

在文章开头使用名言警句、谚语或诗词等句子来引领文章的内容，可以凸显文章的主旨及情感，这是一种既能吸引用户，又能提高文章可读性的一种方法。

名言警句本身是文章内容的演绎、归纳、解释和论证的结果，具有言简意赅、画龙点睛的作用。图4-9所示为"麦尖文艺青年"微信公众号的推送文章，正文开头引用了著名导演杨德昌的观点展开阐述。

图 4-8 开门见山的开头

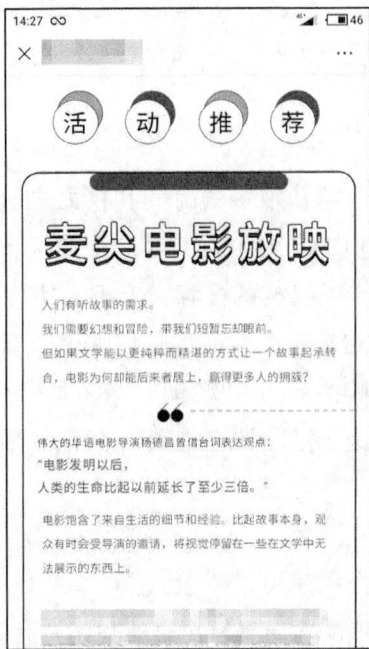

图 4-9 引用名言的开头

（3）设置对比

运营人员在撰写运营内容时，如果产品的推荐信息或销售信息过渡不自然，就会让用户觉得广告痕迹太重，而在正文开头设置巧妙的对比，能够起到抛砖引玉的作用，自然地引出产品，使文案更自然地传递广告信息。例如，主打榴梿千层产品的某糕点品牌，其宣传文案的开头为"如果说这个世界上有一种东西，能让人像着了魔一样疯狂爱吃的，那一定是榴梿。要说比榴梿还让人嘴馋的，那只能是——榴梿千层了"，它并不是直接夸耀自己的产品有多好，这样的方式缺乏说服力，而是通过巧妙的铺垫，用"榴梿"与"榴梿千层"做对比，层层递进地推出自己的产品，然后配上产品图片并详细介绍产品信息，这样对美食爱好者具有特别大的吸引力。

（4）以热点引入

热点不仅适用于标题，在正文开头中使用热点也不失为一个吸引用户注意力的好方法。例如：在推荐衣服时，从红毯活动、电影节入手，分析明星穿搭，再引入自己的推荐单品；在品牌推广时，借助节日、新闻热点等撰写宣传文案等。在正文中引入热点的文章阅读量都较高，在用户中也很受欢迎，所以运营人员在正文的写作过程中可以适当地借助热点。一般来说，从微博热搜获取热点信息是比较快的渠道。

（5）设置悬念

好奇，往往是对文案感兴趣的重要信号。人们总是对未知事物充满好奇，也会对不懂的事情有研究的欲望，所以在正文开头设置悬念，自然可以引起用户的阅读兴趣。例如，某洗发水的宣传文案"怎样洗头可以保证不掉发？"，其开头"平时没感觉头发怎么掉，就是洗头时掉头发最多。手掌上、盆子里全是头发。感觉这么掉下去，要变成秃头了，为什么洗头掉头发严重？"，该悬念就是利用与用户息息相关的提问激起用户的好奇心，让用户想要一探究竟。

（6）引用权威

用户不会花费很多的时间和精力去研究产品的内在结构、技术特点及工作原理，用户看不懂深奥的专业术语就会产生质疑转而选择其他产品。因为大多数用户有这样的心理"权威人士或机构的推荐肯定不会错"。所以，在文案开头借助权威人士的言论或者权威机构的鉴定来说明产品可信以快速、有效地打消用户的顾虑，让用户查看具体的产品信息并产生购买行为。例如："公安局分析了超过 2000 起盗窃案，发现这种锁很少被撬开"比"这是一把非常好的锁"的描述更容易打消用户的顾虑；"扎克伯格读这本书研究人性，这是他今年读过的六本书之一"比"这本书讲人性讲得特别好"的描述对用户更有吸引力和说服力。

（7）情景式开头

营销文案的本质是解决企业与用户之间的沟通问题，它只不过把人与人之间用嘴说的话变成了用文字去表达，这两者实现的目的都是相同的。在文案中采用情景式开头就是实现企业与用户交流沟通最直接和最有效的方法。

情景式开头可将产品放入日常使用情景中，对产品使用情景进行描述，渲染出用户所渴求的情感氛围，能够快速地引起用户的阅读兴趣，让用户不知不觉融入情景中，毫无违和感地接受所推广的产品。例如：在第 20 届巴西世界杯期间，某洗衣机品牌在淘宝专卖店首页弹窗显示两个问题"熬夜看球赛？没空洗衣服？"，点击后就将直接进入商品详情页，该页面第一行大字就是"都交给我吧！×××洗衣机帮你解决所有问题！"；某知名火锅品牌推广文案的开头"生活节奏快没时间做饭？厨房小白不会做饭？做的饭菜总是少点滋味？别急，这些问题全都能用一种方式解决——料汁"。这些文案开头都描述了产品在某个场景里的使用情况，并通过产品为用户提供了某些问题的解决方案，满足了用户的实际需求。

2. 正文中间的写法

好的正文不是极力说服他人接受，而是有明确的目标诉求，使用图文并茂的描述，逐渐让用户接纳与信赖，提升自己的人气并营造互动氛围，从而产生更多的转化。下面介绍几种常见的正文中间的写作方法，以帮助运营人员更好地进行营销内容的写作。

- **核心扩展法**｜核心扩展法即先将核心观点单独列出来，再从能够体现核心观点的方方面面进行扩展论述。这样可以使文章始终围绕一个中心进行论述，不会出现偏题或杂乱无章的问题，也可以加强文章对用户的引导。

- **各个击破法**｜各个击破法是根据要推广的内容，将产品或服务的特点单独进行介绍。写作过程中要注意文字与图片的配合，对产品或服务的卖点进行充分介绍，详细说明和亮眼的词汇可以吸引用户的注意。

- **倒三角写法**｜在节奏越来越快的现代社会，用户很难有耐心阅读完一篇篇幅较长的文章。因此，可以先将文章的精华部分进行浓缩，放在第一段的位置以引起用户的阅读兴趣，然后再继续解释为什么要看这篇文章，最后再强调产品的优势，以加深用户的印象。

- **故事引导法**｜故事引导法是讲述一个引人入胜的故事，让用户充分融入故事情节中，跟着故事情节的发展阅读下去，在结尾时，再提出需要营销推广的对象。采用这种写作方法一定要保证故事的可读性和情节的合理性，这样才能使故事有看点，方便推广对象的植入。"快看漫画"App 的一篇微信推广文案《对不起，我只过 1%的生活》，用漫画这种载体形式，以非常逗萌的方式讲述了一个弱小的女生克服生活和工作中的重重困难，追逐梦想的故事，使读者对故事主人翁的遭遇深表同情，同时为其不惧困苦、追求梦想的精神所感动，当引起大众的情感共鸣后，最后推出营销产品"快看漫画"App。该文案在推出后的第一天，就引发了超过 30 万次的惊人转发量，其推出的"快看漫画"App，也创下了单日 30 万次的下载规模。

3. 正文结尾的写法

文字的魅力在于刺激用户，让他们做出阅读后应有的行动，如二次传播、下单购买、关注公众号等。用户产生这一系列不同行为的原因在很大程度上是受到了结尾导向的影响。因此，正文结尾是相当重要的。运营人员可以参考以下几种方法进行写作，从而使结尾产生积极的导向作用。

（1）互动式结尾

互动式结尾是一种开放式的结尾写作手法。一般是在结尾设置话题，吸引用户参与讨论、转载内容。微博、微信、微淘等注重参与评论的社交平台的文案就常设置话题，当然，最好是一些用户可能会感兴趣的话题。

（2）画龙点睛式结尾

画龙点睛式结尾也叫点题式结尾，是指在结尾时，用一句或一段简短的话语来明确文案的观点，起到卒章显志、画龙点睛的作用，使用户读到最后有恍然大悟的感受，既提升了整篇文案的质量，又给用户留下了深刻的印象。例如，味千拉面在父亲节推出的一则视频广告，视频文案讲述了味千拉面馆的馆长与女儿之间的动人故事，在文案结尾引出"这一碗，让心里好满"的主题，把味千拉面"幸福味道"的品牌理念生动地展现在观众面前，同时表达了"好吃的拉面一定会让人觉得幸福"这样的观念，也契合了父亲节主打亲情的主线，成功地吸引了众多用户的注意，使味千拉面的品牌观念被用户所熟知和认同。

（3）请求号召式结尾

请求号召式结尾就是在前文讲明白道理的基础上，向人们提出某些请求或发出某种号召，如"让我们共同抵制公共场所吸烟的行为吧！""请大家不要在公共场所随地吐痰！"，以加深读者对此事的印象。要将这种写作手法应用到营销文案写作中，需要首先在文中叙述了某件事情，或推荐了某种产品，然后在结尾处请求号召读者去做这件事情，或购买这件产品。撰写请求号召式的结尾，运营人员有时可在结尾处制造热销现象，告诉用户该产品是热销爆款，同时提供销售数据，证明目前有很多用户选择购买，利用用户的从众心理，使其产生购买冲动，如"限时秒杀，明天早上八点恢复原价""原价 299 元，今天 99 元，仅此一天""本课程早鸟价 99 元，满 200 人恢复原价 199 元"等都是常用的告诉用户产品限时限量的文字描述。

（4）抒情议论式结尾

以抒情议论的方式结尾，是文案创作者通过"以情动人"的写作手法，激起消费者内心的情感波澜，引起消费者的共鸣。这种结尾方式有着强烈的艺术感染力，多用于故事类文案。例如，芝华士在父亲节推出的一篇宣传文案，其正文描述了主人翁与父亲的点点滴滴，然后采用抒情议论式的结尾，即"因为假如你不值得送 Chivas Regal 这样的礼物，还有谁值得？"，以此拔高品牌的高度，同时"煽动"起消费者跃跃欲试的购买欲望。

▶▶▶ 4.2.3　图片设计

内容运营的图片表现形式多样，最常见的有封面图、信息长图、九宫图等。本小节将分别对这些图片的设计方法进行介绍，以帮助运营人员掌握不同类型图片的设计方法，提高自身的综合运营能力。

1. 封面图设计

在各种内容运营平台中发布文章时，通常需要配上相应的封面图以占据相应的视觉空间，将用户的视线快速聚集到图片上。一张漂亮、清晰、形象的封面图能瞬间吸引用户的眼球，引导用户阅读文章标题，以提高文章的点击率和阅读量。下面对封面图的制作要点进行介绍。

（1）封面图制作要求

不同平台对封面图的制作要求不同，运营人员需要先了解平台的制作要求，才能制作出吸引用户点击的封面图。下面对常见平台的封面图进行介绍。

● **微博头条文章封面图**｜微博头条文章是支持发布大量文字和图片的平台。登录微博后单击首页编辑区的 ⚡头条文章 按钮即可打开头条文章编辑页面，运营人员便可在其中添加封面图，如图 4-10 所示。微博头条文章封面图的大小不能超过 20MB，格式可以为 JPG、GIF 和 PNG。图 4-11 所示为微博头条文章封面图在移动端的显示效果。

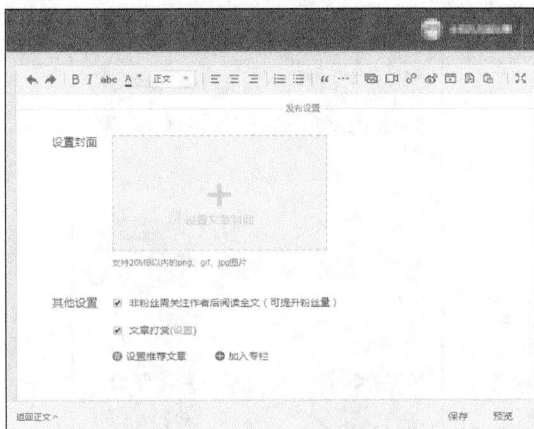

图 4-10　微博头条文章编辑页面

图 4-11　头条文章封面图显示效果

- **微信公众号文章封面图**｜微信公众号文章分为单图文（见图 4-12）与多图文（见图 4-13）。单图文是指一次发布一篇文章，而多图文可以一次性发布最多 8 篇文章。单图文和多图文的首篇文章封面图只能是长宽比为 16:9 的图片，像素建议为 900px×500px，格式支持 JPG、PNG 和 GIF，大小不超过 5MB。多图文的其他封面图只能是长宽比为 1:1 的图片，像素建议为 200px×200px。

图 4-12　单图文

图 4-13　多图文

- **今日头条文章封面图**｜今日头条文章封面图主要通过头条号上传发布（在头条号

上发布文章的具体操作将在第 7 章进行具体介绍）。今日头条文章封面图可以为 1 张或 3 张图片，图片尺寸可以自定义，常规图片比例则包括 2:1、4:3 和 16:9。图 4-14 所示为今日头条文章封面图为 1 张和 3 张的效果。

图 4-14　今日头条文章封面图

（2）封面图制作

了解了各平台封面图的制作要求后即可使用各种工具软件，如 Photoshop、美图秀秀等进行封面图的制作。但使用工具软件制作封面图一般会花费大量的时间，这里介绍一种更加方便、快捷的方法，即利用在线图片设计工具（如 Fotor、uupoop、创客贴等）中已有的模板快速制作封面图。

案例 4-1

下面以 Fotor 为例，制作一张销售性质的微信公众号文章封面大图，其具体操作如下。

① 登录 Fotor 网站，在网站首页的"微信公众号"栏中单击"公众号封面大图"超链接，如图 4-15 所示。打开"公众号封面大图"页面，在"模板"界面的搜索框中输入需要制作的图片关键词，如"旅游"按＜Enter＞键进行搜索。在搜索结果中选择需要的模板，如选择第 2 行第 1 列的模板，如图 4-16 所示。

② 编辑区将显示所选择的模板样式，选择背景图片，在"背景"栏中单击"调色板"按钮 ▇，在打开的面板中选择"预设"栏中的第 1 行的第 4 个色块选项，如图 4-17 所示，更改背景颜色。

图 4-15　制作微信公众号封面大图

图 4-16　搜索并选择模板

③ 在编辑区中选择封面大图中的其他图片元素，使用第②步相同的方法，更改各类图片元素的颜色，效果如图 4-18 所示。

图 4-17　更改背景颜色

图 4-18　更改其他图片元素的颜色

④ 选择"国庆小长假"文字内容，将其修改为"初春出游记"。

⑤ 选择"初春出游记"文字所在的文本框，单击工具栏中的"斜体"按钮 I ，单击"调色板"按钮 ▢ ，在打开的面板中选择"预设"栏中的第 1 行的第 6 个色块选项，如图 4-19 所示。

图 4-19　编辑文本内容

⑥ 选择"初春出游记"文字下方的形状和文本框，按<Delete>键删除。

⑦ 单击 Fotor 左侧面板的"文字"按钮🅣，在打开的"文字"面板中单击"点击添加正文"超链接，在编辑区中插入正文文本框。在文本框中输入"1 元秒杀"文字内容，在上方的工具栏中将文本属性设置为"字魂 24 号镇魂手书""60""红色"，如图 4-20 所示。

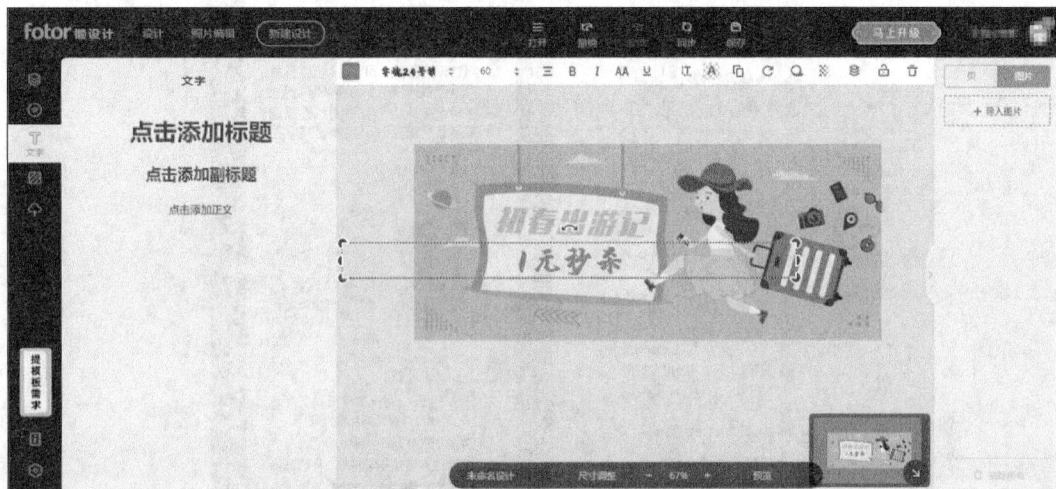

图 4-20　输入并设置文本内容

⑧ 单击 Fotor 顶部面板的"保存"按钮🖫，在打开的对话框中设置图片的"文件名""文件格式""质量"，单击 [下载] 按钮。

⑨ 打开"新建下载任务"对话框，设置图片的保存位置，单击 [下载] 按钮，如图 4-21 所示，即可完成微信公众号文章封面图的制作并将封面图保存到计算机中。

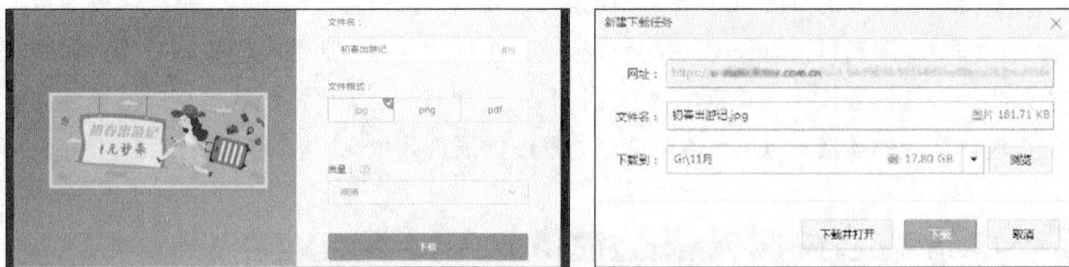

图 4-21　保存图片

未升级 Fotor 账号前所制作的图片会带有水印，用户按要求缴费后即可去除水印。网站一般按月、季度或年收费。使用 Fotor 在线工具还可设计网店 Banner、网店售后卡、手机海报等图片元素，其操作方法与制作微信公众号文章封面图相似。

2. 信息长图设计

信息图常用于对某个事物的来龙去脉进行详细解说，帮助用户更加直观地查看内容，而信息长图就是指长度较长的信息图，如图 4-22 所示。

图 4-22　信息长图

　　信息长图同样可以通过在线平面设计工具进行快速制作。例如，在创客贴中制作信息长图，只需在上方导航栏中单击"功能介绍"超链接，在打开的列表框中单击"信息图设计"超链接，在打开的页面中选择信息图模板，并对模板内容进行修改。需要注意的是，不管是制作封面图还是信息长图，采用模板快速制作的前提是所选模板与需要营销的内容主题相符，在保证模板与文章标题、主旨和关键词有一定关联性的前提下选择模板，可以提高制作图片的质量与速度，否则会影响最终的展现效果。

专家指导

　　熟悉其他工具的运营人员可以自行制作，也可以使用PPT分批制作小图，然后将小图拼接为长图，这样可以降低设计的难度。但要注意每张小图的风格保持一致。

3. 九宫图设计

　　九宫图即由9个方格组成的一个完整图形。这9个方格中的每一个方格都可以放置图片，便于在新媒体营销与运营的过程中发挥更多创意。在移动端，九宫图几乎占据了手机的整个页面，可以占据用户的整个视线，是一种快速吸引用户注意力的配图方式，图4-23所示为微博九宫图。

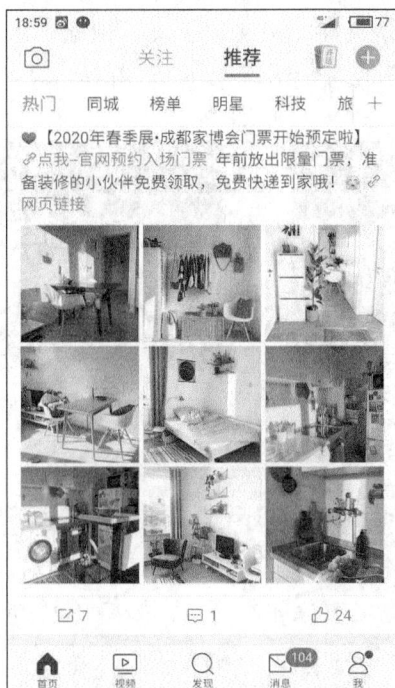

图 4-23　微博九宫图

设计九宫图时，既可以将一张图切割为 9 个部分，上传后使其显示为完整的一张图片；也可以每个格子中都放置不同的图片，以展示不同的内容。目前，第二种方法使用较多，由于对每张图片的限制较少，还可以放置动图、长图等，这样可以丰富图片的类型并展示更多的内容。但要注意九宫图的每一张图片的最佳显示比例为 1:1，在制作九宫图前需要先将图片裁剪为正方形后再进行制作。

▶▶▶ 4.2.4　内容排版

文字描述可以表现营销的内容，但不管营销内容的质量有多么优质，如果没有良好的排版就会给用户带来不佳的阅读体验，从而影响文字内容的表达效果。

1. 文字排版

从用户阅读的角度考虑，文字排版主要包括对文字颜色、文字字号、字间距、特殊效果等的设置，下面分别进行介绍。

- **文字颜色**｜适宜的文字颜色能带给用户良好的阅读体验，一般建议将文章中大部分的文字颜色设置为灰黑色，#7f7f7f、#595959、#3f3f3f（表示颜色的符号）是常见的 3 个让用户看起来比较舒适的文字颜色，如图 4-24 所示。对一些比较重要或关键性的文字，可以使用其他暖色系的颜色（如橙色、红色等）进行突出显示。同时，要注意一篇文章中不要出现太多种文字颜色，尽量保持简单、清新的文字风格。

- **文字字号**｜为了提高用户在移动端的阅读体验，文字字号的设置相当重要。若文字太小，则容易让用户在习惯的阅读距离内看不清文字；若文字太大，则在有限的空间中无法表现更多的内容，造成资源的浪费。因此，建议文字字号设置在 14～20px。

#7f7f7f   #595959   #3f3f3f

图 4-24　3 种常用的灰黑色文字颜色

- **字间距**｜字间距即字与字之间的距离，一般设置为 1px 或 2px，这样能够带来较为舒适的阅读体验。以微信公众号后台为例，单击"字间距"按钮 ，在打开的下拉列表框中可选择需要的字间距，包括"默认""0.5""1""2"这 4 个选项，如图 4-25 所示。

- **特殊效果**｜文字特殊效果包括加粗、倾斜、下划线和阴影等，这些效果可以使文本更具特色。需要注意的是，特殊效果不能过多应用，用于突出重点内容即可，这样的设计效果会更好。

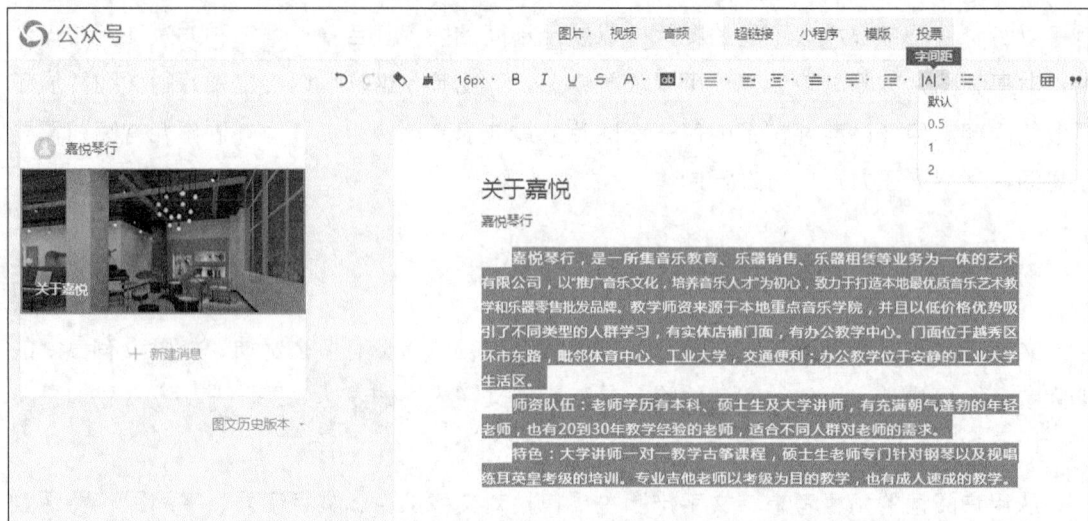

图 4-25　常用的字间距

2. 设置小标题与段落

当文章内容较多时，经常会采用小标题的形式来概括内容的重点，以明确文章各部分的内容，并让读者对本文所表达的主要观点一目了然。当设置有多个小标题时，还应注意段落的设置。

（1）设置小标题

小标题的字体要尽量区别于文章的正文字体，且要比正文字体更加醒目，因此可对小标题的字体进行加粗、更改颜色等设置，使其突出显示。小标题字号可以在 18px～20px，运营人员可根据实际需要进行适当调整。

当文章中出现多个级别的标题时，上一级标题可以用"一""二""三"的形式并加粗显示，下一级标题可以使用"1""2""3"的形式并加粗显示，切忌为了区别不同的标题，将标题字体设置得过大或太花哨。

（2）设置段落

设置合理的段落可以使文章结构清晰、排列整齐、阅读方便。段落设置主要包括行间距和段间距的设置，下面分别介绍。

● **行间距**｜文本上一行与下一行之间的距离称为行间距，它是每行文字之间的纵向间距。行间距可以直接影响文章的篇幅长短，一般默认的行间距在移动端上显示都较为拥挤，因此为了提高用户的阅读体验需要手动设置行间距，一般建议设置为 1.5～2 倍行距。

● **段间距**｜段间距是指段落与段落之间的距离，可以根据段落方向分为段前距和段后距。需要注意，段间距与行间距应该要有明显的区别，标题与段落之间距离和段落与段落之间距离也要保证有明显的差异，这样才能够让用户明显地区分出标题与段落，让读者阅读起来更加容易。据统计结果显示，当文章正文文字字号为 15px 时，正文段间距设置为 10 或 15 效果更佳。

3. 优化内容版式

合理规划文章内容的版式并进行优化设计，可以提高内容的视觉表现力，在吸引用户的同时给用户带来视觉与精神的双重享受。运营人员可以从版面风格、图文搭配、分割线等方面进行改进，提升内容的视觉版面效果。

（1）版面风格

每个运营人员都有自己的内容写作风格，不同的风格所传递的内容不同，这个不同还体现在内容的版面风格上。一般来说，企业在同一个平台中发布的内容的版面风格应该具有统一性。首先，使用相同的版面风格可以使营销内容更加规范，同时还可以提高文章排版的速度，进而提高工作效率。其次，当形成自己独特的版面风格后，还能与其他内容产生差异化，突出自身的竞争力。

在进行内容版面的优化时要注意，同一篇文章中不要使用多种排版方式（一般包括左对齐、右对齐和居中对齐这 3 种形式），避免使内容显得杂乱。内容版面应遵循简洁、清晰、整齐划一，但又有自身特色的原则，图 4-26 所示为微信公众号"TED 正能量"不同文章的版面，其界面简洁、图文并茂，有自己的风格。

（2）图文搭配

在众多内容表现形式中，图文搭配是使用最多的表现形式。在文章内容中搭配适量的图片可以缓解用户阅读文字时的疲劳，但需注意图片要清晰且符合文章主题。一般来说，图片与段落之间的关系有 3 种：一是位于段落的上方；二是位于段落的下方；三是位于段落与段落之间。图片与段落之间的关系不同，所表现出来的含义也就不同。如果图片比较重要，用以引导读者，表述下文要讲述的内容，可以将图片放在段落上方，起到启下的作用。如果图片只是作为辅助的文字插图，可以放在最后，或根据需要调整位置。它们之间的位置关系要以读者的阅读感受是否舒服来作为衡量。

图 4-26　微信公众号 "TED 正能量" 不同文章的版面

将图片放在正文中时还要遵循两个原则：一是图片的统一性，即图片的样式要保持一致（所有图片都为矩形、圆形或不规则图形），不与文章内容版面的风格相悖；二是图文间距要合适，既要保证文字与图片之间的间距保持在适合用户观看的距离，又要保证当多图片连续展示时，图片与图片之间的距离合适，不能使用户产生多张变一张的错觉；同时，还要注意图片大小与图片排版。建议将文章中图片的格式设置为 JPG 格式，JPG 格式文件较小，方便移动端用户查看。图片排版时要尽量在两侧和正文前后留白，图片对齐方式一般保持居中对齐，这样可以较好地提升用户的阅读体验。

（3）分割线

分割线是文章中用于分割上下文内容的线条。善用分割线可以更好地划分内容结构层次，同时增加文章内容排版的舒适感，给用户带来更好的阅读体验。分割线并不局限于 "线条" 这种单一的表现形式，也可以是图片或其他具有分割意义的符号或图形，只要保证与内容版面的风格相符即可。

4.3　内容长期运营

短短几年，我国的社会化媒体环境经历了从博客到微博、微信的迅速变化。在移动互联网时代，新的媒体生态不断改变着人们的信息接收与表达习惯、互动方式和沟通思维，这无疑也对内容运营提出了诸多挑战。要做到内容的长期运营，应掌握内容长期运营的推送法则和内容长期运营的关键。

4.3.1 内容长期运营的推送法则

内容运营是一个长期运营的过程，对内容的长期运营进行合理规划，用心经营用户，做好有质量的内容运营，用户群体才会越来越多。下面主要从内容精准推送、掌握内容推送时机、原创与转发的安排和内容持续更新这几方面介绍内容长期运营的推送法则。

1. 内容精准推送

高曝光率、传播量或成交率来源精准的定位，运营人员可从用户的需求出发，提供个性化的、相匹配的内容精准推送。内容精准推送主要有两个维度，一是根据用户的行为习惯、兴趣偏好等来推送内容。例如：给没有车的用户推送代驾的消息；音乐类 App 针对用户听音乐的风格、喜爱的歌星及收藏的歌单等推送相关的更新提醒。这样的精准推送大大提高了用户打开消息的比例。二是根据用户的关系深浅程度进行推荐。例如：对刚结识不久的用户，可以推荐一些单价不高的产品；对有了信任基础或交易记录的用户，可以进一步推荐单价更高的产品等。

2. 掌握内容推送时机

优质的内容应当在恰当的时间推送给合适的用户人群，因此，运营人员需要掌握内容的推送时机。一般而言，内容最佳推送时间是 8:00—9:30、11:30—13:00、17:00—18:30、20:00—24:00 这 4 个时间段，这是大多数人群上下班途中或休息空闲的时间，他们会在这些时间段浏览各类信息消磨时间并进行分享。另外，有关资料显示，用户移动购物的消费行为主要发生在周一至周五的 12:00—14:00、20:00—22:00，以及周末 20:00—24:00。因此，运营人员可在这些时段发布带有店铺链接的广告。

当然，内容定位不同和运营平台不同，内容推送的最佳时机也有所不同。运营人员可以在运营平台的管理后台查看用户阅读内容的高峰期，然后根据实际情况，选择在高峰期的时间段推送内容。例如，登录微信公众号的管理后台，在左侧"统计"栏中单击"内容分析"选项，在打开页面的"数据趋势"栏中将"数据类型"和"数据指标"分别设置为"小时报"和"阅读"，然后选择数据时间和传播渠道。"小时报"可以统计文章在一天内不同时间段被用户阅读的情况，如图 4-27 所示，从图中可以看到 8:00—9:00、12:00—13:00、17:00—18:00 这几个时间段是用户阅读文章的高峰期。

专家指导

> 运营人员可以在固定的规律下，向用户推送内容，如每一天在 18:05 按时推送内容或每间隔三天推送一篇文章等，以此培养用户的阅读习惯。

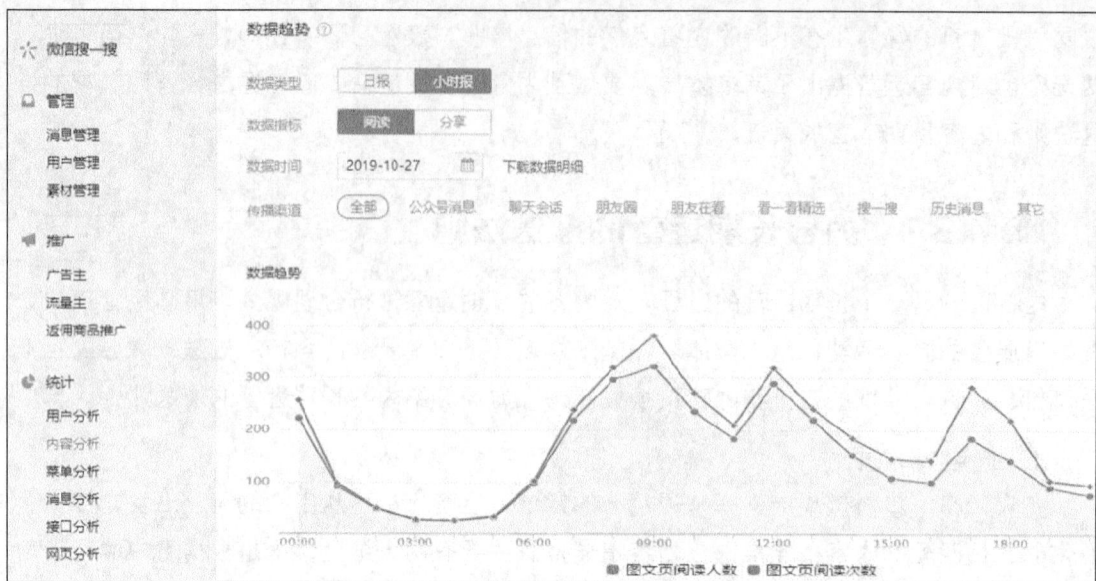

图 4-27　查看文章的阅读高峰期

3．原创与转发的安排

原创和转发是发布内容的常见形式，原创是指自己独立创作的较有价值的内容，转发是指转发其他作者的内容。一个内容运营的账号要想获得忠实的"粉丝"，通常需要保持一定比例的原创文章数量，特别是内容运营前期，优质的原创内容能增加"粉丝"数量，获得更多的关注，增加内容的转发率和传播率。但对内容长期运营而言，运营人员保持原创的精力是有限的。因此，日常可以转发一些优质内容，保持运营账号的活跃度和曝光度。

4．内容持续更新

对内容运营而言，企业不断制造新的话题，不断发布与企业相关的信息，才可以持续吸引目标群体的关注。稳定输出有价值的、有趣的内容，才能产生稳定的引流。注意，内容更新频率应适中，不能频繁推送内容造成"刷屏"现象，过多的同质化内容，其实际作用不大，用户将直接忽略掉部分消息，筛选其中的一两篇文章或一两则信息查看。过多的推送甚至会引起用户的反感、取消关注账号或卸载 App。推送频率的多少要根据应用的类型而具体确定，一般来讲，社交类产品可每日推送，资讯类产品可一周推送 3～4 次、工具类产品可一周推送 1～2 次，且推送时间不能间隔太近，因为用户往往只会查看你最近发布的前一两条信息。

专家指导

移动互联网时代，人人都是媒介的传播者，用户与用户之间是相互连通的，对好的产品或信息，用户是乐于分享的。但在面对众多的同类信息时，用户很难分辨好坏，所以很难形成内容的自发传播，而引发用户自发传播的最大动力就是利益的推动。因此，为了吸引更多用户关注，企业会提供相应的奖励措施来鼓励用户对内容进行分享传播，如转发有奖等。

▶▶▶ 4.3.2　内容长期运营的关键

对内容运营而言，输出优质内容当然是首要的。一个优秀的运营人员应有丰富的内容知识库，善于进行各类数据的统计，并学会让用户创造内容，而这些都是内容长期运营的关键。

1. 内容素材积累

做内容运营，需要运营人员不断吸收新知识，这样写起文章才能更信手拈来、有理有据，才能保持持续有效的内容更新。内容素材的积累包括热点话题素材和专业领域素材的收集。

- **热点话题素材收集｜**热点话题是互联网上传播最广、影响力最大的内容素材。特别是知名度比较大的社会话题，不仅是各大电商、企业进行营销的素材，而且还是很多自媒体吸引流量的主要手段，甚至能否正确及时地进行热点话题借势，直接关系着企业营销的最终效果。要做好热点话题借势，运营人员需要养成多阅读、多观察的习惯，勤于关注网络上的各种热点事件、新闻，并将关注到的有热点、有价值的素材收集起来，结合自己的产品定位设计合适的内容。

- **专业领域素材收集｜**专业领域素材是指与产品定位相匹配的内容，是吸引"粉丝"的主要内容。专业领域素材的获取有很多途径，运营人员可以通过专业网站寻找相关信息。例如：中国知网、万方数据知识服务平台等权威网站；可以阅读行业内、领域内的优秀作品；还可以阅读简书、豆瓣等网站中的专业人士的文章等。只有通过阅读不断积累知识、提升自己，才能为粉丝分享更多、更有用的信息，引起粉丝的持续关注。

2. 让用户创造内容

优质的营销内容不仅要有说服力，还要能激发互动、引起消费者主动讨论，使其具有更好的传播效果。激发互动的营销内容可以使受众不再只扮演围观者这一角色，他们也将成为内容的生产者和供应者，从而生成更多有创意的内容，然后通过二次传播吸引更多的关注，提升产品和品牌的知名度。

专家指导

移动互联网时代，话题传播显得尤其重要。策划一个好的话题，可以让媒体、大众自发传播、转载话题内容，从而获取巨大的品牌曝光量。作为话题策划者，尤其是新媒体时代的话题策划者，运营人员应时刻注意热点新闻、事件，保持创新思维。

3. 数据分析

当下，数据与精准营销早已紧密联系在了一起，内容的长期运营离不开数据的支撑。对数据进行分析是运营人员应该具备的基本能力，数据能帮助运营人员更科学地进行内容运营决策和规划。

内容运营方面，我们主要关注以下指标：浏览量、转发量、互动量、访问时长、点击率、转化率等。当然，数据分析需要运营人员监测一段时期内的数据指标，因为内容运营所产生的营销效果不是立竿见影的，即使是优质的内容扩散也需要时间。同时，用户的关注点、阅读行为和消费行为是不断变化的，一段时期内的数据更能真实反映内容的运营效果。

通过数据分析，运营人员能够了解自己输出的内容是否能为平台带来目标用户，判断哪些内容对用户有吸引力，还能够在内容发布后通过数据分析结果找出问题并进行调整，如果内容的用户访问量下降，就应该及时调整内容的写作方向等。目前，几乎所有的内容运营平台都具备数据分析功能，运营人员可以在内容运营平台的管理后台直观地查看各类数据指标。例如，在微信公众号的管理后台通过"小时报"查看文章在一天内不同时间段被用户阅读的情况，分析用户阅读文章的高峰期。除此之外，运营人员还可以在微信公众号的管理后台查看用户分析的相关数据，如新增人数、取消关注人数、净增人数和累计人数等。关于数据分析的相关知识将在第 8 章进行详细的介绍，这里不再赘述。

4.4　实战训练

本章主要从内容运营概述、运营内容的生产与呈现和内容长期运营等方面介绍的内容运营的相关知识和操作。本章的实战训练将为一个介绍新媒体写作的运营账号设计一个有关"电商文案写作"的文章标题和开头。

▶▶▶ 4.4.1　实战目标

本章实战目标主要包括以下几个。
- 掌握内容运营标题的写作方法。
- 掌握内容运营正文开头的写作方法。
- 掌握使用 Fotor 设计图片的方法。

▶▶▶ 4.4.2　实战要求

首先，要求采用通过"利益诉求"吸引用户的方式撰写文章标题，如"电商文案怎么写？我用这 5 招让店铺销售额提升 50%"，这里用阿拉伯数字明确表达文章主旨，使"利益诉求"具象化；然后使用 Fotor 根据微信公众号封面大图的尺寸设计一张推文图片，在文章的开头展示，并利用"开门见山"的方式直接告知用户"10 分钟学会 5 招电商文案创意"的益处，体现学习电商文案写作的效率，图片参考效果如图 4-28 所示。

图 4-28　使用 Fotor 设计的图片效果

》》》4.4.3　实战步骤

本实战的主要操作如下。

① 登录 Fotor 网站，单击"公众号封面大图"超链接。根据"电商文案写作"搜索图片模板，根据需要选择模板，这里选择第 2 行的第 1 个模板选项。

② 将背景颜色更改为灰白色，将标题文本修改为"10 分钟学会 5 招电商文案创意""还在用千篇一律的文案？"，字体设置为"锐字云字库粗圆"，并调整合适的字号大小。

③ 单击"保存"按钮保存图片。

4.5　课后练习

一、简答题

1．列举一些你熟知的微博、微信等推广文案，分析其使用了哪些文字描述方法，并进行说明。

2．有经验的读者试着谈一谈在 Word 中设置文字间距时，需要进行哪些方面的设置？你觉得内容运营的文字间距是否也需要进行这些设置？为什么？

3．分析下列标题使用了哪些技巧？

- 从亏损 1.5 亿元到年销 30 亿元，全棉时代如何靠一朵棉花成为新晋品牌？
- 久坐的危害竟然这么大!吓得我赶紧站了起来!
- 一个小格子，一天 500 万元!"跳一跳"广告凭啥卖这么贵？

4．什么是封面图？有什么制作要求？

5．怎样进行信息长图的设计？

二、操作题

1．假设你是一个校园微信公众号的运营人员，请制作一个以"植树节"为主题的校园活动微信封面大图，要求最终效果要体现出植树节的精神，并与校园活动结合起来。

2．基于校园植树活动的基础，制作一个信息长图，要求说明活动的时间、地点、流程、参加方式。

3．请为下面这款便携美颜相机撰写一篇宣传文案。

- 界面简洁、操作方便，包含多种风格，如复古、时尚等。

- 全新美颜功能，拥有高画质，追求女性理想的肌肤呈现方式，可自定义肤色，还能根据光线呈现更健康的肤色。

- 可自定义肌肤平滑度，在平滑肌肤的同时，还能清晰呈现眼周的立体感。

第 5 章
移动商务产品运营

本章简介

产品是承载运营的介质，可以说没有产品就无法运营。在移动商务环境下，产品的同质化比较严重，运营人员只有利用有效的运营方式，才能在产品竞争激烈、同质化严重的情形下突出重围。

本章将首先介绍产品的定义及类型、产品的价值、产品实现的基本原理、产品设计的原则等基础知识，然后重点介绍产品运营的核心，最后介绍爆品的打造，以帮助运营人员梳理产品运营的思路，建立产品运营的有效方式。

学习目标

| 了解移动商务产品概述
| 掌握产品运营的核心
| 掌握爆品的打造方法

5.1　移动商务产品概述

产品运营以产品为核心，围绕产品策划运营方案。在介绍产品运营的相关知识和操作之前，下面先介绍移动商务产品的基础概念，包括产品的定义及类型、产品的价值、产品实现的基本原理和产品设计的原则。

5.1.1　产品的定义及类型

产品是指能够提供给市场，被人们消费和使用，并能满足人们某种需求的任何东西，包括有形的物品，无形的服务、组织、观念或它们的组合。产品一般可以分为 4 个层次，即核心产品、形式产品、延伸产品、潜在产品。核心产品是指产品提供给顾客的直接利益和效用；形式产品是指核心产品借以实现的形式，包括产品的品质、特征、造型、商标、包装、功能、信息和设计等；延伸产品是指产品提供给顾客的一系列附加利益的总和，包括产品的说明书、运送、安装、维修、技术培训等；潜在产品是指现有产品可能发展成未来最终产品的潜在状态的产品，潜在产品预示着产品在未来可能产生的改进和变革。

移动商务产品主要包括以下几种主要类型。

- **工具类产品** ｜ 工具类产品是为了满足用户某种功能性需求的产品，如搜索引擎、安全管理软件、输入法、闹钟类软件以及天气类软件等。一般，工具类产品的使用场景会有限制，用户只会在真正要使用的时间点使用它。但工具类产品为用户提供了刚需服务，一旦为用户提供了高效、舒适的服务，培养了用户的使用习惯，那么用户的忠诚度会非常高。相比其他类型的产品，工具类产品的生命周期更长。

- **游戏类产品** ｜ 游戏类产品是一个特殊而独立的产品类型，游戏创造了一个虚拟世界来满足玩家在现实世界中无法被满足的需求。游戏类产品按运行平台可分为手游、端游等，按内容类型可分为休闲益智、动作冒险、角色扮演等。

- **内容类产品** ｜ 内容类产品主要用于解决用户对信息获取的需求。人们接触信息的主要方式有文字、图片、视频，继而由视频衍生出直播，信息的传播方式越来越高效、丰富。常见的内容类产品包括简书、知乎、豆瓣、优酷、网易云音乐等。好的内容除了能吸引用户阅读外，也会激发人们思考和讨论，通过内容让用户彼此互动起来，是内容运营和用户运营结合的典范。

- **社交类产品** ｜ 社交类产品是满足用户在社会生活中所产生的社交需求的产品。社交类产品主要着力于人与人之间的信息交互，用户黏性很强，可拓展场景也很丰富，可以衍生出多样的拓展业务和变现渠道。社交类产品可以按照不同的维度进行细分，如"熟人社交"产品QQ、微信，"弱关系社交"产品微博，"职场社交"产品钉钉等。

- **交易类产品** ｜ 交易类产品用于满足用户的各类交易行为的需求。交易类产品业务内容包括买卖实体商品、虚拟商品以及各类服务，业务模式有面向企业与企业之间的交易（Business-to-Business，B2B），面向企业与个人之间的交易（Business-to-Consumer，B2C），面向个人与个人之间的交易（Consumer-to-Consumer，C2C）等。常见的交易类产品包括阿里巴巴（B2B）、京东（B2C）、淘宝（C2C）等。

- **平台类产品** ｜ 平台类产品顾名思义是为第三方提供运营支撑的产品，平台类产品能够连接供给方和需求方两个群体，帮助双方直接或间接达成交易等性质的对接，能够满足用户多方面的需求。移动商务产品的初期大多是由单一领域的功能切入，在逐步发展的过程中，不断拓展业务领域，最终发展成平台类产品。平台类产品往往是多种产品形态的结合体，业务覆盖广泛，功能众多，对技术和业务理解的要求也是各类型产品中最高的。阿里巴巴、京东、淘宝既可属于交易类产品，也可归于平台类产品，此外拼多多、有赞微商城、微信公众号、滴滴出行、美团等也是常见的平台类产品。

多数情况下，移动商务产品并不是单一的类型。为了拓展应用场景、用户覆盖范围，单一类型的产品往往会拓展功能和业务，并不断发展。例如，工具类产品提供内容咨询服务，内容类产品生产付费内容、提供交易服务。要注意的是，衍生的业务需要符合产品定位、与核心业务有关联，否则容易造成用户对产品定位的认知模糊或是对衍生业务的不认可，从而造成大量用户的流失。

专家指导

如何定义"成功"的产品呢？成功的产品能引导和创造用户需求，能创造或改变用户的生活方式，拥有良好的用户体验，同时能为企业带来盈利和商业价值。

》》》5.1.2　产品的价值

产品的价值，简单来说是指产品能为用户带来的好处。产品的价值主要分为使用价值和附加价值（即非使用价值）两种，在使用价值的基础上能够为用户提供更多的附加价值的产品对用户更有吸引力。下面分别对使用价值和附加价值进行简要介绍。

- **使用价值**｜使用价值是产品的自然属性，是一切产品都具有的共同属性之一。任何物品要想成为产品都必须具有可供人们使用的价值；反之，毫无使用价值的物品是不能成为产品的。例如，食品的使用价值是充饥，衣服的使用价值是御寒，搜索引擎的使用价值是帮助用户搜索查找资料，微信的使用价值是帮助人们方便地取得联系和进行沟通交流等。

- **附加价值**｜产品附加价值可以满足用户更多的需求，给产品赋予更加丰富的内涵。那么，什么是产品的附加价值呢？例如：护肤品的使用价值是保护皮肤，其附加价值是使使用者更加美丽动人，高档护肤品还能体现出使用者尊贵的身份；微信的附加价值是能够增加用户彼此的信任关系，培养感情；多数交易类产品带来的附加价值是降低企业的运营成本和用户的购买成本。

》》》5.1.3　产品实现的基本原理

产品实现的基本原理包括实现产品内容与数据之间的传递，即数据的产生、存储、消费等，同时还需要包括产品结构的划分，即 C/S 结构或 B/S 结构，下面分别讲解。

1. 内容与数据

设计互联网产品，先要懂得数据的产生、存储、消费的情况。图 5-1 所示为用户、移动商务产品和网站后台数据之间的数据交换情况。用户通过浏览器或 App 启动图标访问互联网产品，在其中可以查看内容，也可以进行选购、交易等数据交换操作。同时网站后台的数据库会实时与用户的操作进行交互，包括存储用户信息，如个人资料、购买信息等，并通过各种存储的信息返回互联网产品，从而更好地完成与用户之间的交互活动。

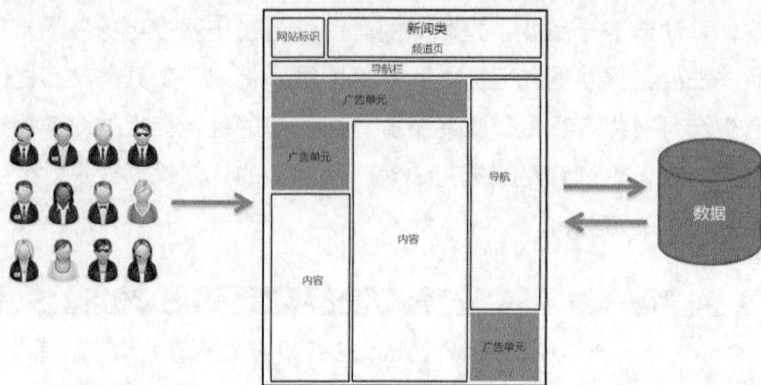

图 5-1　用户、移动商务产品和网站后台数据之间的数据交换

2. 移动商务产品的结构划分

实际进行产品设计时，往往会根据业务的复杂程度、交互体验性、应用场景来选择适当的结构。不管是 C/S 结构还是 B/S 结构，原理都比较相似。

● **C/S 结构** | C/S 结构即客户机/服务器结构，微信、微博等都属于 C/S 结构。C/S 结构充分利用了两端的硬件环境优势，将任务合理地分配到客户机端和服务器端来实现，降低了系统的通信开销。但产品的业务逻辑有所改变，需要依赖版本的升级完成更新。所以对一些业务熟悉度要求比较高、需求容易变更的产品，则可以考虑适量地调用网页的形式，以降低用户不断升级的烦琐操作。图 5-2 所示为 C/S 结构的效果。

● **B/S 结构** | B/S 结构即浏览器/服务器结构，是对 C/S 结构的一种改进，用户的工作界面是通过浏览器来实现的。手机淘宝网、手机京东网等都属于 B/S 结构。C/S 结构的产品更新很容易，用户只要刷新网页就可以。但网页端没有封装太多的业务逻辑，这会导致和服务器的通信开销比较大。图 5-3 所示为 B/S 结构的效果。

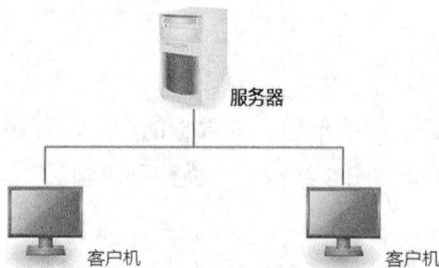

图 5-2　C/S 结构的效果

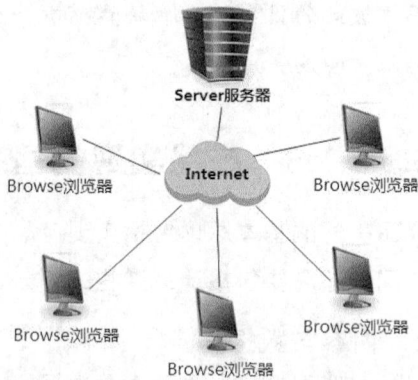

图 5-3　B/S 结构的效果

▶▶▶ 5.1.4　产品设计的原则

移动商务产品的设计中，产品界面、使用情景、用户操作等都会影响用户对产品的体验，因此在设计的过程中应遵循一定的原则，使产品能得到用户和市场的认同。总体而言，

产品设计过程应遵循四大原则，即安全性、可靠性、易用性、美观性。

1. 安全性

安全性是任何产品设计都需要首先考虑和秉持的原则。我国最大的开发者技术社区CSDN的安全系统曾遭到黑客攻击，600多万用户的登录名、密码及邮箱被泄露出去，这直接反映了安全性对产品的重要性。在进行移动商务产品的设计时，可以从安全的技术策略层面去努力，如很多网站都采用HTTP，也有一些网站提供数字证书服务等。同时也可从产品的设计策略层面去努力，如手机验证、邮箱验证、密保答案等。

专家指导

> HTTP 是指超文本传输协议，是互联网上应用最为广泛的一种网络协议，所有的WWW文件都必须遵守这个标准。

2. 可靠性

产品投入市场后，用户使用起来是否可靠是用户是否继续选择使用这款产品的关键。例如：访问速度是否快速高效，大量用户同时访问时速度是否不受影响；产品兼容性是否可靠，包括与操作系统的兼容以及与浏览器的兼容，会不会出现不流畅、闪退甚至死机等现象；产品并发处理能力是否强大，假设预计每天访问量为4亿，当实际上某天或每天出现10亿访问量，产品能否及时且正确地处理，会不会崩溃等。只有产品具备相当的可靠性后，用户才会选择使用。

3. 易用性

易用性是互联网产品的重要质量指标，指的是产品对用户来说有效、易学、高效、好记、无错和令人满意的程度，即用户能使用产品完成他想要完成的操作、产品的效率高、对产品的主观感受好。易用性实际上是从用户角度所看到的产品质量，是产品竞争力的核心。具体而言，如果产品在安全性和可靠性方面做得不错，并且它看起来直观、学起来容易、使用起来简单，那么就有很大的机会在同类的产品中脱颖而出。

4. 美观性

产品的美观性说起来很简单，做起来却不容易，这包括产品页面布局美观、颜色搭配美观、设计风格美观等。美观性可以说是产品的一块"敲门砖"，当用户使用某个产品时，第一时间看到的就是产品的外观，无论产品安全性如何、可靠性如何、易用性如何，只要用户看着不满意，就很有可能放弃使用。相反，如果用户看着满意，则会进一步使用，进一步体验产品的其他性能。

5.2 产品运营的核心

到目前为止，不管产品是一个公众号、一个App还是一家店铺，产品一直是承载运营的介质，可以说没有产品就无法运营。在某些企业，产品运营是全线运营，涉及的工作众多、繁杂。下面将主要介绍产品运营的核心，包括产品需求分析、竞品分析、产品卖点确认、推广方案策划和产品运营的数据考核等。

▶▶▶ 5.2.1 产品需求分析

从本质上说，每一种产品实质上都是为解决问题而提供的服务。营销人员向顾客销售的任何产品，都必须具有反映顾客核心需求的基本效用或利益。因此，产品需求分析是产品运营的重要内容。

产品需求分析是在需求产生之后、产品实施之前的一个重要环节，产品需求分析有 3 个基本考虑因素，分别是战略方向、产品定位和用户需求。

1. 战略方向

每个企业都有自己的战略方向，虽然战略方向是抽象的（战略方向属于宏观规划，没有明确的界线标准），但它可以帮助运营人员找到产品需求的参考范围。战略方向在实施的过程中可细化为不同阶段，产品需求的参考范围则可根据不同阶段来评估，常见的战略阶段分为起步阶段、发展阶段和迭代阶段，如图 5-4 所示。

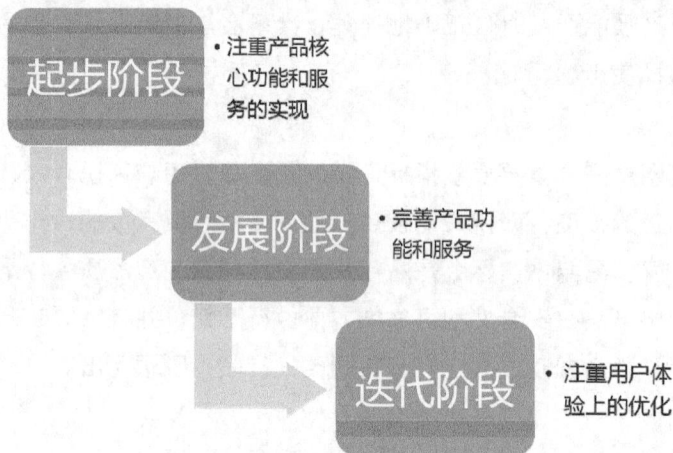

图 5-4　战略阶段

* **起步阶段**｜起步阶段的主要诉求在于快速推出产品，验证产品在市场的可行性。在起步阶段，企业应注重产品核心功能和服务的实现，核心功能和服务的需求将具有最高的优先级，核心功能或服务之外的需求应被暂缓或放弃。
* **发展阶段**｜发展阶段的主要诉求在于完善产品功能和服务。在这个阶段，企业应在完善核心功能和服务的基础上增加其他功能和服务，扩大使用场景和范围。
* **迭代阶段**｜迭代阶段说明产品进入了成熟期，在这个阶段企业应更加注重用户体验上的优化。新产品进入迭代周期之后，会接收各个方面的需求反馈，因此企业就需要对需求进行分析和判断，决定需要实施的需求。

在不同的战略阶段，需求决策的标准是不一样的。例如，微信在构建商业生态系统时，其每个阶段的战略重心不一样。在起步阶段，微信的核心功能是实现"点对点"的社交功能；在发展阶段，推出微信朋友圈、公众平台，开放定制接口，打造点对点、点对面的社交圈场景布局，构建商业蓝图吸引更多的参与者；在迭代阶段，升级服务策略、开放微信支付，放开权限提升各类常见模式的实现方法，完善商业生态系统。

2. 产品定位

产品定位和战略方向存在一些重叠因素，战略方向和产品定位都是策略型因素，考虑的思路都侧重于主观性。但战略方向更偏向于市场需求定位，而产品定位更注重功能定位，所以产品定位的考虑因素是判断产品功能需求是否符合定位。从另一个角度讲，产品定位是为了确定需求性质。例如，一个专门做服装买卖的交易类产品，可以拓展商品品类，即除了服装，箱包、鞋靴也可以纳入产品定位中，而一个外卖应用并不适合提供服装、箱包和鞋靴等的交易功能。

这里列举一个典型的案例来说明产品定位对产品需求的影响。支付宝作为第三方支付平台获得了成功，因为它在很大程度上弥补了网上交易的信用问题。在互联网支付市场上，支付宝的交易份额占比长期处于领先位置。同时，随着移动购物用户渗透率的持续增长，移动支付市场交易规模迅速增长，移动支付平台不断渗透到线下支付场景，移动支付成为新的趋势，支付宝面临着微信支付的巨大挑战。在微信社交关系的基础上，人们能够更加直接、快捷地完成交易。支付宝虽然尝试过做社交，但是收效甚微，因为从社交做支付容易，而从支付做社交却很困难。困难在于，用户不认可支付宝的社交属性。而作为通信工具的微信推出支付功能，用户会觉得如虎添翼，给生活带来便利；作为支付工具的支付宝想要做社交，用户却觉得这使它变得臃肿，对生活造成打扰。相反，微信也不满足于工具属性，其提供的理财通、生活缴费、城市服务等功能也在走支付宝的路线，期望能够为用户提供一系列生活服务。对于微信支付而言，若是想融入更多的支付场景、完善生活服务，一味依托微信及其社交关系，也难以超脱人们对其品牌的认知，因此，微信支付后续开展的一些金融服务受到了很大的限制。

3. 用户需求

用户需求就是能帮用户解决实际问题的一套解决方案。企业产品项目中最大的风险来自用户需求的变更，而需求变更会产生风险的最大原因便在于未做好需求处理。下面就详细介绍与需求处理相关的两种基本方法，即获取信息和需求分析。

（1）获取信息

获取信息是围绕一定目标，在一定范围内，通过一定的技术手段和方法获得原始信息的活动与过程。

获取信息必须进行3个步骤才能有效地实现：一是制订获取信息的目标要求，即要搜集什么样的信息，做什么用；二是确定获取信息的范围方向，即从什么地方才能获得这些信息；三是采取一定的技术手段和方法获取信息。由于需要不同，信息获取的技术手段和方法也不相同。就移动商务产品设计而言，常见的获取信息的方法包括调查法、观察法、实验法、文献检索法、网络收集法等。

每种方法都有自身的优点和不足，为获取全面、准确的信息，一般会综合使用多种方法进行搜集整理。下面简要介绍各种方法的优缺点。

- **调查法**｜调查法主要涉及问卷和访谈。问卷的优点在于能够在短时间内取得广泛的材料，且能对结果进行数量处理；缺点则是所得材料一般较难进行质量分析，因而难以把所得结论直接与测试者的实际行为进行比较。访谈的优点在于简单、易行，便于迅速获取资料；缺点则是由于关于测试者心理状态的结论必须从测试者自己的回答中寻找，所以具有较大的局限性。

- **观察法**｜观察法的优点在于使用方便，所得材料真实；缺点则是只能被动地等待有关现象的发生，难以对所获材料进行数量处理，难以确定某种行为现象发生的真正原因。

- **实验法**｜实验法的优点在于研究者处于主动地位，可以控制各种条件，能够有计划地引起某种行为现象的发生，同时研究者可以使某种行为在相同条件下重复发生，反复观察验证；缺点则是实验的人为性过分简化，所得结果与实际情况可能存在一定差距。

- **文献检索法**｜文献检索法的优点在于所得信息的准确性和权威性较高，具有很高的参考价值；缺点则是需要耗费大量人力和时间在各种繁杂的文献中寻找合适的资料。

- **网络收集法**｜网络收集法的优点在于可以快速获取大量相关信息，人力耗费较少；缺点在于需要对信息进行筛选，并判断信息的真伪。

（2）需求分析

获取信息后，就需要依据各种信息对用户需求进行分析，下面介绍几种常用的分析方法。

- **马斯洛需求层次**｜马斯洛需求层次理论是行为科学的理论之一，它将人类的需求像阶梯一样从低到高按层次分为5种，分别是生理需求、安全需求、社交需求、尊重需求和自我实现需求，如图5-5所示。举例而言，假如一个人同时缺乏食物、安全、爱和尊重，通常对食物的需求是最强烈的，其他需求则显得不那么重要。此时人的意识几乎全被饥饿占据，所有能量都被用来获取食物。在这种极端情况下，人生的全部意义就是吃，其他什么都不重要。只有当人从生理需求的控制下解放出来时，才可能出现更高级的、社会化程度更高的需求，如安全需求。在进行移动商务产品设计时，也需要借鉴马斯洛需求层次来考虑用户的需求，即用户最基本的需求是什么，当得到满足后还会进一步想获得什么。

- **客户满意度模型**｜客户满意度模型有多种，常见的有指数模型、四方图模型和KANO模型等。指数模型是一种衡量经济产出质量的宏观指标，是以产品和服务消费的过程为基础，对顾客满意度水平进行评价的综合评价指数。四方图模型又称重要因素推导模型，是一种偏向于定性研究的诊断模型。四方图模型列出了企业产品和服务的所有绩效指标，每个绩效指标有重要度和满意度两个属性，根据顾客对该绩效指标的重要程度及满意程度的打分，将影响企业满意度的各因素归进 4 个象限内，企业可按归类结果对这些因素分别处理，图 5-6 为四方图模型的示意图。KANO 模型定义了 3 个层次的客户需求，即基本型需求、期望型需求和兴奋型需求。这 3 种需求根据绩效指标分类就是基本因素、绩效因素和激励因素，图 5-7 为 KANO 模型的示意图。

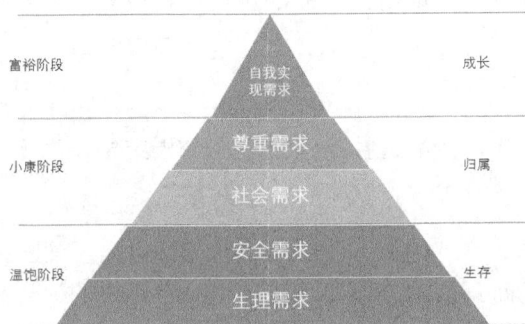

图 5-5　马斯洛需求层次

图 5-6　客户满意度四方图模型

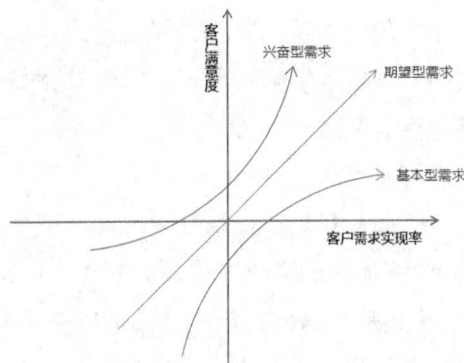

图 5-7　客户满意度 KANO 模型

- **四象限定位法** | 四象限定位法将消费者的多种需求按重要性和急需性分为 4 种。以需求的急需性作为横轴，以需求的重要性作为纵轴，建立图 5-8 所示的消费者需求四象限图。消费者的需求特征层次，归结起来可分为 4 个部分，即"需求特征四象限"，包括重要又急需、重要但不急需、不重要但急需、不重要也不急需。在新产品开发或品牌定位时，应该先从消费者需求四象限中的第一象限，即对消费者来说重要且急需的需求方面去考虑。

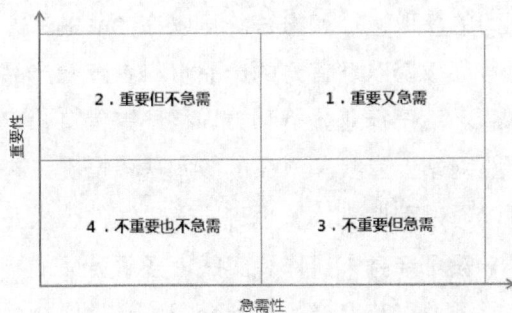

图 5-8　四象限定位法

▶▶▶ 5.2.2 竞品分析

竞品分析，顾名思义，是对竞争对手的产品进行比较分析。竞品分析是一种带有主观性的横向分析过程，对多个竞品（一般不超过 3 个）的目标用户、核心功能、推广策略等多维度进行横向对比分析，验证自己产品的可行性，或者了解对手产品或市场情况，分析出自己产品的差异化运营方案，以及制订对应的竞争策略等。

1. 选择竞品

竞品的选择非常重要，竞品选择错误，竞品分析结果将毫无意义。竞品一般可分为直接竞品和间接竞品。

（1）直接竞品

直接竞品即产品的商业模式、核心功能、市场目标方向、目标用户群体等与自己的产品定位基本一致。找到直接竞品是竞品分析最常见的方法，一般对直接竞品进行比对能直接看出自己产品的优劣势，方便运营人员找准产品定位和运营方向。例如：提到淘宝的竞品，首先会想到京东；提起美团的竞品，首先会想到饿了么；提到 QQ 音乐的竞品，则会想到网易云音乐、酷狗音乐等。但是做竞品分析时如果只关注直接竞品，其缺点是容易局限思维，难有突破和创新。

（2）间接竞品

间接竞品一般是市场细分下与本产品相关的其他产品。间接竞品通常数量较多，应选择 1~2 个高质量的竞争性产品。同时，间接竞品主要分为以下两种类型。

● **目标用户相似，产品功能或服务互补** | 如两个产品同为课程培训的 App，目标用户都是中小学生。本产品是做舞蹈培训，而竞争对手的产品是做钢琴培训。虽然授课内容不同，但学舞蹈的学生同时可能有学钢琴的需求，并且做钢琴培训的应用未来可能拓展教舞蹈的服务，使两个产品的功能重叠。

● **目标用户相似，暂时不提供本产品的核心功能或服务** | 如两个产品同为线上乐器陪练的 App，本产品以视频的表现形式进行授课，另一款产品以语音的形式授课，那么这款产品有可能在后期的产品迭代中推出视频讲课的功能。

2. 获取竞品信息

不同的竞品信息有不同的获取途径和方法。可以在竞品的官方渠道，如官方网站和产品的帮助中心、微信公众号、微博以及官方的产品资料中查看产品更新、产品功能设计、企业新闻、企业财报等信息。关于行业分析和市场格局等信息，可在艾瑞咨询、易观、企鹅智酷、阿里研究院等专业网站上查找。产品的版本迭代情况可在应用商店中查询。产品的运营事件和运营信息可以通过百度查找，也可以通过微信公众号、知乎、网页新闻等页面查找。产品的业务流程一般可亲身去操作和实践，了解竞品的整个业务是如何运转的。另外，可以与竞品销售人员沟通，获得产品功能介绍、产品优势、代表客户、产品定价以及与其他竞品的差异点等资料。

获取竞品信息一般还要遵循及时、准确和连续的原则。

- **及时** | 及时是指在恰当时机下，在最短的时间内获取竞品的信息。

- **准确** | 准确意味着获得的竞品信息不是模棱两可的，误差要越小越好，信息越准确越有价值。

- **连续** | 不同时期，产品的定位、功能设计、运营策略是不同的。因此，需要连续不断地积累竞品信息，从而对竞品每一时期或阶段的情况了如指掌。

3. 竞品分析的维度

一般来说，比较全面的竞品分析要从市场趋势、用户、功能设计、运营策略等维度来展开。这里我们把它细化成表 5-1 所示的多个维度。

表 5-1　竞品分析的维度

分析维度	本产品	竞品 A	竞品 B
市场环境			
规模数据			
产品定位			
用户分析			
盈利模式			
会员体系			
核心功能			
交互设计			
运营策略			

4. 使用 SWOT 分析法输出分析结果

当列举出竞品分析的维度后，即可使用 SWOT 分析法输出分析结果。SWOT 分析法可以帮助运营人员分析产品可能存在的优势和机会，以及可能面临的问题和威胁，从而判断产品的设想是否可行，以及产品是否具备竞争能力和盈利能力等。

（1）什么是 SWOT 分析法

SWOT 分析法是对产品的优势（Strengths）、劣势（Weaknesses）以及外在的机会（Opportunities）和威胁（Threats）进行分析判断的方法。因其兼顾内外因素，所以能够很好地将产品面对的内部环境和外部环境有机结合起来，其分析方式如图 5-9 所示。

优势和劣势是产品可以调整的因素。

- **优势** | 优势是指对产品有利的因素，如企业的资金充足、资源丰富，产品的交互体验更好、服务价格比同行更低等。

- **劣势** | 劣势是指对产品不利的因素，如知名度不如竞争对手、功能较少、促销方式不佳等。

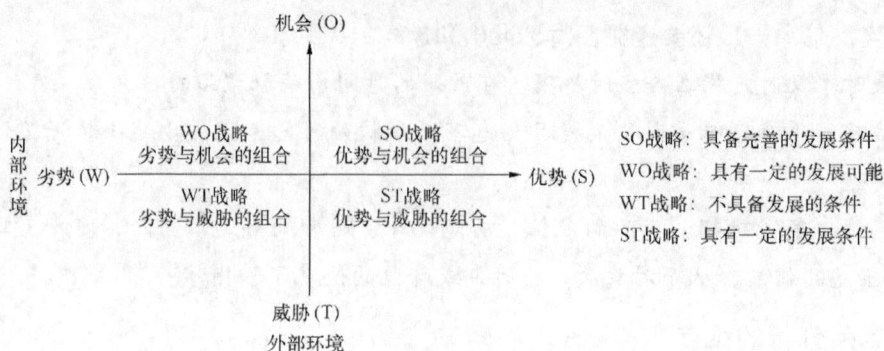

图 5-9　SWOT 分析法分析方式

机会和威胁是产品不能加以影响的因素。

● **机会**｜机会是指外部环境对产品有利的因素，如行业政策扶持力度大、产品进入红利期、用户规模增大等。

● **威胁**｜威胁是指外部环境对产品构成潜在威胁的因素，如出现新的同类产品、行业政策的不利因素等。

（2）SWOT 分析法的运用

SWOT 分析法可以分为两部分：第一部分为 SW，主要用来分析产品自身条件；第二部分为 OT，主要用来分析外部条件。利用这种分析方法，可以从内外条件的优劣势中直观地找出对产品有利的因素，以及对产品不利的因素、产品应避免的因素。这样可以快速地发现机会与优势的契合点，对契合点进行相应的分析，明确产品以后的发展方向。

总的来说，这种分析方法在实际运用中具有明显的科学性、合理性。因此，可以将分析结果作为产品运营决策的主要依据。

根据 SWOT 分析法的分析结论，还可以将问题按轻重缓急分类，明确哪些是急需解决的问题，哪些是可以稍后解决的问题，哪些属于战略目标上的问题，哪些属于战术上的问题。将这些需要研究的对象一一列举出来，依照矩阵形式排列，然后用系统分析的方法把各种因素组合起来进行分析，如表 5-2 所示。进行综合分析可以帮助运营人员从中得出具有决策性的结论，从而实现从产品构思到产品实施的过程。

表 5-2　SWOT 矩阵分析

存在的优势（S）	存在的劣势（W）
①	①
②	②
③	③
④	④
⑤	⑤
⑥	⑥

实际的机会（O）	潜在的威胁（T）
①	①
②	②
③	③
④	④
⑤	⑤
⑥	⑥

▶▶▶ 5.2.3 产品卖点确认

"卖点"是指产品具备了前所未有、别出心裁或与众不同的特点，它代表了产品的核心竞争力。卖点一方面是产品与生俱来的，另一方面，是通过营销策划人员的想象力、创造力附加出来的。不论卖点从何而来，只要能使之落实于营销的战略战术中，化为用户能够接受、认同的利益和效用，就能达到产品畅销、建立品牌的目的。

卖点有很多种角度，移动商务产品的卖点可以是产品页面设计，可以是功能设计，可以是业务流程，也可以是运行速度等。但是产品卖点要能够体现这个产品最核心的竞争力。

1. 卖点的表现形式

在移动商务环境下，产品同质化现象比较严重，因此，一个产品要想实现突围，就需要找到核心卖点，让用户在众多同质化产品中选中自己的产品。那么，怎样为产品提炼出吸引用户的核心卖点？要解决这个问题，首先要清楚核心卖点的表现形式，然后便可顺藤摸瓜，找到提炼核心卖点的方法。

核心卖点通常有新卖点、超级卖点、独家卖点这3种表现形式。

（1）新卖点

所谓新卖点就是与同行的卖点相比要有所不同。如果能区别于同行产品，让用户耳目一新，那么这个卖点就将具有极大的竞争力。

新卖点是新颖的，用户通常是第一次听说或极少听过。新卖点为用户呈现了一种颠覆性的认知，可以对用户认知上的空白进行填补。例如，一般的小说类App通常都使用文字输出小说内容，无法体现出这个产品与其他同类产品的不同。喜马拉雅则率先大规模地用音频输出小说内容，从"看小说"转变为"听小说"，新颖的方式能够激发用户的好奇心，对用户更有吸引力。

即便不能填补用户认知上的空白，表达也要新颖，可以将同一个卖点换一种表达方式来呈现。例如，健身软件Keep，其产品定位是一款移动健身应用，是使用户可以随时随地进行锻炼并记录用户个人的健身训练进程的健身App，但是它的品牌标语"自律给我自由"提倡的是一种精神状态，使其与其他同类产品相比有了明显的辨识度，得到了用户的高度认可。

（2）超级卖点

超级卖点是指与同行相比有超越性的竞争力的卖点。超级卖点必须具有明显的竞争力，只有竞争力明显高于同行的卖点才能称之为超级卖点。通俗地讲，就是有超越同类产品的卖点。例如，小程序与 App 相比，是一种不需要下载安装、用完即"走"的应用。

（3）独家卖点

独家卖点，从字面意思理解，就是自己产品独有而其他产品没有的卖点。独家卖点是某个产品本身所拥有的，如产品独有的功能、领先的技术等。一般来说，如果某产品拥有独家卖点，那么它的竞争力是独一无二的。

2. 使用九宫格提取卖点

九宫格思考法是一种利用九宫格矩阵图进行发散思考、强迫创意产生的简单练习法。很多人常用九宫格思考法提取产品的卖点。

（1）九宫格的填写思路

九宫格有助于人的思维扩散。利用九宫格提取卖点时，首先需要绘制一个正方形，然后将其分割成九个方格，并在中间方格填上产品名。我们可使用以下两种思路来扩充九宫格的内容。

- 在其他 8 个方格内依次填上所能想到的有助于产品推广、销售的众多卖点（优点），不用刻意思考这些卖点之间有什么关系，如图 5-10 所示。
- 以不同的思考角度或方向来扩展九宫格的内容，如围绕产品的功能、产品的安全性、产品的操作等方面的优势提取卖点，如图 5-11 所示。

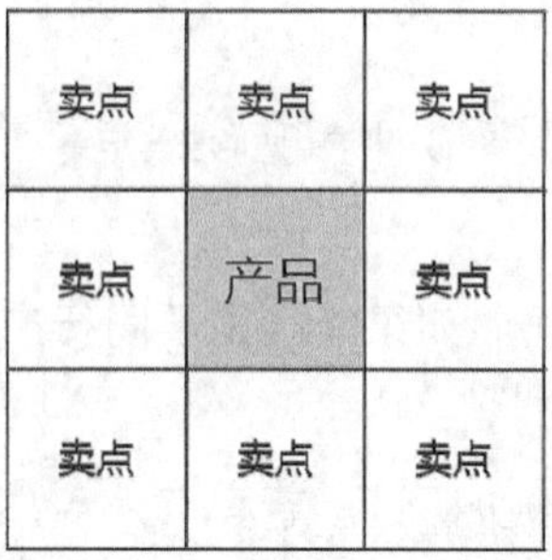

图 5-10　任意填充产品卖点 　　图 5-11　从不同角度提取卖点

（2）利用九宫格提取卖点的注意事项

在填充九宫格时，要尽量将周围 8 个方格的内容扩充完整，内容可以反复修改。为了使九宫格的内容通俗易懂，应使用简明的关键字来描述卖点。在利用九宫格提取卖点时有以下几个注意事项。

- **卖点取舍** | 在填完九宫格后，运营人员可对所填内容进行整理，分析每个卖点的主次，并做出取舍。对不明确的卖点，也可重新修改。这就是九宫格思考法的好处，它可以让运营人员尽情发散思维，对每一个卖点进行细分或扩展。

- **强化卖点**｜如果某一产品的卖点太多，最好的方法就是强化其中一个或几个突出的优势，这样更容易让用户记住产品。

- **因地制宜使用卖点**｜利用九宫格归纳出产品的卖点后，针对用户的记忆点，运营人员需要因地制宜使用卖点。例如，在宣传海报上推广产品时，其记忆点最多不要超过 3 个；但在官方网站的产品介绍栏目中，可以尽可能展示产品的众多卖点。

▶▶▶ 5.2.4　推广方案策划

产品运营的核心目标是扩大用户群、提高用户活跃度以及寻找合适的盈利模式以增加收入等。要实现这些目标离不开产品推广。一方面，产品推广围绕用户运营、内容运营和活动运营展开；另一方面，根据推广渠道的不同，产品推广可分为线上推广和线下推广。

（1）线上推广

线上推广主要包括以下几种推广途径。

- **渠道推广**｜在安卓系统（Android）中，App 的推广渠道包括手机厂商预装、第三方应用商店（如百度手机助手、小米应用商店、华为应用市场、豌豆荚）等。在苹果系统（iOS）中，App 的推广渠道主要是苹果应用程序商店（App Store）。

- **新媒体推广**｜任何类型的移动商务产品都可以通过微博、微信等新媒体，借助内容营销、事件营销、活动营销等方式进行推广。新媒体推广的覆盖范围较广，且推广成本较低。

- **换量推广**｜换量推广是指应用之间互相推荐，这种方式能够有效增加产品的曝光度，但需要一定的用户基础。如果没有用户，则可以通过付费的方式换量推广。

- **网络广告推广**｜网络广告除了横幅广告、文字链接广告、视频广告、搜索引擎广告这些传统的广告形式，在移动商务环境下，积分墙广告、原生广告是目前比较主流的广告形式。积分墙是在一个 App 内展示各种积分任务（如下载、注册和填表等），以供用户完成任务获得积分的页面。用户完成任务后，该 App 的开发者也能得到相应的收入。积分墙推广效果明显，但用户留存率不高，多数用户是为了赚取积分来完成任务的；要提高用户留存率，产品本身要有吸引力。图 5-12 所示为米赚平台上的积分墙广告。原生广告可以理解为一种让广告作为内容的一部分植入实际页面设计中的广告形式，它的特点是与所投放页面的信息流具有相关性，不会破坏用户的体验。图 5-13 所示为植入 QQ 浏览器的一条原生广告。

（2）线下推广

线下推广主要有两种途径：一是手机厂商预装，这种方式用户转化率高，是发展用户最直接的一种方式，但其推广周期较长，一般包括提交测试包测试、通过测试、试产、量产和销售到用户手中等过程，耗时 3～5 个月；二是使用宣传海报、宣传单等现实载体推广产品。

图 5-12　积分墙广告

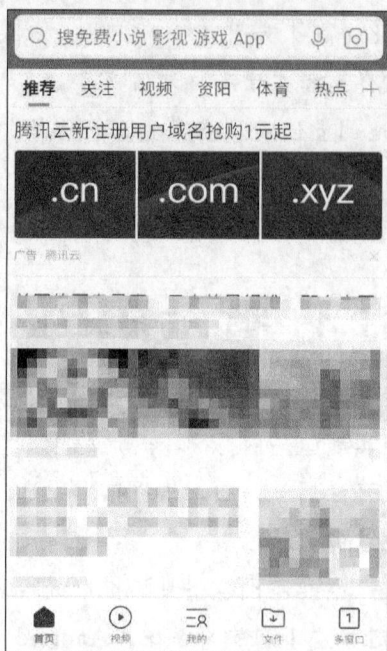

图 5-13　原生广告

💡 专家指导

在移动商务行业中，企业可多面出击，尝试各种产品推广途径和方式，不断测试出一种最有效的方法，然后集中资源推广，吸引更多的用户。

▶▶▶ 5.2.5　产品运营的数据考核

在移动商务运营推广过程中，下载量、用户数、留存率等是很多企业作为产品运营数据指标的一些考核标准，也是产品改进、优化工作的重要依据。

通常，在产品的不同时期关注的数据指标不同，下面分别介绍。

- **种子期**｜种子期的主要目的在于收集用户行为数据，与产品设计时的用户模型做对比，有目的地进行产品的优化调整。主要关注的数据包括用户渠道来源、启动次数、启动时间段、页面路径转化、停留时长等。种子期的数据不求量大，但求真实。

- **推广期**｜推广期的主要目的在于扩大产品的影响力，吸引更多用户和提高用户活跃度。主要关注的数据包括新增用户、活跃用户、留存用户以及渠道数据等。

- **创收期**｜创收期的主要目的在于通过各种活动运营、增值服务创造营收。主要关注的数据包括付费用户数、付费金额、付费路径转化等。

另外，不同类型的产品关注的核心数据不同。例如：工具类产品，其核心数据是启动次数、停留时长；社交类产品，其核心数据是活跃用户和用户生成内容（User Generated Content，UGC）；交易类产品，其核心数据是转化率。

5.3 爆品的打造

为什么要打造爆品？爆品是指能够引爆市场的口碑产品，有可能是一款单品，也有可能是系列产品，其表现特征是用户规模大、人气高。打造爆品是产品实现盈利的强有力的方式。但凡能够制造爆品的企业，大多能从别人关注不到的地方发现引爆市场的机会。在移动互联网时代，任何企业和个人都有打造出爆品的可能。下面分别介绍打造爆品的关键思维、打造爆品的途径。

▶▶▶ 5.3.1 打造爆品的关键思维

打造爆品需要先具备打造爆品的思维。下面主要从产品创新、文化创意、解决用户痛点和口碑效应这 4 个方面介绍打造爆品的关键思维。

1. 产品创新

产品创新是品牌发展的根本，不断地推陈出新是满足目标用户的有效方式。产品创新具有先发优势，是一个产品成为爆品的有利因素。产品创新的主要表现有两个方面：一方面是全新产品创新，指创造一个全新的产品以满足市场的需求；另一方面是改进产品创新，指对老产品进行翻新，即把以前某种产品形式加以适当的改变，从而适合用户当前或以后的需求。在进行产品创新时，需要掌握产品创新的分类、产品创新的途径和产品创新的关键点。

（1）产品创新的分类

加拿大新产品开发管理专家罗伯特·G.库伯把创新产品分为具体的 6 种不同类型或不同级别的新产品，这一理论在产品开发领域得到了广泛认可。

- **全新产品**｜这类产品是其同类产品中的第一款，它创造了全新的市场。此类产品只占新产品的 10%。
- **新产品线**｜这些产品对市场来说并不新鲜，但对有些企业来说是新的。约有 20% 的新产品属于此类。
- **已有产品品种的补充**｜这些新产品属于企业已有的产品系列的一部分。对市场来说，它们也许是新产品。此类产品是新产品类型中较多的一种类型，约占新产品的 26%。
- **老产品的改进款**｜这些不怎么新的产品从本质上说是老产品的替代品。它们在老产品的性能上有所改进，能提供更多的价值。该类改进的新产品约占新产品的 26%。
- **重新定位的产品**｜这类产品是指老产品在新领域中的应用，包括重新定位于一个新市场或应用于一个不同的领域。此类产品约占新产品的 7%。
- **降低成本的产品**｜这类产品用以替代老产品，但在性能和效用上没有改变，只是成本降低了。此类产品约占新产品的 11%。

（2）产品创新的途径

在产品创新的具体实践中，主要有自主创新、逆向研制、创新引进、授权许可和企业并购 5 种方式。

- **自主创新**｜自主创新是由企业自己研发新产品或对老产品进行改良。这在不少大企业中是一种常态，这些大企业拥有专门进行研究和应用开发的部门，并借此提高竞争力。不少创业者也是通过自主研发新产品来开启自己的创业之路的。高科技领域的企业认为，要在激烈的市场竞争中生存下去，唯一途径就是走在别人的前面，如苹果公司每隔一两年就会推出自己的新产品。

- **逆向研制**｜逆向研制就是我们通常所讲的技术破解，指企业对其他公司的产品就性能和构造等内容进行研究，从中破解其制造工艺和技术配方，以图仿制和改进。这种在模仿的基础上进行的创造是目前很多企业进行创新的一种方式。

- **创新引进**｜创新引进是一种常见的创新形式，指企业直接购买新技术或购买新产品的生产权和销售权，然后改造引进的技术，使之更适应企业自身的生产条件和市场条件，在积累了足够的技术经验后，实现技术创新和产品创新，创造独立自主的知识产权。其整个过程包括引进、消化、创新这 3 个步骤。例如，华为的技术创新就更多地表现在技术引进、吸收与再创新层面。

- **授权许可**｜授权许可指企业从其他企业获得生产和销售产品的许可，这种方式不涉及技术所有权的易手。授权协议通常会规定授权的范围和期限，在此之外，授权方仍然有权力对其他企业发放同样的授权许可。通过授权许可的方式获取新技术，进而生产新产品，可以省去企业开发新产品的研发经费，并且有充足的时间将新产品推向新的市场。

- **企业并购**｜企业并购指企业收购或兼并其他公司的股权，这样企业就可以顺理成章地取得对该公司的新技术和新产品的占有权、使用权或控制权。这种创新形式对没有充足资金的企业而言是不适用的。

（3）产品创新的关键点

新创企业要在市场中生存发展，产品创新就要有的放矢，符合市场需求。一个新产品如果不被用户认可，没有市场，那么新产品的开发就是失败的。因此，企业创新需要抓住产品创新的关键点。

- **遵循市场的供需关系**｜进行产品创新时应考虑市场的供需关系，避免"自我为主"的产品思维，在产品研制的过程中要积极地进行市场调研和产品互动。在个性化的移动互联网时代，新产品层出不穷，企业更应该坚持"需求决定产品"的原则，否则再好的营销策划都无助于产品的推广、销售。例如，微信是以即时沟通需求为导向的，抓住了用户希望免费使用的需求，从而实现了口碑传播，使之迅速发展，到目前已拥有 10 亿多的用户，甚至让人们产生了依赖性。即使是创新的小众产品，同样要遵循市场需求原理，只有这样才能拥有竞争力，才能开拓出更大的市场。

- **找准产品的诉求点**｜在进行品牌传播时，还需要找准产品的核心诉求点，要知道如何告诉用户产品的创新优势。为此，企业在产品创新时应尽量融合用户的痛点和产品的诉求点，这样才容易赢得用户的认可，营销才能借势借力、顺水推舟。

- **把握市场和产品的发展趋势**｜很多企业在进行产品创新时没有把握好市场和产品的发展趋势，要么过于超前，要么切入时机不当，从而造成创新失败。例如，课程培训的App，授课形式从图文到音频、视频、直播不断演变，而产品却一味固守图文表现形式，逐渐削弱甚至丧失了竞争力。因此，进行产品创新时把握市场和产品的发展趋势很重要。

2. 文化创意

移动互联网时代，人们每天都要接收海量的信息。要想在激烈的竞争中胜出，除了应进行产品创新，还应具备文化创意，文化创意使用户在同质化的产品中能听到不同的声音。如果说产品是外在的具体表现，文化创意则体现了产品的内涵，它承载和传递了产品与企业的精神内核。好的文化创意不仅能快速吸引用户的注意，给其留下深刻的印象，还能形成转化，让用户使用产品并主动传播。例如，健身应用 Keep 推出的第一条品牌广告语"哪里有什么天生如此，只是我们天天坚持"，如图 5-14 所示；该广告语就不是从产品本身的特点出发，而是运用产品所固有的或人为附加的情感，来影响用户的情感、情绪，引起用户的共鸣。通过这种文化创意，用户得到的是对产品的一种感性认知，这种感性认知会改变用户对产品或品牌的态度，从而使用户对产品或品牌产生好感。如果找到产品和产品的使用情景与某种情感有关联，那么就可以利用这种情感使之成为有效的情感诉求工具，形成文化创意。

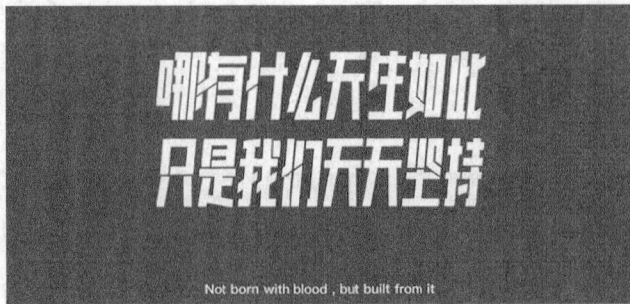

图 5-14　Keep 品牌的广告语

有异曲同工之妙的还有出自美食记录、分享平台"下厨房"的品牌文案"唯有美食与爱不可辜负"，如图 5-15 所示；它用言简义丰的文字精准地表达了产品的定位和内涵，给不少用户留下了深刻的印象，俘获了不少美食爱好者的心。

3. 解决用户痛点

随着市场的发展与变化，产品创新的难度越来越大。即便是好的创意产品，如果没有高水准的营销策划方案，也不一定好卖，而找准痛点就是营销策划活动中常用和有效的方法之一。所谓痛点，就是大部分用户普遍存在的问题，而问题是客观存在的，谁能最先发现并解决它，谁就能在市场上获得先机。许多企业在进行产品创新时，都期望抓住目标用户的需求点，并将其转变为产品的差异性卖点，然后在动态的竞争过程中试图通过差异化来提高自己的市场份额。例如，支付宝解决了买卖双方信息不对称、网上交易的信用问题等痛点，从而迅速成为支付领域的爆品。

图 5-15 "下厨房"品牌文案

4. 口碑效应

好的产品品质产生好的口碑，好的口碑就会带动产品的爆发。传统行业的产品依靠广告的"狂轰滥炸"来打造爆品，口碑的传播范围较窄，速度较慢。移动互联网时代与传统工业化时代、PC 互联网时代不同，从厂家向陌生人的"点对点""点对面"的推销，变成了熟人、朋友之间的"面对面"的推荐，引爆指数也以几何级数增长。取胜的关键是能产生口碑效应。可以说，在移动互联网时代，口碑效应是打造爆品的必经之路，企业可以通过在社交平台上造势、开展活动、融合热点以及引导用户互动等方式产生口碑效应。

专家指导

与爆品一起提到的还有"爆款"，爆品和爆款是不同的。爆款是区别于一般产品而相对销量较好的产品。而爆品不仅会持续地热销，还会受到用户的持续追捧，更是企业的拳头产品，是可以为企业创造更多、更高利润的产品。

▶▶▶ 5.3.2 打造爆品的途径

通常打造爆品由易到难有两种途径，即爆品功能和爆品应用。

- **爆品功能**｜爆品功能是指以产品的功能为切入点引爆市场。
- **爆品应用**｜爆品应用是指以用户使用产品的应用场景为切入点引爆市场，即找到用户的应用点而不是聚集于产品功能。由功能辐射产品的应用场景，能够为用户提供产品应用的整体解决方案。

下面通过微信红包的"爆品成长史"来说明以爆品功能到爆品应用这两种爆品打造途径。微信红包在腾讯内部被称作"七星级产品",即超级爆品。微信红包的诞生,源于腾讯内部员工的一个痛点:过年开工发红包。腾讯公司有过年开工发红包的传统,而员工人数的众多造成了不小的困扰。在 2013 年年底,腾讯公司内部萌生了"把发红包的传统做成一个应用,增加微信支付的用户数"的想法。微信中有一项随机掷骰子的功能,在微信群中多个好友一起掷骰子是一种既简单又刺激的游戏。把骰子换成红包,这就是微信红包的核心功能——抢红包的雏形。2014 年春节,微信红包首次亮相,"抢"红包这种新颖的方式能吸引出微信群里不活跃的用户,能活跃微信群的气氛,也能刺激好友之间的互动。微信官方数据显示,除夕当日,微信红包收发总量达到 10.1 亿次,在 20 点到大年初一 0 点 48 分的时间里,春晚微信"摇一摇"互动总量达到 110 亿次;在除夕到正月初八这 9 天时间里,800 多万人共领取了 4000 万个红包。到这里,微信红包成了爆品功能。

除了春节发红包,微信红包能否升级为一个高频应用的产品呢?就是说除了春节之外,还有其他应用场景吗?这是腾讯内部接下来需要考虑的问题——为用户提供微信红包的更多实用场景。转折点出现在"滴滴出行抢红包","打车出行"这个场景正好满足了微信红包的 3 个条件:用手机、高频消费、用户痛点。于是,作为滴滴出行的投资公司,腾讯投资了 10 亿元给用户发打车红包。这不仅吸引了更多的新用户、该消息刷爆微信朋友圈,也使滴滴出行在"打车出行"的补贴大战中拔得头筹。更重要的是,"打车发红包"这种方式拓展了微信红包的应用场景,于是"京东购物送红包""大众点评消费送红包"等接踵而至。就这样,微信红包成为一个"无人不知、无人不晓、无人不用"的爆品。

5.4 实战训练

本章主要对移动商务产品概况、产品运营的核心和爆品的打造等进行了介绍。本章的实战训练将进一步巩固所学知识。

▶▶▶ 5.4.1 实战目标

本章实战目标主要包括以下几个。

- 掌握移动商务产品常见的类型。
- 掌握分析竞品的方法。
- 掌握提取产品卖点的方法。

▶▶▶ 5.4.2 实战要求

① 根据移动商务产品的类型列举两个常见的产品,并说说这些产品各自的特点和核心

功能，以及满足了用户的哪些需求。

② 首先挑选一个工具类产品假设为自己的产品，然后寻找一个直接竞品，并将市场环境、产品定位、目标用户、核心功能和运营策略作为竞品分析维度，如表 5-3 所示，最后将分析结果填写在表 5-4 中。

表 5-3　竞品分析

分析维度	本产品	竞品
市场环境		
产品定位		
目标用户		
核心功能		
运营策略		

表 5-4　SWOT 分析表

优势	劣势	机会	威胁

③ 首先通过官方网站等渠道了解网易云音乐的产品信息，然后通过九宫格提取网易云音乐的卖点。

5.5　课后练习

一、简答题

1．简述产品的定义和价值，并举例说明。

2．产品需求分析的考虑因素有哪些？

3．产品运营的主要关注指标有哪些？

4．简述打造爆品的关键思维。

二、操作题

1．列举两个常见的工具类产品，分析它们的用户需求。

2．按照表 5-5 所示的分析维度对拼多多、淘宝和京东进行横向对比分析，将拼多多、淘宝与京东各自的优势、劣势、机会和威胁等填入表 5-6。

表 5-5　拼多多、淘宝和京东的对比分析

分析维度	拼多多	淘宝	京东
市场环境			
规模数据			
产品定位			

分析维度	拼多多	淘宝	京东
用户分析			
盈利模式			
核心功能			
运营策略			

表 5-6　SWOT 分析表

产品	优势	劣势	机会	威胁
拼多多				
淘宝				
京东				

3．首先通过官方网站等渠道了解健身应用 Keep 的产品信息，然后通过九宫格提取 Keep 的卖点。

4．列举一个你所熟悉的爆品产品，并详细分析该产品成为爆品的原因。

第5章　移动商务产品运营

101

第 6 章
移动商务活动运营

本章简介

　　活动运营是运营人员在工作中运用最多的一个推广方式。活动运营是一种整合资源的运营方式，用于策划并实施各种活动，来达到运营的目的。它对运营人员的策划能力、跨部门协调能力、项目把控能力、执行能力、数据分析能力等都有较强的要求。

　　本章将简要、直观地梳理活动运营的相关知识，包括活动运营概述、活动运营的策划以及活动运营的执行，以帮助运营人员提高活动运营的工作效率。

学习目标

| 了解活动运营概况
| 掌握活动运营的策划
| 掌握活动运营的执行

6.1　活动运营概述

　　我们对活动并不陌生，不管是线上还是线下，总会有各种各样的活动变着法子吸引你的注意，并且千方百计地让你参与其中。在设计活动之前，我们要清楚地了解活动运营，如活动运营的含义与特点、常见形式等。我们只有进行了充分的准备，才能通过活动运营获得运营成果。

6.1.1　活动运营的含义与特点

　　活动运营就是根据既定目标，通过策划并执行短期活动，在一定时间内快速提升产品指标的运营方式。活动运营的定义表明了大部分活动运营的工作要点和工作要求。首先，在开展活动之前，要设立明确且可量化的目标。然后进行活动策划，即进行活动的整体规划，如明确活动的主题、时间、对象、方式、流程等。最后进入落地运营的活动执行阶段，包括宣传推广、指标监控和活动效果评估等环节。

与其他运营工作相比，活动运营是利用活动进行的，除了策划阶段需要用文字表现之外，在实际运营中具有较强的实操性。对活动运营而言，它是支撑用户运营的有效方式，如开展活动吸粉引流、提高用户活跃度和忠诚度、促进用户转化等。与内容运营相比，活动运营和内容运营都属于移动商务运营体系的运营分支，区别在于内容运营是必需的，因为任何一种运营方式都会将内容包含在内。活动运营则不同，并不是所有的运营都需要设计活动，也就是说，活动运营是一种额外的运营工作。这就决定了相比其他运营，活动运营具有更强的目的性：一是必要性方面，如果没有明确的目的，就变成为了活动而活动，最终一味追求活动的规模，却无法为企业带来实际的利益和价值；二是性质方面，活动运营不是日常性工作，而是带有目的性的额外的工作任务；三是以目的为导向，即所有工作都是围绕活动目的展开的。

▶▶▶ 6.1.2 活动的常见形式

互联网带给用户的好处不仅有便利，还有实惠。很多企业和商家借助各种形式的活动，不仅快速开辟了大片市场，甚至打造出了优秀的用户口碑。活动可以为商家带来巨大的用户效应，在短时间内召集大量用户参与，在普惠用户的同时也为商家带来了收益。

不论是周年庆、品牌塑造、新品上市、产品促销，还是公益活动类型或主题的活动，都将围绕抽奖活动、折扣活动、红包活动和免费活动这几种核心活动形式进行。

1. 抽奖活动

抽奖活动是一种常用的活动营销形式，图 6-1 所示为微博上的抽奖活动。在保证活动真实性和公正公平的基础上，抽奖活动的策划需要考虑奖品设置、中奖概率和用户参与流程这几个因素。

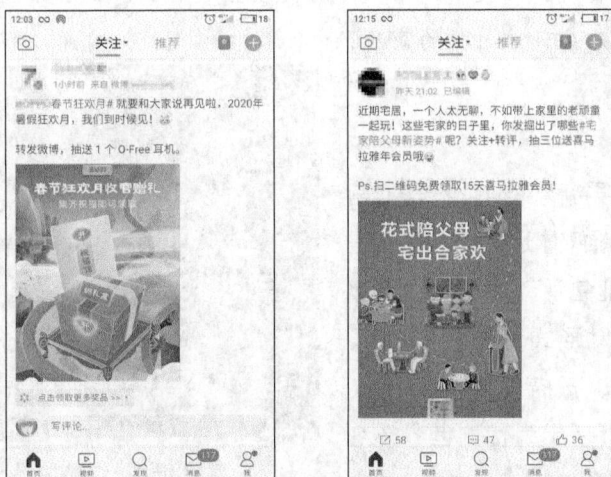

图 6-1　微博上的抽奖活动

- **奖品设置**｜进行奖品设置时需要考虑奖品是否对用户有足够的吸引力。奖品内容最好与主要销售的产品相关、互补，或者是用户想要得到的价值。例如买香水送化妆品这类赠品。

- **中奖概率**｜无论是现场抽奖活动还是网络渠道抽奖活动，中奖概率都是用户非常关心的问题。中奖概率也是抽奖活动效果的关键因素，中奖概率的大小决定了用户参与抽奖活动的热情。

- **用户参与流程**｜抽奖活动的流程不能烦琐，以简单为宜，方便用户参与。互联网时代，用户每天都会阅读大量信息，烦琐的活动流程会影响用户的参与体验，使用户不愿意花费更多精力进行阅读，甚至容易使用户因为流程复杂而放弃参与。

运营人员在设计抽奖活动时，如果能协调好以上几个方面的关系，合理优化，配合得当，必能取得好的营销效果。

2. 折扣活动

折扣活动是一项常规的活动营销方式。"打折"是某些企业或商家最常使用的营销方式，折扣的方式多种多样，如不同金额的折扣不同、不同产品的折扣不同、优惠券抵扣等。对于折扣活动，用户经过层出不穷的折扣活动的"洗礼"，已经见惯不怪。那么折扣活动要怎样做才能吸引用户？运营人员应围绕折扣主题和折扣幅度这两个方面进行布局。

- **折扣主题**｜需要注意的是，折扣活动必须有一个主题，如果没有主题就会被视为清仓类型的甩卖活动，这将会对品牌产生一定的负面影响。有意识地引入主题内容，拟定较有品位的促销标题、宣传标语和口号等，都有利于提升折扣活动的文化品位，如常见的周年庆折扣、节日折扣、庆典折扣、用户回馈折扣等。

- **折扣幅度**｜对于抽奖活动，用户关注的是中奖概率和奖品内容；对于折扣活动，用户关注的则是折扣幅度。如果折扣幅度较小，如9折、95折，其效果不明显，对消费者没有吸引力。如果折扣幅度是8折、75折，其影响是显而易见的。但是折扣幅度不宜太大，当企业给予较为明显的折扣幅度后，用户可能会期望更有利的折扣幅度，这容易使用户萌发观望等待心理，不购买目前打折的商品，从而影响商品的销售。

3. 红包活动

红包活动虽然不再新颖，但依然是非常有效的营销形式。在新媒体运营中，红包是非常受欢迎的礼品，红包活动能够快速集聚人气。常见的红包活动形式有注册送红包、购买产品参与领红包、扫描二维码领红包、口令红包等。图 6-2 所示为优酷世界杯红包活动。

图 6-2　优酷世界杯红包活动

发红包虽然是一种快捷、高效的营销方式，但红包不能随意发，否则有些红包就无法收到理想的效果。一般来说，活跃气氛、宣布喜讯、发布广告、节日祝贺等情形，都可以适当发红包。另外，选择合适的时间段开展红包营销活动，才能增加活动的关注度和参与度，如果是在繁忙的工作时间段开展活动，其效果可想而知是不理想的。为了控制成本，红包的数量应当"抢完即止"。

红包活动一般需要提前预告，这在微信个人号和公众号的运营中非常明显。发红包的方式可以预热活动，然后借此人气推广品牌、产品、服务或开展促销活动。

4. 免费活动

对用户而言，免费活动可以让其免费获得试用商品，获得良好的体验和服务；对商家而言，免费活动可以带来流量和用户，提升品牌的知名度。

免费活动的类型十分多样，活动方案的具体设计和实施还应该结合企业、用户的实际情况而定。一个理想且效果良好的营销模式必然能给用户提供其真正所需的价值。下面对免费活动的常见设计思路进行介绍。

（1）免费体验

以体验为主的免费活动主要运用在新品上市和品牌推广上，目的是让用户通过体验使用，建立其对产品和品牌的初步信任和认可。特别是新品上市阶段，用户容易对新品持怀疑态度，而免费体验的活动可以消除用户的怀疑，还能加强买卖双方的交流。体验式的免费营销以免费赠送和免费试用为主。免费赠送主要是让用户免费体验，打造产品前期基本的品牌口碑；免费试用主要提供给有需求的用户，促进其后期的付费购买。

（2）免费产品

免费产品是指产品免费、附加功能付费。免费产品主要包括以下 3 种类型。

- **诱饵产品**｜即将产品的部分功能免费，以吸引客户，再通过后续服务引导其进行其他功能的消费。
- **赠品**｜即将一款产品或服务设计成另一款产品或服务的附加品。
- **分级产品**｜即为产品设计不同的版本，对更高级、更个性化的版本进行收费。

（3）免费增值服务

免费增值服务是指为产品或服务提供免费的增值服务。增值服务是对产品和服务的延伸，可以提高用户的黏性，促进用户的重复消费，如卖产品提供全年保修、卖资料提供使用指导等。在设计免费增值服务营销策略时，必须先保证增值服务的质量。更实惠、用户体验更好的增值服务可以提升产品的价值，提高品牌的影响力，达到销售和口碑双赢的效果。

▶▶▶ 6.1.3　活动运营的作用

作为运营人员最常运用和行之有效的推广方式，活动运营能够帮助其实现很多既定目标，这也是很多企业看中活动运营的原因。下面就一起来了解一下活动运营的多重作用。

- **吸引用户注意**｜一个具有吸引力的活动运营能引起用户注意并让用户主动参与到活动中。只有受众愿意主动参与到活动中，才能扩大活动的影响力，才能达到企业通过活动的方式向用户传播商业信息的目的。例如，支付宝为拓宽线下支付场景并推广余额宝、花呗等产品，每隔一段时间就会推出"奖励金"活动。在活动期间，只要用户在其合作门店通过"余额宝""花呗"等方式完成支付，用户和相应门店都能获得一定的奖励金。因为"有利可图"，众多门店商家和用户都乐于参与活动，甚至对下一次的活动充满期待。

- **提升品牌影响力**｜毋庸置疑，一个好的活动运营能够有效提高品牌的曝光度，迅速提高品牌的知名度和影响力，更能提高企业的市场占有率。一些好的活动形式，用户是乐于接受的。不同于广告，在活动中用户一般不存有排斥心理，他们愿意接收和接受企业的商业信息。

- **培养用户情感**｜活动是企业向用户传输品牌价值的有效方法，而让用户了解企业的品牌价值可以获得稳定的客流。对新用户来说，首次消费的优惠活动能让用户对品牌产生良好的第一印象；对老用户来说，稳定的回馈活动能提高用户对品牌的黏性；对忠实用户来说，定期的会员活动能维护他们对品牌的信任与支持。

- **增进双方互动**｜一个好的活动运营，不仅使企业受益，也使用户获得参与活动的乐趣，更能促进用户之间的交流，增强用户之间的感情。人们可以通过活动与自己的亲朋好友一起分享活动的快乐，也可以在活动中结交新的朋友。因此，活动就成为人与人之间加深感情的桥梁。例如，继"昵称瓶"大获成功、增加20%的销量后，可口可乐推出了"歌词瓶"，歌词瓶上的歌词大多出自人们耳熟能详的歌曲。此外，用户扫描瓶上的二维码，便可观看一小段音乐动画，并在社交平台上分享，让年轻人通过歌词或音乐来表达自己的心情。歌词瓶的出现让爱好音乐的年轻人集体温习了一遍那些充满回忆的歌曲，如图6-3所示。

图6-3　可口可乐的"歌词瓶"活动

6.2 活动运营的策划

活动策划是对活动进行整体的规划和计划。下面从活动策划案的构成、活动的预估与测试和活动的细节安排等方面对活动运营的策划进行介绍。

▶▶▶ 6.2.1 活动策划案的构成

运营人员在策划活动时，要制订一个具体的方案。通常，活动策划案包括活动目的、活动对象、活动主题、活动时间、活动形式等主要内容，如图6-4所示。

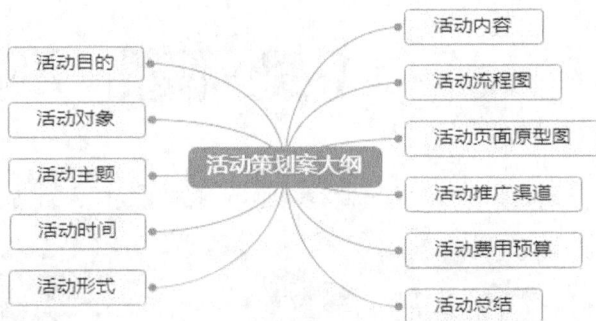

图6-4 活动策划案的构成

- **活动目的** | 运营人员在策划活动时需要先明确活动目的。通常活动目的包括以下4种：一是促进"粉丝"增长和提高已有"粉丝"的活跃度与忠诚度；二是用于企业产品的信息推广和产品的销售转化；三是提高品牌的知名度和曝光量；四是实现企业线上商城的导流。活动目的也可以具体量化，如"粉丝"增长10000人、品牌曝光量40万次、活动内容转发量50000次等。

- **活动对象** | 明确活动对象就是进行用户群体定位，用户群体的定位与企业品牌和产品定位相关。例如：企业主要是做教育品牌的，用户群体定位可以是学生或者初入职场的白领及宝妈等；企业产品是手机，用户群体定位可以是大学生或者白领等。此外，进行用户群体定位有助于设计活动主题和形式等。

- **活动主题** | 鲜明的主题可以方便用户快速了解活动，如"××语录征集""××趣味照片秀""××周年庆，转发有奖"等。当将用户群体定位为年轻用户时，"语录征集"这种新颖的活动是年轻群体喜闻乐见的。

- **活动时间** | 策划活动必须设置具体的活动参与时间。

- **活动形式** | 不同的活动形式适合不同的推广渠道，所取得的推广效果也不同。例如微博上的活动形式一般包括有奖转发、有奖征集、有奖竞猜等。其中有奖转发是最常见的一种微博活动形式，它具体包括转发就能抽奖、转发关注就能抽奖、转发关注并评论才能抽奖、转发关注并@好友才能抽奖等参与形式。如果单纯为了提高品牌的知名度，就只

需要转发；如果为了增加"粉丝"数量和提高品牌知名度，就需要转发加关注；如果需要用户贡献原创内容，就使用转发中带评论或话题的形式。

● **活动内容**｜活动内容是用户阅读的主体，是用户了解活动热点的载体。活动内容的优质与否，直接关系到用户会不会参与到活动中来。活动内容包括活动缘由、活动奖品、参与规则、抽奖工具等。

● **活动流程图**｜活动流程图对应用户的参与步骤。根据活动流程图，技术人员能够更快速地设计出相应的功能，减少活动开发的时间。图 6-5 所示为某活动的活动流程。

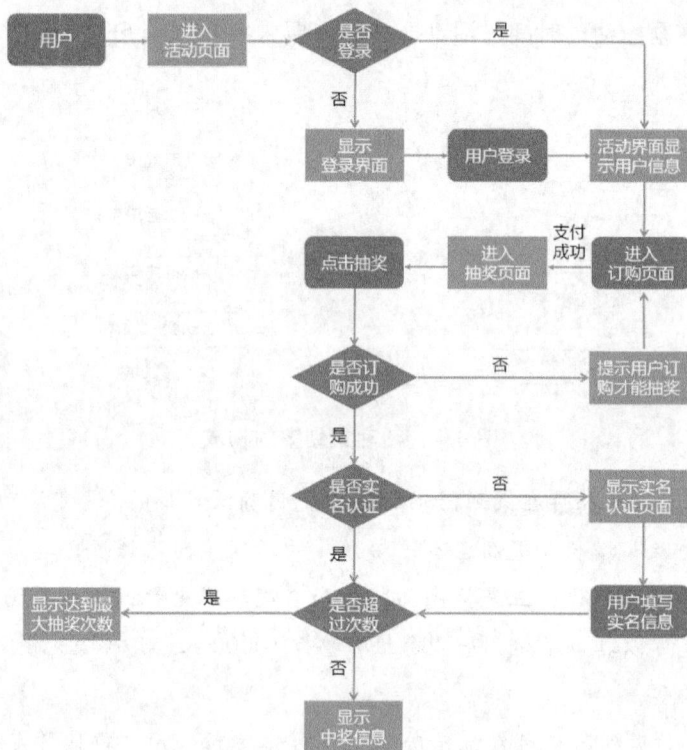

图 6-5　某活动的活动流程

● **活动页面原型图**｜一方面，活动页面原型图反映了活动页面在用户面前的呈现效果；另一方面，活动页面原型图反映了技术人员设计出的页面效果。活动页面的完成是运营人员和技术人员共同努力的结果。为了保证活动能够在预定时间上线，需要运营与设计、技术做到无缝对接，避免内耗。运营人员需要提供活动页面原型图、活动流程图。图 6-6 为某活动的部分活动页面原型图。

● **活动推广渠道**｜如果仅依靠活动自身的推广，那么效果具有一定的局限性，因此需要扩展活动的推广渠道，如微博、微信公众号、QQ 群和微信群、问答平台等。

● **活动费用预算**｜进行活动策划时需要对活动的费用进行评估，主要包括提供奖品的费用和推广渠道的费用等。需要注意的是，方案中的花费必须详细备注，对奖品的数量和价格以及推广渠道的账号都需要进行详细的表格展示。

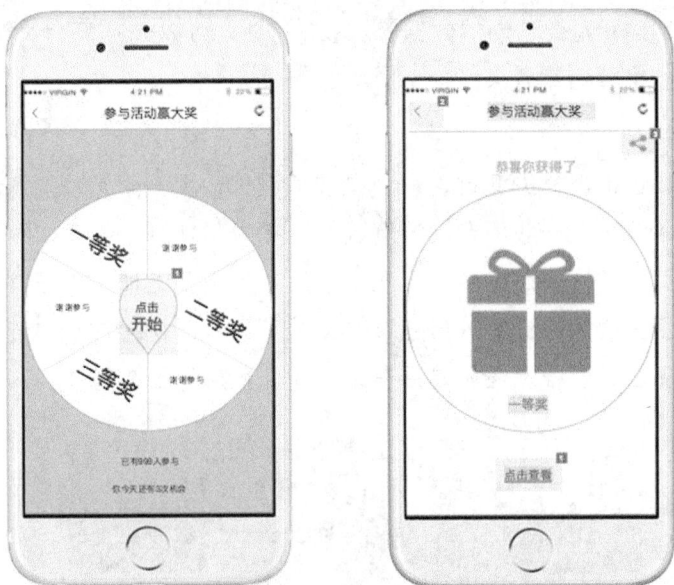

图 6-6　某活动的部分活动页面原型图

- **活动总结**｜在活动开始后，营销人员应对活动数据进行监控，关注用户的参与情况、互动情况和反馈意见，及时调整活动中的不合理之处。另外，在活动结束后，需要对活动效果进行总结，以便下一次活动的改进。

专家指导

企业在进行活动运营时，可号召内部员工开通相关账号参与活动，并通过互访、关注和转发等形成一个固定的粉丝群。再利用员工的账号进行更多的转发和关注，增加企业的粉丝人数、关注人数、转发次数和浏览量。

6.2.2　活动的预估与测试

活动的预估与测试是活动进行前的重要工作。下面分别对活动预估和活动测试进行介绍。

1．活动预估

活动预估包含两方面的内容，即活动费用预估和活动效果预估。对费用和效果进行预估，能大致预估出活动的投资回报，衡量活动是否有价值，这也是企业领导对活动运营最关心的问题，另外也是对预算控制非常有价值的参考指标。

一般来说,活动效果预估可从本次活动带来的流量和本次活动的转化这两方面进行(具体可视每个项目的不同而定)。流量预估的指标有手机注册用户增长数、"粉丝"关注增长数、活动各入口点击数、活动各页面停留时长等；转化预估指标有商城页面浏览量、商品新增成交量、站内虚拟服务新增成交量等。效果预估应处于合理的范围，并且有数据支撑，如以往的活动数据、竞品同类活动的数据等。总体来讲，可以先推算大致能获得多少曝光，然后按照以往的经验推算活动效果。

2. 活动测试

活动上线前需要进行严格的测试，一个是技术测试，另一个是功能测试。技术测试用于检测是否存在技术漏洞，一般由专门的测试人员完成，其测试流程如图6-7所示。功能测试主要包括检测页面按钮及超链接是否正常、用户登录及注册是否正常、支付交易是否正常、活动页面是否兼容等。运营人员应该在测试环境下，按用户参与流程及运营逻辑将活动体验一次，检测活动流程及逻辑是否有漏洞或与预期是否相符。

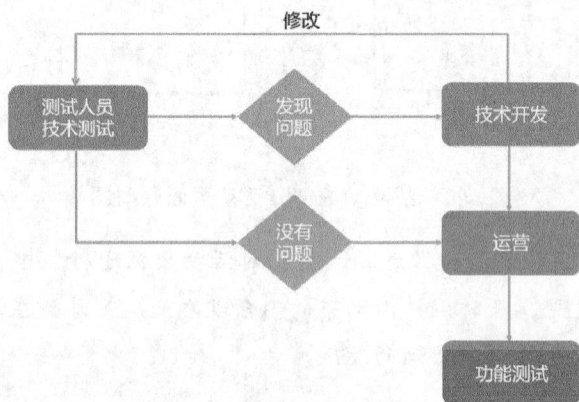

图6-7　技术测试的测试流程

▶▶▶ 6.2.3　活动的细节安排

所谓"细节决定成败"，有时候越是细微的工作越是对最后产生的结果有重大的影响。同理，活动运营也要注重细节的安排，尽量做到万无一失，确保活动的顺利开展并取得良好的运营效果。

1. 把握活动上线的时机

不仅活动本身有时间周期，而且活动的上线一般会借助一定的时间点，由此可见时间点对活动的重要性。通常，把握好活动上线的时机，选择合适的时间点，才能让活动运营达到甚至超出预定的目标。那么，最好选择哪些活动上线的时机?一般可选择节假日、品牌节日、季节变化和热点时间这几个时间点。

（1）节假日

我国节假日有法定节假日和非法定节假日之分。法定节假日包括春节、清明节、劳动节、端午节、中秋节、国庆节和元旦等。在我国，法定节假日一直是各类企业和商家开展活动的绝佳时机，因为在法定节假日，人们心情愉悦，处于放松的状态，一般会有相应的活动和消费行为。而运营人员可以借助法定节假日这一时间点，进行与节日有关的主题活动运营。图6-8所示是华美月饼在中秋节开展的"扫码秀中秋"活动。

非法定节假日是指那些有特殊含义的节日，如父亲节、母亲节、儿童节、情人节等，这些节日背后带有极强的感情色彩，有十分明确的意义，并且对应特定的人群，运营人员可以借此开展运营活动。图 6-9 所示为情人节期间的主题活动。

图 6-8　中秋节主题活动

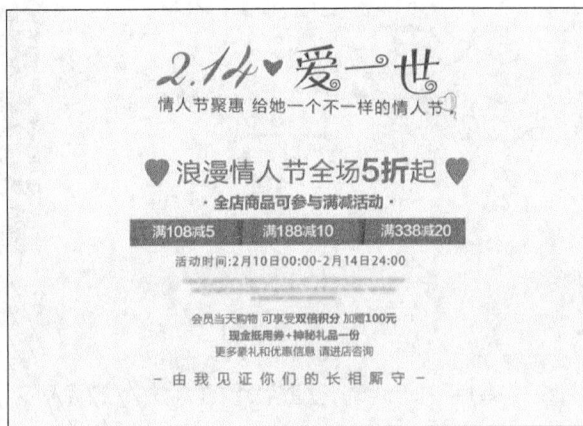

图 6-9　情人节主题活动

（2）品牌节日

电商行业中的节日促销竞争激烈，除了传统的节日营销，还有大量的电商自造的品牌节日营销，如天猫"双十一"、京东"6·18"等。同时，因为天猫、京东平台在电商行业有着巨大的影响力，所以"双十一"和"6·18"品牌节日已经跨越平台，成为众多商家和消费者参与的节日。在品牌节日这一时间点进行活动运营，更是波及大大小小的平台和商家。图 6-10 所示为某网店在"双十一"开展的促销活动。

除了借助其他平台的品牌节日，企业也可以创造自己的品牌节日来开展活动运营。

图 6-10　某网店"双十一"促销活动

（3）季节变化

一年有四季，不同的季节，人们的活动规律会有显著的区别，衣、食、住、行都会有一定的变化。运营人员就可以针对这些变化安排不同的活动进行运营。对季节性产品，如服装，可以在季节初期推出上新活动，如图 6-11 所示，这样利于率先占据市场份额。在季节末期推出换季促销活动，如图 6-12 所示，这样利于处理过季产品，让利于消费者。

图 6-11　冬季新品活动

图 6-12　换季促销活动

（4）热点时间

蹭"热点"是活动运营常用的方法。热点可以是由社会事件发酵出的热议话题，也可以是由新闻事件催生出的热议话题。热点往往是大多数人在一段时间内关注的焦点，一旦在网络中传播，在很短的时间内受众就可能达到几百万、上千万，为产品推广或销售提供大量的目标受众。对运营人员而言，有受众就有了活动的传播基础。在第一时间推出与热点相关的活动，就可以在短时间内轻松吸引关注热点事件的用户群体。图 6-13 所示为宝洁在奥运会期间推出的主题活动。

图 6-13　活动技术测试流程

依靠热点话题的高度关注来吸引人们对文案的关注时，需要注意以下事项。

● **掌握热点的时效性**｜热点话题具有一定的时效性，一般在一个星期后，人们对热点话题的关注热情就会退却。热点话题过了时效期，就基本失去了借此进行活动设计的价值。所以，一个星期，便是这个热点的时效性。对利用热点话题作为切入点的活动，最好是在热点出来的前 3 天内就抓住机会，这样才能获得更高的关注度。

● **寻找活动内容与热点的契合度**｜无论是为哪个行业、哪些产品设计活动，最重要的就是把活动内容与热点联系起来，并保证两者之间的契合度。只有设计与热点有一定相关性的活动，才能获得更好的营销效果，否则容易事倍功半，得不偿失。

2. 选好活动名字

策划活动时，一个合适的名字非常重要，如"××周年庆""××新品发布"等。一个好的名字能够瞬间引起用户的注意，使活动更具有吸引力。一个贴切的名字也可以传递出活动的主题。在日常生活中，因为一个名字的选取失败导致失去机会的情况比比皆是。

营销活动的名字可以是新颖的、充满情感的。例如：分众传媒打造的"全城试爱"营销活动；也可以是一些比较有悬念的、能引起人们探索欲望的，如主题为"向日出 say hi"的茵曼全球首个云端发布会等。如果活动名字毫无新意，用户很可能会失去继续了解下去的欲望。

3. 固定的活动时间

将每次举办活动的时间固定下来，如每年的某个时间段或节假日期间。运营活动常态化以后，每年到了这个时间段，人们就会对活动翘首以盼。活动还没开始，活动信息就已经在微信朋友圈、微博等媒体平台上得到了迅速传播，自动形成活动预热，如预测活动的形式、预测活动的内容等。并且固定的活动时间更有利于品牌影响力的形成。

4. 简洁的活动流程安排

活动流程对活动营销的效果将产生巨大的影响，便捷的操作和简单的流程主要是为了方便用户参与。如果用户需要花费太多精力去参与活动，那么会大大降低用户参与的积极性。无论是线上还是线下的营销活动，简洁的活动流程都是用户喜闻乐见的。没有多少人会愿意在活动中花费过多的精力和时间，如果最终用户没有获得相应的利益，终将招致用户的埋怨，最后导致用户不断流失。

5. 用户的极致体验

调动用户参与活动的积极性需要带给用户极致的体验，让用户发自内心地享受其中的乐趣。在当今娱乐性、社交化的营销环境中，用户对企业产品、企业服务以及企业文化的极致体验能够给企业带来正面影响，使企业形成良好的口碑，从而产生裂变传播效果，征服更多潜在的用户群体。

6. 风险防控

有时在活动开展期间避免不了突发情况，运营人员应设计一套预备或应急方案，有效应对突发事件，保证活动效果。例如：线下活动，活动场地本来设置在室外，活动当天可能会下雨，则可在预备方案中将活动场地改为室内，或者在室外提供雨棚，并准备一些雨伞、雨衣；线上活动，如果活动页面因参加人数过多导致页面崩溃、用户参与活动却无法进行有效支付，遇到这些技术问题，就要考虑配备技术人员提供技术支持。另外，活动当中出现用户恶意的攻击或负面效应时，要考虑配备公关团队，引导舆论风向，保证活动效果。

专家指导

活动终究只是短期的一个有效获取用户或者促销的方法，一个企业应该尽最大努力去完善产品、服务于用户，而不是光靠活动来维持产品的寿命周期。抛开营销成本不说，现在同质化市场越来越严重，各家产品的"套路"基本都类似，如果不去创新和改进，企业终究会被市场淘汰。

6.3 活动运营的执行

活动运营执行阶段通常包括活动的预热、活动的传播、活动的数据监控和活动复盘这几个环节，下面分别进行介绍。

6.3.1 活动的预热

用户每天都会面对各种企业的各类活动，活动预热就是为了让用户知道活动，提醒用户准时参加，并点燃用户的活动热情，调动用户参与的积极性，这也是为什么很多企业在活动开始前、产品促销前会进行歌舞等表演的原因。

活动预热就是前期宣传阶段。在这个阶段，企业可以有意无意地释放一些内幕消息，如奖品设置、活动参与流程、邀请的重磅嘉宾等。这些"消息"如果是爆炸性的，那么就能够引起媒体的争相报道和用户的耳口相传。活动预热时需要掌握关键的一点，就是要告知用户活动会为他们带来切实的利益，让他们觉得不参加此次活动是一个巨大的损失。同时，可制造出急迫感和稀缺感，如"活动通道报名名额剩下最后5名""活动一票难求""过时不候"等。活动预热越成功，人气越火爆，营销效果就会越明显。但切记，活动预热时不要刻意"欺骗"大家，否则将带来负面效应，造成不可估量的损失。

另外，应选择在合适的时间发布活动预热消息，通常可以选择在线人数多的时候，如中午午休时间、下午上班时间等。同时，可借助直播、视频、微信、微博等多种营销渠道和方式发布活动预热消息。

▶▶▶ 6.3.2　活动的传播

活动营销的对象不同，传播渠道和传播形式也不同。要想实现优质的引流，活动的传播应主要面对 3 个层面的对象，分别是行业意见领袖、媒体平台和用户。

- **行业意见领袖** | 如果邀请或吸引的活动嘉宾的知名度和影响力比较高，是行业内的知名人物或行业意见领袖，那么他们本身就会吸引行业的关注，自然就会形成巨大的影响力。同时，可选择行业内知名的合作伙伴，借用其资源和力量，打造含金量更高的活动，以此扩大活动的覆盖人群和影响范围。

- **媒体平台** | 媒体平台是活动的宣传平台和报名通道。媒体平台的选择也会对活动影响力造成影响。企业通常会选择覆盖面更广的媒体平台，如微博、微信等新媒体，使活动产生更大的影响力；或通过行业垂直领域内的知名新媒体进行活动造势，如海鲜产品一般在直播或电商平台进行推广宣传。

- **用户** | 营销活动需要用户的直接参与以此产生最直接的影响。带给用户好的服务体验，然后用户将成为活动的重要推力，活动口碑也将会通过用户微信朋友圈等自媒体平台自动扩散。

▶▶▶ 6.3.3　活动的数据监控

一个运营人员需要具备一定的数据分析能力，但是数据监控本身并不重要，重要的是数据结果呈现后的一个改进策略的分析。那么在一个运营活动中到底有哪些数据需要运营人员时刻关注呢？通常，整个活动中很多节点都需要进行数据监控。例如：推广渠道的引流效果，包括不同渠道的用户来源、不同地域的用户来源、不同渠道的投入产出比等；用户参与活动的情况，包括到达着陆页的用户数量、流失的用户量等。及时查看活动的数据变化，能够知道哪个渠道的推广效果不好，哪个页面的跳转流程导致用户流失量增大等，以便针对不合理的地方进行及时处理。例如，通过数据监控，发现活动流程问题导致用户流失严重，此时便可对不合理或者繁杂的流程进行删减，并尽快地进行活动产品的迭代，按照新的流程尽快生产产品。如果是推广渠道出现问题，则可以对与活动推广相关的文案、美工或者传播的地域和人群进行调整。

▶▶▶ 6.3.4　活动复盘

在运营中，我们经常会听到"复盘"这个词。复盘的概念最早来源于围棋，是围棋中的一种学习方法，指对局完毕后，复演该盘棋的记录，看看哪里下得好，哪里下得不好，对下得好和不好的地方进行分析和推演。简单地讲，复盘就是重新演绎过去做的事情，从而获取对这件事更深的理解。

每次活动结束之后，都应该认真做好复盘工作，对整个活动的细节、数据进行分析。

进行活动复盘能够得到活动成功的地方、活动的不足、用户的喜好等非常有价值的信息，以便为下一次活动提供经验和参考。活动复盘包括图6-14所示的4个步骤。

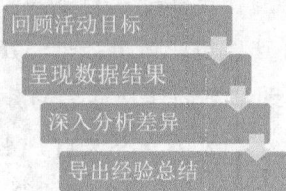

回顾活动目标
呈现数据结果
深入分析差异
导出经验总结

图6-14　活动复盘的步骤

下面对活动复盘的4个步骤的内容进行简要介绍。

- **回顾活动目标**｜回顾活动目标就是回顾活动初期定下的运营目标，如计划新增多少用户、次日留存率是多少等。回顾活动目标的目的是为复盘找到一个参照物。

- **呈现数据结果**｜把与活动目标相关的数据结果呈现在复盘会议中，让每个团队成员都明确知道。对相关的数据结果也要进行一个简单处理，如获取新增用户10000人，那么用户增长的时间段分布情况是怎样的，增长最多的那个时间点有哪些事件发生。

- **深入分析差异**｜团队讨论并深入地分析产生活动结果的原因，根据目标和结果的差异，提出部分假设，如"高估了某个渠道的引流效果""没有选择到最佳的投放时间点""活动文案没能打动用户"等。有了这些假设之后，就需要去验证，常用验证方法有采集用户信息反馈得出结论、通过数据验证。例如，宣传文案首页的用户流失率很高，可见是文案不够吸引人。

- **导出经验总结**｜根据分析结果总结经验，将可以改变的项目列出来，并明确可以改善的地方和执行对象。在经验总结上要尽可能地发现问题的本质，避免相同问题再次出现。

专家指导

　　不管是失败的活动运营还是成功的活动运营都要进行复盘。失败的活动运营通过复盘可以找到失败的原因，吸取其中的教训；成功的活动运营通过复盘可以复制成功的经验和路径。另外，活动结束后，要在最短时间内开复盘会议，这样很多活动执行细节和用户反馈都历历在目，复盘的结论的可靠性比较高。同时要有专人记录会议要点，利于把下一步的行动和经验总结记录下来。

6.4　实战训练

　　本章主要对活动运营概述、活动运营的策划和活动运营的执行进行了介绍。本章的实战训练将进一步巩固所学知识。

▶▶▶ 6.4.1　实战目标

本章实战目标主要包括以下几个。

- 理解活动运营的含义和特点。
- 掌握制订活动方案的方法和内容。
- 掌握活动运营策划和执行的关键要素。

▶▶▶ 6.4.2　实战要求

① 收集活动策划案的相关资料，总结不同活动对活动策划案的要求。

② 为某女装网店的折扣活动设计活动方案，将相关内容填入表 6-1 中。

表 6-1　活动方案设计

活动目的			
活动对象			
活动时间节点			
活动主题			
活动内容			
活动推广渠道			
活动预算			

③ 列举两个成功的活动运营案例，分析活动运营的流程，并收集活动运营取得成效的相关数据，总结活动运营获得成功的关键要素。

6.5　课后练习

一、简答题

1. 简述活动运营的含义和特点。

2. 常见的活动形式有哪些，并简述其主要特点。

3. 应该注意活动的哪些细节工作？

4. 活动运营的执行包括哪些环节，各环节的主要工作内容是什么？

二、操作题

1. 在网上搜索活动运营的相关知识，总结活动运营取得成功的关键因素。

2. 现有一家新开的网店，请为其设计一个转发店铺信息有奖的活动，并通过微博和微信朋友圈进行活动预热。

第6章　移动商务活动运营

117

第7章
移动商务平台运营

本章简介

在过去的几十年里，随着互联网行业的快速发展，越来越多的社交平台和电商平台涌现出来，在人们的生活和工作中扮演着举足轻重的角色，并成为移动商务中重要的运营平台。

本章将分别对社交平台运营和电商平台运营进行讲解，首先将介绍国内深受用户欢迎和用户基数较大的社交平台，即微博、微信、今日头条和抖音短视频等社交平台运营的相关知识和操作；然后以有赞微商城和拼多多为例，介绍电商平台运营的相关知识和操作。

学习目标

| 掌握社交平台运营的相关知识和操作
| 掌握电商平台运营的相关知识和操作

7.1 社交平台运营

社交平台运营，顾名思义是以"社交"为核心，结合社交平台的特点来制订运营策略。具体来说，社交平台运营就是通过社交互动、原创内容等方式来培养企业与用户的社交关系，实现商品销售和品牌推广等运营目的。下面将分别介绍微博运营、微信运营、今日头条运营和抖音短视频运营的相关知识和操作。由于在第4章移动商务内容运营中详细介绍了移动商务内容写作的思路、方法和技巧，关于社交平台的内容写作本节将不再赘述。

7.1.1 微博运营

微博运营是以微博为载体，运营人员要有自己的微博运营思路及方法，并落实为具体可行的方案。具体而言，运营人员可以从微博的定位、微博的发布、微博的活动策划、微博营销矩阵的打造和微博粉丝的培养与维护这几个方面去落实。

1. 微博的定位

微博拥有几亿的用户，每天产生的信息量非常庞大，每一位用户几乎都只会关注自己感兴趣的信息。对于运营人员来说，清晰的微博定位能更有效地吸引目标人群。一般来说，微博定位包含目的定位、形象定位和内容定位这 3 个要素。

- **目的定位** | 明确使用微博的目的是运营微博的前提。总结起来，使用微博的目的可归纳为品牌推广、产品销售和内容分享。其中：用于品牌推广的微博侧重于品牌的曝光和传播、提高品牌的知名度和影响力；用于产品销售的微博注重产品的推广和销售，内容主要是介绍自己的产品和服务；用于内容分享的微博主要是进行资讯、娱乐、专业知识、情感咨询等内容的分享，主要是为了吸引粉丝，积累流量。

- **形象定位** | 这里的形象指的是微博给用户呈现的第一印象，形象定位主要包括两个方面的内容，一是微博名称，一是微博头像。微博名称主要以简洁、个性为主，如"我的电影图解""成都这点事""海尔好空气"等，方便用户记忆，并能清楚地告知用户此微博属于哪种类型；微博头像可以是真人照片，也可以是品牌 Logo、企业名称、企业拟人形象等。

- **内容定位** | 内容定位指微博类型要与内容及描述风格相匹配。例如：娱乐领域的微博账号，主要分享热点娱乐新闻和逸闻趣事等，可使用一些网络用语，也可采用幽默的语言风格；专业领域的微博账号，可采用较为严谨和正式的语言，即使为了拉近与用户的关系，使用了口语化的表达方式，也要保证内容的准确性和专业度。

2. 微博的发布

微博的发布是运营微博的基本操作，一条微博可包含文字、表情、图片、视频和话题等内容。在 PC 端的微博首页的编辑区中单击相应的按钮 ☺表情 ⬜图片 ⬜视频 #话题，即可进行微博的编辑操作，如图 7-1 所示，发布微博后的效果如图 7-2 所示。

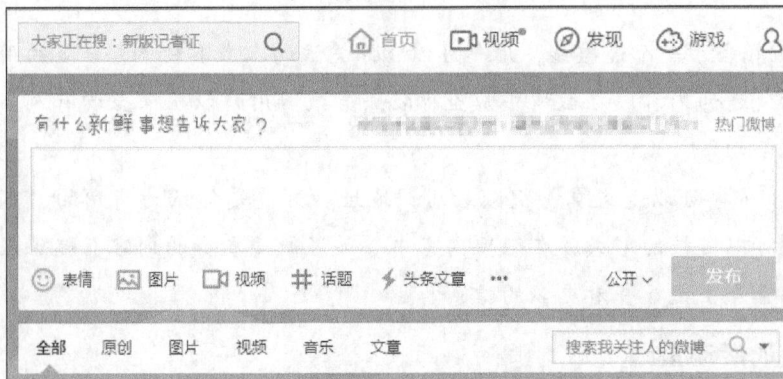

图 7-1 微博编辑页面

图 7-2　微博发布效果

　　微博主要是通过转发、评论和点赞等互动行为来进行信息的传播，在写作微博的过程中，适当地添加话题、@和链接可以增加微博内容被用户查看的概率，扩大微博的传播范围。

　　● **话题**｜话题是微博营销的一大利器，个人、企业用户都可以通过发布微博话题引发用户的讨论和转发，产生广泛的传播，最终实现品牌曝光和营销等目的。除了发布新的话题，也可参与到其他用户已发布的话题中。例如，图 7-3 所示为成都同城发布的话题#成都身边事#，此时在微博内容中添加#成都身边事#，就表示参与到了这个话题中，可以让自己的微博自动与话题连接起来，让微博被更多用户搜索到，提高微博被粉丝之外的人看到的概率。需要注意的是，话题的设计应该以微博定位为基础，尽量与微博的内容风格保持一致。

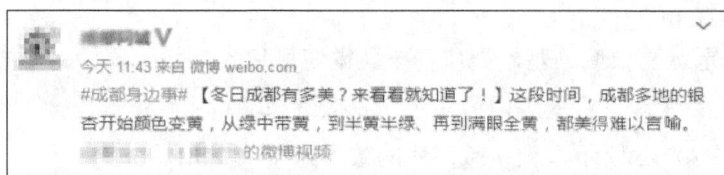

图 7-3　包含话题的微博

　　● **@**｜@相当于一个连接线，用户可以@你关注的人或其他人。被@的用户将会收到通知，看到你发送的内容。在微博中应至少@一个微博用户以确保至少有人会读它，幸运的话他会和你互动。

　　● **链接**｜链接可以是文章、视频或店铺地址，只要是你认为有用的、可以分享给粉丝的内容，都可以链接的形式放在微博内容中。如果微博本身的内容引起了用户的兴趣，大部分用户都会点击链接查看更多的信息。

3. 微博的活动策划

　　活动策划是微博运营的常态，这样活动内容在微博上能够得到快速的传播。一个成功的活动不仅能带来大量微博用户的关注，还能有效提高产品的曝光度和企业的知名度。运营人员在策划活动时，要制订一个具体的方案，包括活动目的、用户群体定位、活动时间、活动主题、活动形式等内容（活动策划案在第 6 章 6.2.1 小节中介绍过，这里不再赘述）。图 7-4 所示分别为三只松鼠和江小白的官方微博的活动内容。

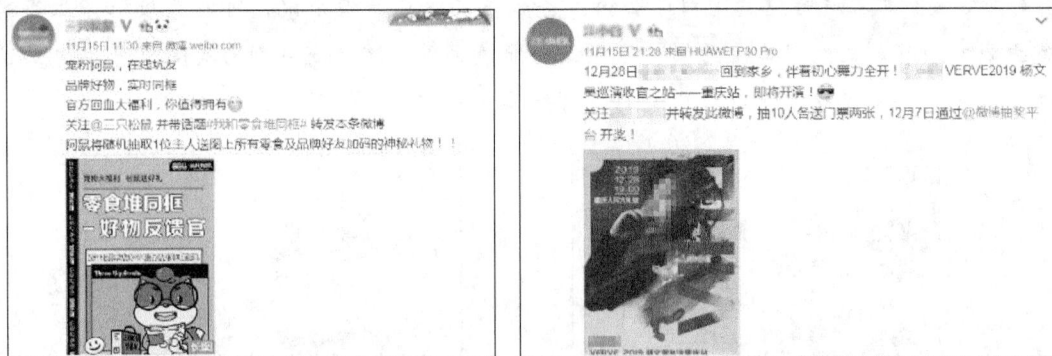

图 7-4　微博活动

4. 微博营销矩阵的打造

不同的微博定位所营销的内容不同，针对的目标用户群体也就不同。如果使用同一个微博账号发送多个定位的内容，不免会使粉丝觉得微博不够专业，内容不够贴切，难以满足不同需求的用户。此时，建立微博矩阵就是一个比较有效的方法，其目的是通过不同的微博账号定位有效地全方面覆盖各个用户群体，进行联动运营，以实现微博营销效果的最大化。

常用的建立微博矩阵的方法有以下 5 种。

● **按品牌需求进行建立**｜大多数企业都有很多产品线，这些产品线所塑造的品牌不同，因此可以直接根据品牌建立微博矩阵。将品牌通过不同的微博账号连接起来，利用矩阵账号进行不同用户流量的相互引导，可以避免用户流失。例如，可口可乐的品牌微博营销矩阵就有雪碧、芬达 Fanta、美汁源饮料，如图 7-5 所示。

● **按地域进行建立**｜对银行、网站、团购等地域因素比较明显的品牌，可以根据地域建立微博矩阵，便于区域化管理。例如，中国南方航空就根据地域建设了南航新疆分公司、南航湖北分公司、南航深圳分公司等微博子账号，如图 7-6 所示。

图 7-5　按品牌需求进行建立

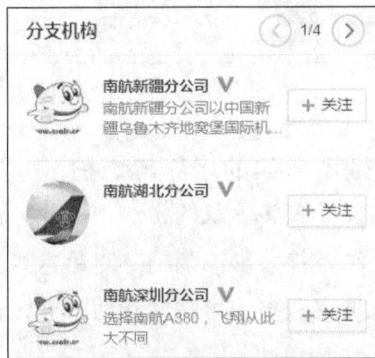

图 7-6　按地域进行建立

- **按功能定位进行建立** | 根据微博账号功能的不同，可以建设不同的微博子账号形成微博矩阵。例如，淘宝官方微博根据功能建立了淘宝二楼官微、淘宝全球购、万能的淘宝等不同功能需求的子账号，如图 7-7 所示。

- **按业务需求进行建立** | 对于公司业务较多的企业微博来说，可以直接根据业务需求建立微博矩阵。仍然以淘宝为例，除了按功能建立外，淘宝还分别为其主要产品建立了微博子账号，打造了覆盖面更加广泛的微博矩阵，如图 7-8 所示。

图 7-7　按功能定位进行建立　　　　图 7-8　按业务需求进行建立

- **按团队组成人员进行建立** | 有些微博矩阵也根据企业团队组成人员、领导职务等建立子账号。例如，小米围绕公司品牌和管理团队创建了微博矩阵，如图 7-9 所示，它们同时对公司品牌和个人品牌进行打造，形成了一个多维度的矩阵结构，从而实现推广范围和营销效果的最大化。

图 7-9　小米微博矩阵

5. 微博粉丝的培养与维护

微博拥有更多活跃的粉丝，所发布的微博信息才能被更多人看到，进而才能引导更多人进行互动，扩大影响范围。对运营人员而言，不仅要掌握微博增粉方法，还要学会通过粉丝的维护来提高粉丝黏性和活跃度，让粉丝成为传播微博的重要力量。

（1）增粉方法

微博粉丝的获取可以归纳为平台内部获取与平台外部获取两种途径。

- **平台内部获取** | 平台内部获取粉丝有这两种方式：与微博上关注同一个领域、有共同爱好的群体互相关注；依靠优质的微博内容或活动吸引粉丝。

- **平台外部获取** | 平台外部获取指将微信等其他平台上已有的粉丝导入微博中，甚至可以在出版物上注明个人微博，引导读者的关注。外部引流是非常直接且快速的积累粉丝的方式，且该方法积累的粉丝质量普遍比较高。所以对于运营人员而言，一定要学会并利用好各种平台资源，形成一个完整的传播矩阵，互相促进和提升。

（2）粉丝维护

比起粉丝的数量，粉丝的质量更加重要。粉丝的质量是指粉丝的活跃度和黏性。如果粉丝不关心博主发布的信息，并参与转发和讨论，那么就不能起到实质性的传播作用。因此，当我们有了一定数量的粉丝后，一定要经常与粉丝之间的互动，这样才能增加与粉丝之间的黏性，提高粉丝的活跃度，不至于产生让粉丝失望和取消关注的情况。

与粉丝互动的方法很多，下面介绍常见的两种方法。

- 发起话题、讨论、投票和有奖竞猜等互动活动，从不同的角度进行互动，在活跃气氛的同时，还能完善自己的微博，了解粉丝的想法与行为。

- 多看粉丝的留言、评论，特别是粉丝的反馈意见，要及时做出正确回应，以保证粉丝的忠诚度。

▶▶▶ 7.1.2　微信运营

微信点对点的交流方式具有良好的互动性，能精准推送信息，同时更能形成一种朋友关系。与其他平台相比，微信运营具有更高的到达率、曝光率和接收率，能实现精准推广以及优秀的移动便捷性等特点。下面分别介绍微信个人号、微信公众号和微信小程序的运营方法。

1. 微信个人号运营

微信个人号是微信运营中非常重要的组成部分，甚至很多企业都是以"公众号+个人号"的形式进行运营。而要通过微信个人号为企业带来良好的营销效果，就必须依赖于合理的管理和运营。

（1）微信个人号的形象设置

几乎每个微信用户都有数十或上百，甚至更多的微信好友，用户可以利用自己的微信个人号给微信好友留下深刻的印象，或者借助微信个人号建立个人品牌。利用微信个人号的昵称、头像等信息，就可以建立起一个人的基本印象，并进一步决定其他人与之产生联系的可能性。微信个人号的昵称常以"实名+店铺名称""实名+个人特征"的形式出现，如"张桥-张三的潮鞋铺""王燕-三草两木代理""李瑶-好萌友纸尿裤"；头像一般以职业照、特色标志、品牌 Logo 等为主。

（2）微信个人号朋友圈的内容策划

微信朋友圈是微信个人号传播营销信息，与用户建立联系和互动的重要场所。微信朋友圈内容的质量将直接影响微信个人号的运营效果。通常，微信朋友圈的内容策划可从以下两个方面实施。

● **营销信息发布技巧**｜在微信朋友圈发布广告时，尽量用简短的内容+配图的方式表达出产品特点，也可以用产品故事、人物生活等对营销信息进行包装，如图7-10所示。另外，微信朋友圈不只是发布营销信息的地方，也是好友之间进行交流互动的场所。因此，除了营销信息，运营人员还可在微信朋友圈中分享一些生活小技巧、趣闻轶事、新闻热点等，一方面可以吸引好友关注，增加微信个人号的曝光度，另一方面可与好友形成有效的互动。图7-11所示是运营人员分享的宝宝辅食的专业知识。

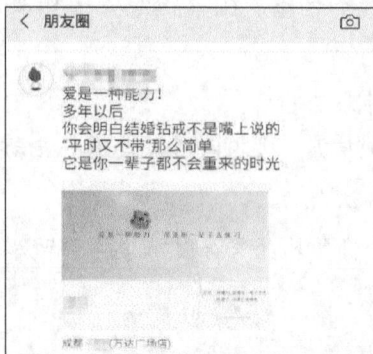

图 7-10　用故事包装的营销信息　　　　图 7-11　"干货"分享

● **活动策划**｜在微信朋友圈开展活动是为了提高微信个人号的曝光度，或进行产品促销和品牌推广。微信朋友圈中的活动形式通常为点赞、转发有奖，如"集齐××个点赞，送精美水杯一个""连续转发3天活动信息，即有机会获得××元的丰厚礼品"等。在设计微信朋友圈活动时，可以通过配图的形式说明活动的相关信息，如活动时间、参与条件、参加流程等。需要注意的是，在活动开始之前，可以提前在微信朋友圈进行预告和预热，提醒微信好友准时参加。为了让通知信息的传递更有效，也可以通过微信发送信息告知好友参与活动。

（3）微信个人号好友的获取与维护

微信个人号好友的获取可以归纳为线上获取与线下获取两种途径。

● **线上获取**｜微信个人号线上获取好友比较有效的方法有两种，一是通过社群（如QQ群和微信群）添加好友，通过社群添加好友的前提是寻找与自己产品定位相符的相关社群。需要注意的是，加入社群之后，并非立即就能添加其他人为微信好友，最好让群成员认识、了解自己再进行好友的添加，此时添加好友通过率更高，好友质量也更高。二是利用其他社交平台引流，即将其他平台的粉丝导入微信个人号，或在其他平台上推广微信个人号，吸引用户添加好友。

- **线下获取** | 可以通过亲戚朋友的推荐添加好友，也可以通过开展线下的活动吸引用户添加好友。

微信个人号运营效果的好与坏，很大程度上取决于与好友的关系好坏。因此，将用户添加为好友后，还要维护与好友的关系，最常用的方法就是通过与好友互动来建立信任关系。例如，节日问候，对好友发布的微信朋友圈信息进行转发、评论和点赞。此外，有优惠活动时，要及时将信息发送给好友，既能促进销售，又能获得好友的好感。

2. 微信公众号运营

微信公众号是在微信公众平台上申请的应用账号，微信公众平台是在微信基础上开发的功能模块。通过微信公众平台，个人和企业都可以打造有自己的特色微信公众号，并且可以在微信公众号上通过图文、视频等形式，与关注微信公众号的用户进行全方位的沟通和互动。

（1）注册微信公众号

微信公众号主要包括服务号和订阅号两种类型。

- **服务号** | 服务号具有用户管理和提供业务服务的功能，服务效率比较高，主要偏向于服务交互。银行、114 等提供服务查询的企业类型适合选择服务号，客户服务要求高的企业也可开通服务号。服务号每个月可群发 4 条消息，还可开通微信支付功能。

- **订阅号** | 订阅号具有信息发布和传播的功能，可以展示自己的个性、特色和理念，树立自己的品牌文化。订阅号主要偏向于向用户传达资讯，每天可以群发 1 条消息，具有较大的传播空间。如果企业想通过简单地发送消息来达到宣传效果，可选择订阅号。

案例 7-1

注册微信公众号的操作十分简单，与注册一般网站账号的方法相似，下面简要介绍微信公众号的注册流程。

① 打开微信公众平台官网，单击"立即注册"超链接。

② 在打开的注册页面选择公众号类型。

③ 填写邮箱、邮箱验证码和密码等基本信息。

④ 选择企业注册地，并再次选择公众号类型。

⑤ 选择注册主体（包括个人、企业等），填写身份证信息（对企业、平台要求提供营业执照等），最后填写手机号码和短信验证码。

⑥ 设置公众号账号名称和功能介绍内容，完成微信公众号的注册并进入公众号的后台。

本小节将使用个人类型的订阅号公众平台来体验微信公众平台的运营方法。图7-12 所示为微信公众平台订阅号的后台。

图 7-12　微信公众平台订阅号的后台

（2）账号设置

在注册微信公众号的过程中已经设置了公众号账号名称和功能介绍，接下来将鼠标指针移到界面右上角的头像图标 上，在打开的下拉列表框中选择"账号详情"选项，进入"账号详情"设置页面，如图 7-13 所示，在其中即可设置账号的其他信息。

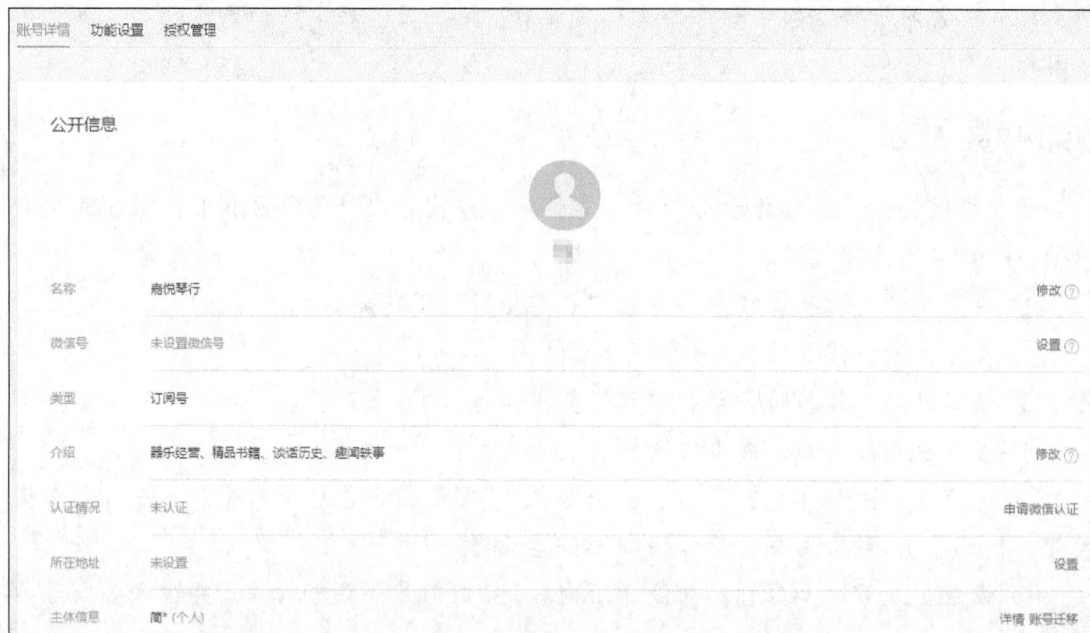

图 7-13　"账号详情"设置页面

- **设置头像**｜单击"账号详情"设置页面上方的头像图标 ，即可在打开的对话框中上传头像图片，图片文件不能超过 2MB，且只支持 BMP、JPEG、JPG、GIF、PNG 这几种格式。

- **下载二维码**｜单击头像图标下方的二维码图标，在打开的对话框中单击 按钮可下载相应尺寸的二维码图片，如图 7-14 所示，其他用户扫描该二维码即可关注公众号。

二维码边长(cm)	建议扫描距离(米)	下载链接
8cm	0.5m	
12cm	0.8m	
15cm	1m	
30cm	1.5m	
50cm	2.5m	

二维码尺寸请按照43像素的整数倍缩放，以保持最佳效果

图 7-14　下载二维码

- **设置微信号**｜在"微信号"栏中单击"设置"超链接，即可进行微信号的设置，微信号仅可使用 6～20 个字符，其中字符可为字母、数字、下划线或减号，且必须以字母开头。微信号的设置要简洁，方便用户记忆和搜索查找。

- **申请微信认证**｜在"认证情况"栏中单击"申请微信认证"超链接可进行微信认证。个人类型微信公众号暂时不支持微信认证（但 2014 年 8 月 26 日前注册成功且条件满足的微信公众号可以认证），企业主体注册的订阅号和服务号则都可进行微信认证。认证账号与非认证账号的区别在于：一是认证账号将显示"V"标识符号；二是认证账号比非认证账号拥有更多的权限，如有更高的关注用户（粉丝）上限，可以开通微信支付功能，即支持用户在微信公众号上进行在线付款。

- **设置所在地址**｜在"所在地址"栏中单击"设置"超链接，在打开的页面中可设置办公地址或经营地址等。

（3）设置自动回复内容

对于微信公众号运营而言，设置自动回复能够快速建立与粉丝之间的联系。自动回复根据粉丝触发行为的不同可分为被关注回复、关键词回复、收到消息回复这 3 种，下面分别进行介绍。

- **被关注回复**｜被关注回复指当用户关注微信公众号，成为微信公众号的粉丝后微信公众号自动回复的内容。被关注回复的内容可以理解为用户关注平台后，自动发送的欢迎语，这也是留给用户的第一印象，因此，被关注回复的内容可用简短的语言体现企业、产品或服务的特色和理念。在微信公众号后台左侧导航栏的"功能"栏中选择"自动回复"选项，系统将自动切换到"被关注回复"选项卡，即可在其设置页面中输入回复内容，如图 7-15 所示。

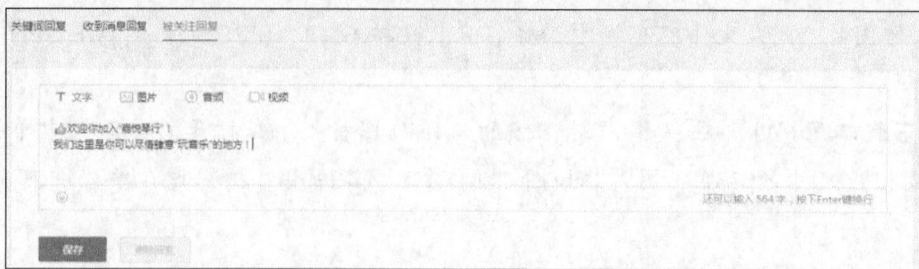

图 7-15　设置被关注回复的内容

- **关键词回复** | 关键词回复是指粉丝向微信公众号发送关键词后回复的内容。设置关键词回复的操作如下，在自动回复设置页面单击"关键词回复"选项卡，打开"关键词回复"设置页面后，在"规则名称"文本框中添加规则名称，在"关键词"下拉列表框中选择匹配选项，包括"全匹配""半匹配"选项（"全匹配"选项需要粉丝输入的内容与设置的关键词完全相同才会回复消息，"半匹配"选项则只要有部分内容相同即可回复消息），在其后的文本框中输入关键。将鼠标指针移到"回复内容"栏中的⊕按钮上，可以在打开的列表中选择回复内容的类型，包括图文消息、文字、图片等。这里选择"图片"选项，系统将打开"选择图片"对话框，在其中上传图片即可，如图 7-16 所示。

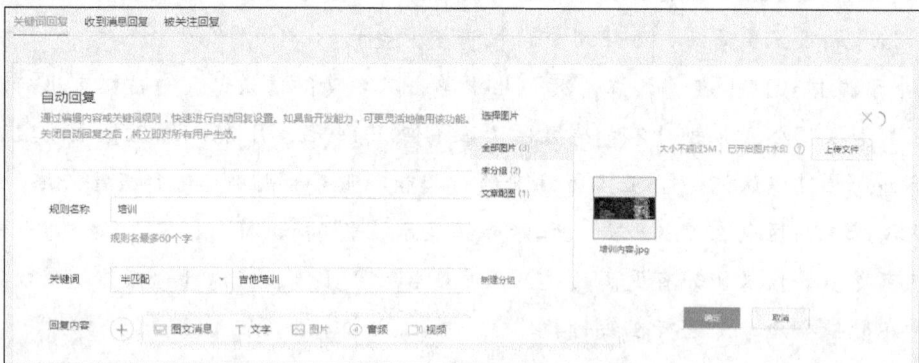

图 7-16　设置关键词回复

- **收到消息回复** | 收到消息回复是指粉丝向微信公众号发送任何聊天消息后，微信公众号会自动回复指定内容。我们可以在自动回复页面中切换到"收到消息回复"选项卡，在打开的页面中设置回复的内容即可，如图 7-17 所示。

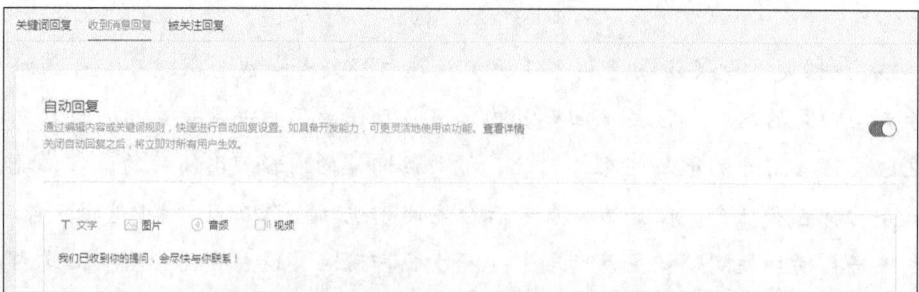

图 7-17　设置收到消息回复的内容

（4）文章推送

我们可以通过微信公众号向用户推送信息，如通知内容、活动内容、新品上架内容、优惠折扣内容或其他话题等。进行文章推送操作时，需要首先在微信公众号平台首页单击 新建群发 按钮，打开"新建群发"页面，如图 7-18 所示。然后在上方可以选择文章的类型，包括图文消息、文字、图片、音频和视频。"从素材库选择"按钮 □ 、"自建图文"按钮 ☑ 和"转载文章"按钮 ＜ 用于设置文章的来源。"群发对象""性别""群发地区"下拉列表框用于设置推送文章的范围。

图 7-18 "新建群发"页面

在"新建群发"页面中单击"自建图文"按钮 ☑ ，可打开图文编辑页面，图文编辑的操作与 Word 的操作相似。在图文编辑页面可以输入文章的标题和作者，另外，还可对文章进行设置，包括添加封面和摘要、添加声明原创和设置原文链接等，如图 7-19 所示。

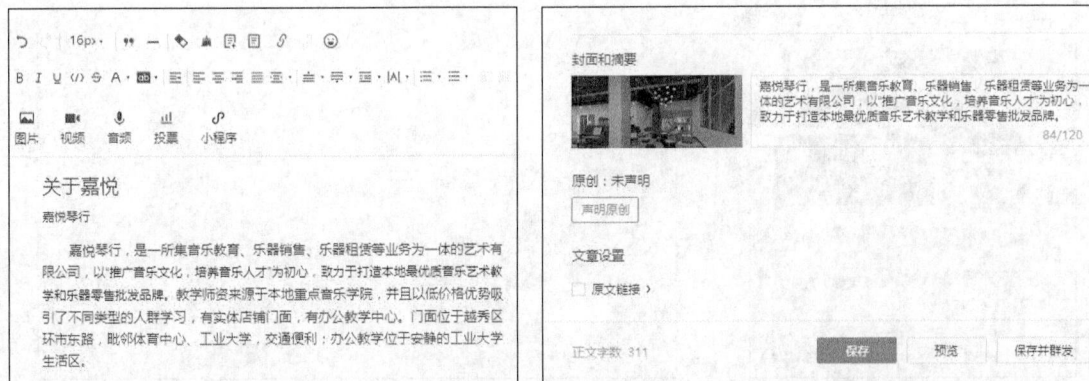

图 7-19 图文编辑页面

单击图文编辑页面工具栏中的"超链接"按钮 *∂*，可在文章中添加官方网站或网店的链接。另外，运营人员可提前写好各类推送文章，并将其保存到图文素材库中，然后根据实际需要进行定时推送，以避免出现在深夜写文或在节假日期间没有文章推送的情况。

（5）设置自定义菜单

公众号为运营人员提供了自定义菜单功能，支持最多创建 3 个一级菜单，一级菜单下最多创建 5 个子菜单。当用户选择相应的菜单命令后，即可跳转到相应页面。自定义菜单可以是微信公众号的功能和服务，也可以是消息收取或跳转链接等，其主要目的是满足用户的操作需求，或进行产品推广。例如，某课程学习微信公众号的自定义菜单就以"资源下载""学习提升""新人必读"为主，并通过子菜单的设置丰富菜单内容，给用户提供快速学习的途径，如图 7-20 所示。

自定义菜单的设置方法是：在微信公众平台左侧"功能"栏中选择"自定义菜单"选项，在打开的页面中单击"添加菜单"按钮 ➕ ，在其中设置一级菜单的名称，再单击一级菜单上方的 ➕ 按钮添加子菜单内容，设置子菜单名称和子菜单内容，如图 7-21 所示。在子菜单下可以设置 3 种功能，即发送消息、跳转网页、跳转小程序。所有账号均可选择素材库中的图文消息作为跳转到网页的对象，认证微信公众号还可以直接设置网址，使用户单击菜单时可直接跳转到企业的官方网站或网店。另外，可以将已关联的微信小程序页面放置到自定义菜单的一级菜单和二级菜单内，用户点击自定义菜单时即可跳转至微信小程序页面。

图 7-20　自定义菜单样式

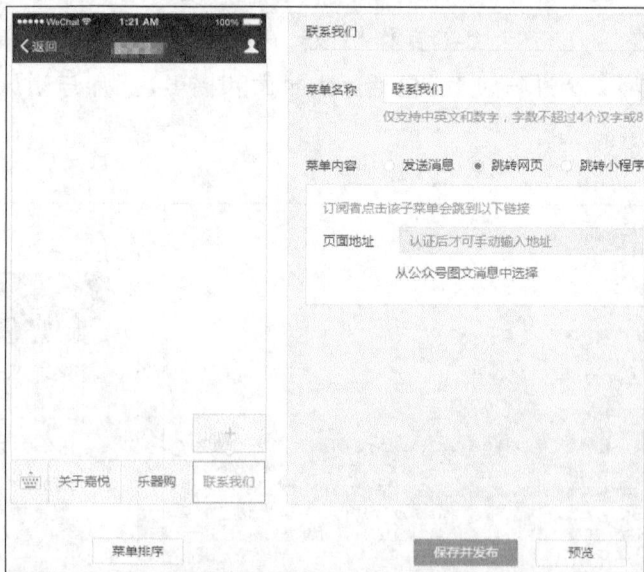

图 7-21　设置自定义菜单

（6）微信公众号的推广

微信公众号的推广就是粉丝积累与维护的过程。

● **粉丝积累**｜微信公众号的粉丝积累包括两种途径，即线上获取和线下获取。线上获取是指通过微博等其他平台引流到微信公众号。线下获取是指邀请已经建立过联系（如有过交易、有过互动）的用户关注微信公众号，或开展活动邀请用户关注。

● **粉丝维护**｜微信公众号的粉丝维护的方法有两种：一是设计目标用户感兴趣的问题搜集活动，并对用户反馈的问题进行解答，增加用户的参与度；一是开通了留言功能的微信公众号，可在评论区与用户互动，提高粉丝的黏性。

近年来，越来越多的个人和企业通过各种方式来吸引新用户和引导老用户关注自己的微信公众号，但是却存在着一个不可忽视的现象，那就是微信公众号的粉丝量虽然在不断地增加，文章阅读量却越来越少。无论你怎样优化文章的推送时间、推送频率，作用都十分有限。事实上，大部分微信公众号的流量来源于个人微信号朋友圈的转发。一篇文章如果不被个人微信号转发和推荐，就无法扩大影响力。因此，越来越多的运营人员更加重视经营好个人微信号的朋友圈。

3．微信小程序运营

微信小程序是一种不需要下载和安装即可使用的应用。我们可以将微信小程序理解为类似于 App 的产品，但与 App 不同的是，微信小程序不用下载和安装，同时小程序依附于微信，只能在微信中搜索、打开。图 7-22 所示为一些微信上添加的小程序，点击图标即可快速进入相应的应用页面，应用页面右上角的 ⋯ ⊙ 图标是微信小程序的标志。

图 7-22　微信小程序

（1）微信小程序的运营前提

通常，聊天类、视频类、购物类、游戏类 App 是用户每天高频使用的应用。而许多品牌自主研发的 App，如某品牌酒店的房间预定 App、某银行的理财 App，只是在生活中偶尔使用，之后由于用户使用频率不高，且占用手机资源、体验不佳等原因而被卸载。微信小程序的定位为"体验比网站好，比下载 App 更便捷"。与 App 相比，微信小程序更加适合一些中频应用服务场景，能够提高效率。

另一方面，运营微信小程序的前提是小程序要适合企业自身业务。整体而言，线下实体店、生活工具、简易电商、本地 O2O 等业务类型都适合开发微信小程序。

（2）注册并接入微信小程序

微信小程序与微信公众号（服务号和订阅号）是并行的体系，具有独立的注册、发布流程。开发微信小程序首先需要在微信公众平台上注册小程序账号，填写账号信息，然后下载开发者工具并进行编码，最后通过开发者工具提交代码（懂程序的人员可以依靠开发者工具自行开发微信小程序。如果是初学者，可以使用第三方开发平台，选择微信小程序模板然后添加各种功能版块即可，难度较小；也可以寻找专业的制作开发平台实现微信小程序的开发），官方审核通过后便可发布。图 7-23 所示为微信小程序管理后台"基本设置"页面，在其中可修改微信小程序的名称、头像，下载微信小程序的二维码或微信小程序码等。

图 7-23 微信小程序管理后台"基本设置"页面

（3）微信小程序的推广

微信小程序的入口很多，据微信小程序第三方统计平台阿拉丁的数据显示，在微信小程序总体用户场景入口分布中，60%以上的用户通过微信公众号、用户分享、附近的小程序、扫描二维码等途径进入微信小程序，对应的推广方式主要包括微信公众号＋微信小程序推广、分享＋微信小程序推广、名称优化＋微信小程序推广、线下门店+微信小程序推广等。

- **微信公众号＋微信小程序推广** | 微信小程序弥补了公众号的不足，微信公众号主要以内容营销和信息传递为主，以简单的服务为辅，微信小程序面向产品与服务，主要以功能服务为主。将小程序与公众号相关联，就融合了两者的优势。因为微信小程序不需要注册、关注，所以微信小程序难以将用户留存到平台中，而微信公众号的粉丝体系恰好可以弥补这一缺点，从而实现粉丝的积累。而开发微信小程序之后，与微信公众号进行关联，可通过自定义菜单、图文内容推送等赋予微信小程序入口，将微信公众号的粉丝引流入微信小程序中，同时对微信小程序进行推广与曝光。

- **分享＋微信小程序推广** | 微信小程序运营的核心思维在于利用微信的流量获得曝光，微信的流量也是吸引企业开发微信小程序的重要原因。因此，在社交关系场景中，"分享"是必不可少的微信小程序运营思维。微信小程序不能分享到微信朋友圈，但支持分享给微信好友和微信群，这是一种精准的营销方式。图 7-24 所示为微信小程序的分享操作，进入微信小程序后点击右上角的 ··· 按钮，在打开的页面中点击"发送给朋友"按钮 🔳，即可分享给微信好友或微信群。在微信小程序的产品设计上，需要给用户足够的"分享"空间，如设置分享免费赠送体验产品、设置"打卡"环节、设置低价拼团活动、设计购物后领红包的任务等。

图 7-24　分享微信小程序

- **名称优化＋微信小程序推广** | 一个简洁、形象化的微信小程序名称和头像十分重要，特别是当用户在微信上查看附近的小程序或搜索小程序时，一个简短、精练的名称以及一个具有创意的头像能够充分说明微信小程序是干什么的、能够帮助用户实现何种需求，

并对用户产生足够的吸引力。

● **线下门店＋微信小程序推广** | 线下门店＋微信小程序是微信小程序非常快的引流方法。具体的运营方法就是做好微信小程序二维码（或小程序码）的覆盖和引导。例如，在线下门店开展促销活动，引导用户主动扫描微信小程序的二维码领取优惠，这样既可以实现微信小程序的曝光，又可以促进用户复购。

▶▶▶ 7.1.3　今日头条运营

对今日头条运营而言，头条号是它的主要内容输出平台，即头条号是运营人员创作内容的主要场所，而用户需要通过下载今日头条 App 来查看内容。下面主要介绍头条号的运营，包括账号注册与设置、认证头条号、头条号的变现方式、头条号的内容发布、头条号的评论管理和头条号的结算提现等相关知识和操作。

1. 账号注册与设置

注册头条号的操作与注册微信公众号的操作相似。打开头条号的官方网站，单击 **注册** 按钮，在打开的页面中选择账号类型，包括个人和机构，个人适合垂直领域运营人员及其他自然人注册，机构适合企业、媒体等类型的机构注册。然后在打开的页面设置账号，包括账号名称、账号介绍和账号头像。头条号账号的设置原则与微博、微信个人号、微信公众号的设置原则相似，下面分别进行说明。

● **账号名称** | 账号名称可含有明显营销推广意图的信息，如"山货赣南脐橙""鲜农场""美多服饰""劲爽体育""历史客栈"等，让用户通过名称能够看出头条号运营内容的类型。

● **账号介绍** | 账号介绍用于展示头条号的运营特色，介绍信息可以是个人经历、擅长领域、品牌理念，以及创作方向、创作形态、更新频率等。例如："90 后"工科男，独立摄影师，拥有 10 年手绘经验；逗趣时刻，爆笑内容，每日更新。格式要求为 10～30 个字且无特殊符号。

● **账号头像** | 账号头像要求清晰、健康，可使用代表品牌形象的图片，如与内容风格相符的图片、品牌标志或其他标志。

填写账号信息后进行提交即可完成注册，并进入头条号的后台，如图 7-25 所示。

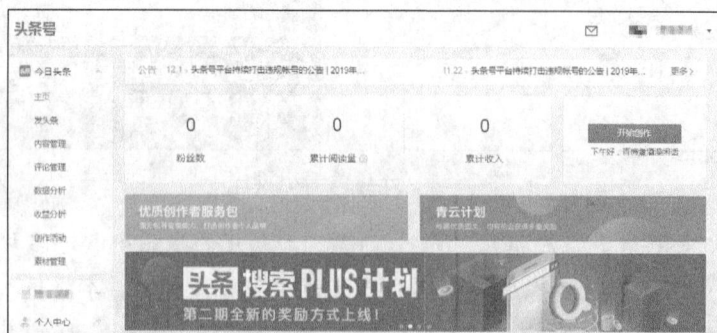

图 7-25　头条号后台

2. 认证头条号

要通过头条号发布文章，需要先进行身份认证。身份认证的操作需要在今日头条 App 中进行，其操作方法如下：打开今日头条 App 并使用注册的账号登录，选择"我的"选项，然后在打开页面的右上角点击"申请认证"超链接；打开"头条认证"页面，点击"身份未校验"超链接，如图 7-26 所示；打开"身份校验"页面，上传身份证证件的正反面照片，最后通过人脸识别验证个人的面部信息后即可完成身份认证。完成身份认证后即可在头条号的后台编辑和发布内容。

图 7-26　身份认证的流程

除了身份认证，头条号的认证范围还包括职业认证、兴趣认证和企业认证。

● **职业认证** | 职业认证和兴趣认证的前提条件是进行了身份认证，发布了微头条。在"头条认证"页面"职业认证"栏中点击 去认证 按钮即可进行职业认证。职业认证需要填写所在行业、公司或组织名称、职位，以及证明材料，如在职证明、工牌和职业资质，提供加盖公章的证明材料可以提高审核通过率。

● **兴趣认证** | 在"头条认证"页面"兴趣认证"栏中点击 去认证 按钮即可进行兴趣认证。兴趣认证的考核条件是 30 天内有 4 条申请领域（申请领域是指兴趣认证时选择的兴趣领域，如文化、历史、体育、娱乐等）的优质回答。

● **企业认证** | 需要在 PC 端登录今日头条企业认证官方网站，上传企业营业执照等资料的图片，并支付 600 元/次的审核服务费。

认证头条号之后，运营人员的权威度、可信度会得到提高，运营人员的权限也相对较大，权重也会变高，会更容易获得系统的推荐，从而增加粉丝的数量。

3. 头条号的变现方式

头条号个人或企业都可以根据自己的职业、特长、爱好或企业产品特点去打造适合自己的一套变现方式。头条号的变现方式有以下几种常见模式。

（1）头条广告收益

注册头条号后，在头条号平台上发布文章或者视频，只要产生阅读量，就可以获得头条号平台的广告收益分成。头条广告收益核心竞争力在于阅读量的多少，即阅读量越高收益越高。如果采用这种方法营利，通常可以选择大众关注的话题，不用专业性太强。除了广告收益外，针对文章内容，头条号平台还有一个"青云计划"奖励，系统每天会评估筛选，每天奖励 100～1000 篇优质的文章，每篇奖励 300 元；每月首次获奖者，奖金为 1000 元。

（2）自营广告收益

自营广告是头条号所特有的一种开放的推广方式，由头条号创作者自主上传推广素材，在内容页面中进行展示。无论是自我宣传、活动介绍、App 下载，还是传统的营销推广，都可以在自营广告中实现。要想通过自营广告的方式获得收益，首先需要在头条号后台左侧导航条的"个人中心"栏下选择"账号设置"选项，然后进入"账号权限"页面，如图 7-27 所示，申请开通"自营广告"功能，其申请条件为：已实名认证，账号入驻时间≥30 天，最近 30 天发文数量≥10 篇，无违规处罚记录。另外，根据运营人员的认证情况、运营时间、发布内容的质量、粉丝数等指标，头条号为运营人员提供的可申请开通的权限内容不同，通常认证范围越广、运营时间越长、发布的优质内容越多、粉丝数量越多，账号所能获得的权限也就越多。

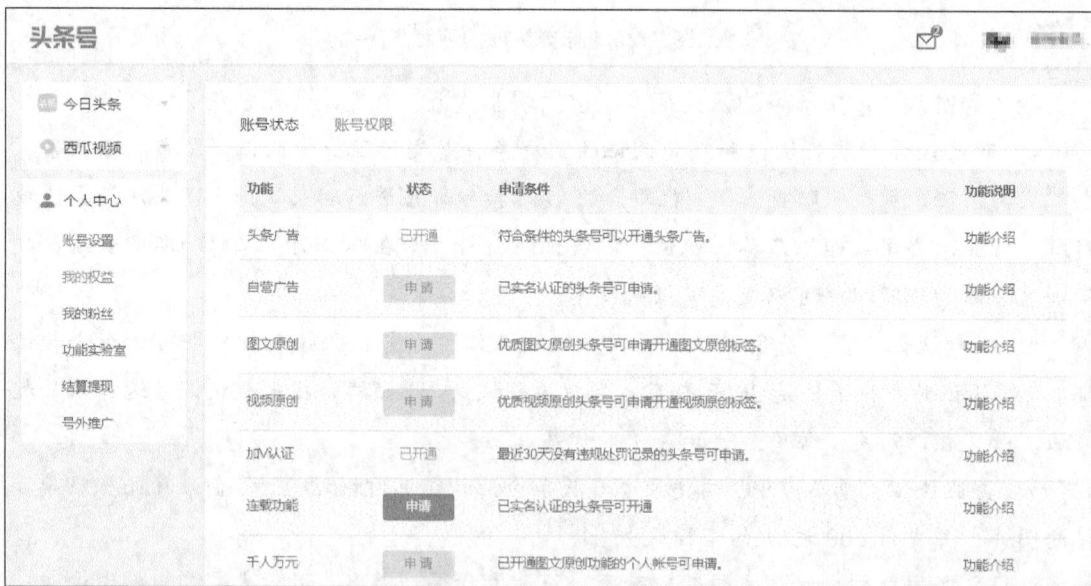

图 7-27 "账号权限"页面

（3）知识付费变现

所谓知识付费变现就是运营人员把自己的知识梳理后分享出来，如果可以帮助某一类人群提升技能或者解决问题，就可以收取一定的费用。

当运营人员获得原创权益，成为优质创作者之后，就可以申请开通专栏功能。如果头条号上的专栏内容较多，运营人员发布的专栏内容在对应的标题栏中将显示"专栏"标签，用户点击标题链接后，在阅读页面底部的"所属专栏"栏中点击购买专栏链接，即可进入专栏的购买页面，用户在其中可查看专栏内容的简介、目录等信息，如图 7-28 所示。需要注意的是，运营人员创作的专栏内容需要提前提交至头条号平台进行审核，审核时间一般为 3～5 天。

图 7-28　专栏内容

（4）社群变现

"圈子"是头条号为运营人员推出的，用于连接粉丝的互动、营销与变现工具。运营人员可以通过"圈子"功能创建免费或付费的社群，通过分享知识、打卡学习、沉淀内容和社群成员互动等方式运营社群，实现盈利。运营人员可在微头条或文章中插入圈子信息，引导用户加入自己的圈子。

运营人员可在"账号权限"页面中申请开通"圈子"功能，申请开通的条件是账号粉丝数大于 1 万且无违规处罚记录。

（5）产品营销变现

产品营销变现就是指通过头条号做推广营销，即运营人员通过创作内容引流，从而实现产品或服务的销售。由于头条号采用的是精准推送机制，只要有好的内容，个人和企业较容易找到自己的目标用户群。

另外，头条号不允许在内容中直接留下联系方式，但运营人员可采用这 3 种方法与用户沟通：一是通过今日头条 App 的私信功能与用户进行沟通交流；二是通过文章编辑页面的"扩展链接"功能，插入产品宣传页或公司网站，与用户建立联系；三是在评论区与用户交流互动，进一步解答用户的疑问，促进成交。

4. 头条号的内容发布

在头条号后台的主页单击 开始创作 按钮，或在导航条的"今日头条"栏下选择"发头条"选项，即可进入头条号的内容发布页面。发布的内容包括文章、微头条、图集、小视频和问答这几种形式，如图 7-29 所示。

图 7-29　头条号编辑页面

- **文章**｜文章是头条号内容的主要形式，适用于篇幅较长的内容，运营人员可以输入标题和设置封面，其编辑页面的操作与编辑微信公众号文章的操作相似，在底部选中 ☑扩展链接 复选框后，可插入网址链接。

- **微头条**｜微头条编辑页面是今日头条旗下的社交产品——微头条为头条号提供的内容发布入口，适用于创作篇幅较短的内容。我们可以将微头条理解为今日头条的"微博"，具有话题性的内容更容易得到广泛的传播和讨论。运营人员在微头条的编辑页面可以添加文字和图片内容（最多插入 9 张图片，为了保证页面美观，建议插入 1 张、3 张、6 张或 9 张图片），如图 7-30 所示。与微博一样，微头条也可以输入@和#符号，用于@联系人和设置话题。另外，头条号为运营人员提供了丰富的图片资源，运营人员可直接搜索与内容相关的图片并插入。

图 7-30　微头条编辑页面

- **图集**｜图集用于发布图集内容，包括图片和文字说明，如图 7-31 所示。图集应至少包含 3 张图片，支持 JPG、JPEG、PNG 等格式，大小不超过 5MB。

图 7-31　图集编辑页面

- **小视频**｜小视频用于发布视频内容。视频时长不得超过 60s，30s 内的竖屏小视频效果最佳。

● **问答** | 问答编辑页面是今日头条的问答平台——悟空问答为头条号提供的内容发布入口。悟空问答会主动邀请头条号运营人员回答与他研究领域相关的问题，即受到过回答问题邀请的运营人员才能通过头条号的问答编辑页面发布相应内容。一般情况下，运营人员不会收到答题邀请，因此，需要在头条号的问答页面单击相应的回答链接，进入悟空问答平台，单击上方的"等我来答"超链接，然后选择相应的问题进行回答，如图 7-32 所示。当有了答题记录后，就有可能收到答题邀请。另外，悟空答题具有很好的引流作用，可以为头条号导入流量，吸引粉丝。

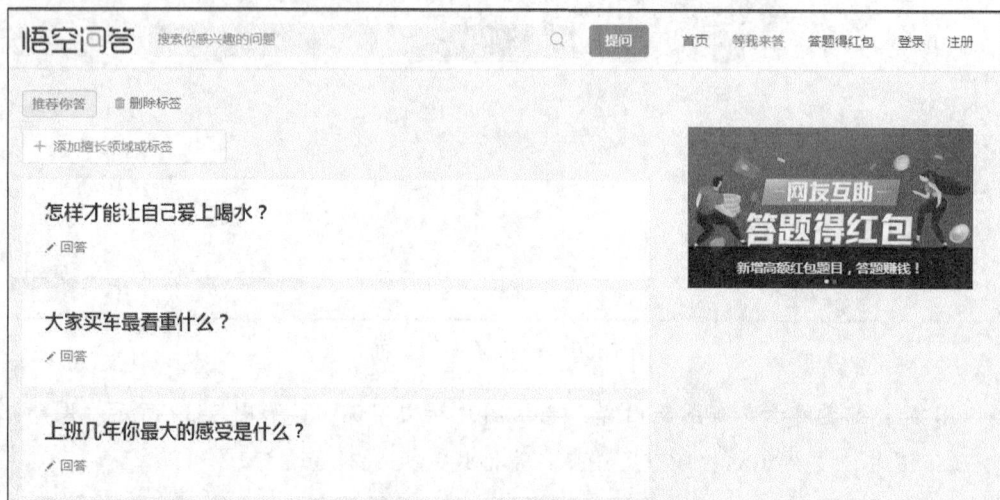

图 7-32 悟空问答的答题页面

5. 头条号的评论管理

在头条号后台导航条的"今日头条"栏下选择"评论管理"选项，打开"评论管理"页面，运营人员在其中可对图文评论（对文章内容的评论）和微头条的评论内容进行管理，主要是回复用户的评论信息，与用户进行互动。图 7-33 所示为"微头条评论"页面。

图 7-33 "微头条评论"页面

在头条号后台导航条的"今日头条"栏下选择"内容管理"选项，在打开的"内容管理"页面中可对发布的内容进行管理，包括查看内容的阅读量、点赞数和评论数，以及修改或删除内容。

6. 头条号的结算提现

提现是很多头条号运营人员最关心的问题。要在头条号中提现，要先绑定银行卡，操作方法为：在头条号后台导航条的"个人中心"栏下选择"结算提现"选项，在打开的页面中切换到"结算设置"选项卡，然后在打开的页面中填写身份信息和银行卡信息，如图7-34所示。成功绑定银行卡后，单击"结算中心"选项卡，在打开的页面中单击"提现"超链接即可进行提现操作。

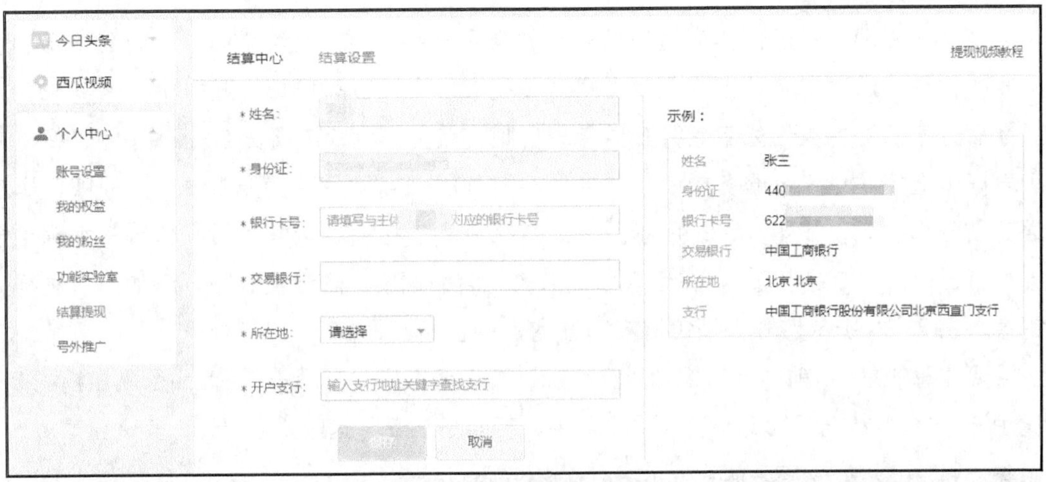

图 7-34　绑定银行卡

需要注意的是，账户金额需大于 100 元才可申请提现。申请时间为每月的 2～4 日。平台将在提交申请后的 15 个工作日内安排打款，并代扣代缴个人所得税。

▶▶▶ 7.1.4　抖音短视频运营

作为今日头条旗下的产品，抖音短视频的运营与头条号的运营相似，它们的区别在于头条号输出内容的主体是文章，而抖音短视频输出内容的主体是视频。下面介绍抖音短视频的运营，包括抖音短视频的变现方式、抖音短视频的定位和打造爆款视频等相关知识和操作。

1. 抖音短视频的变现方式

运营人员应先熟悉抖音短视频的变现方式，然后根据变现方式确定抖音短视频的定位。抖音短视频的变现方式有以下 4 种模式。

（1）产品营销变现

产品营销变现是指通过抖音短视频做推广营销，即运营人员通过创作营销内容引流，从而实现产品或服务的销售。与头条号相同，抖音短视频也采用精准推送机制，只要有好的内容，个人和企业就能较容易地找到自己的目标用户群。根据产品营销变现方式，运营人员即可进行抖音短视频的定位。例如：销售美妆产品，在设置账号时，运营人员可采用贴近美妆风格的名称、头像等；在创作视频时，运营人员可通过视频直接展示产品功能、分享产品的使用小技巧或利用场景植入以突出产品卖点等。

（2）自营广告变现

抖音短视频上的自营广告变现是指通过与其他商家合作，为其他商家进行品牌推广或产品营销。要通过自营广告这种方式营利，首先需要积累大量的粉丝，然后根据广告定位来策划视频内容。例如，在展示产品的场景下，利用说唱的方式推广品牌或对产品进行阐述等。

（3）商品分享变现

商品分享变现是指通过抖音短视频平台的商品分享功能销售淘宝同款。商品分享功能的开通条件是：通过实名认证；至少在抖音短视频发布 10 条视频；账号粉丝量≥1000。开通商品分享功能的操作如下：打开抖音短视频，点击"我"选项，点击▤按钮，在打开的列表框中选择"创作者服务中心"选项；在打开的"商品分享功能申请"页面即可申请开通商品分享功能，如图 7-35 所示。开通商品分享功能后，运营人员在抖音短视频平台上会拥有自己的"商品橱窗"，在个人主页点击"商品橱窗"超链接，即可添加商品进行分享销售。图 7-36 所示为分享销售淘宝同款商品的视频画面。

需要注意的是，目前抖音短视频只支持加入淘宝客推广的商品，同时商品所属店铺的 DSR（卖家服务评级）数据不能低于行业平均水平，若商品未满足这些要求将无法实现分享。

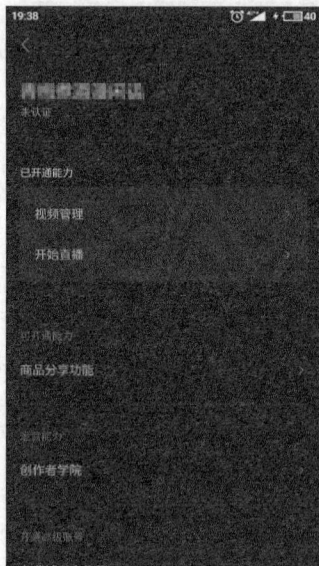

图 7-35　申请开通商品分享功能　　　图 7-36　分享销售商品的视频画面

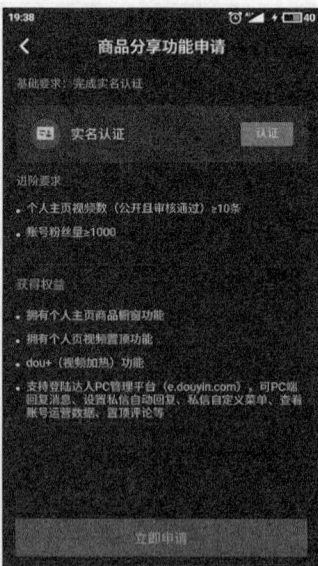

（4）直播变现

抖音短视频的直播变现与直播平台的变现模式一样。直播变现包括两种变现方式：一是通过直播销售产品，这种变现方式的运营手法与产品营销变现相似，区别在于直播采用实时交流沟通的方式与用户建立联系；二是依靠接受用户观看直播时赠送的礼物变现。

2. 抖音短视频的定位

除了昵称、头像、个人介绍等常规设置，运营人员在进行抖音短视频的定位时还需要注意两个问题。一是选择个人创作还是团队创作，毕竟完成一个完整的作品需要经过剧本写作、摄影、剪辑等工序，对个人能力要求较高；二是视频内容的定位。抖音短视频常见的内容有以下几种类型。

- **形象类**｜形象类的视频以人物为主角，为人物赋予具有特色的形象来吸引用户。
- **奇观类**｜奇观类的视频主要用于展示各地的风景名胜、风土人情等。
- **萌宠类**｜萌宠类的视频基本没有人物出境，主角是宠物。
- **表演类**｜表演类的视频用于展示人物才艺，如唱歌、跳舞等表演内容。
- **美食类**｜为用户介绍各地的美食，包括地域性和全国性的美食账号。通俗地讲就是"试吃"各地美食，然后分享美食价格、特点等。
- **生活类**｜生活类的视频用于展示生活中的日常事务，以搞笑为主题的内容居多。
- **技能类**｜技能类的视频主要是各种技巧、知识和简单教程的展示，如吉他弹唱技巧、厨艺、情感咨询等。
- **剧场类**｜剧场类的视频是指拍摄短剧来表达一个完整的故事。

3. 打造爆款视频

抖音短视频采用的是精准推送机制，运营人员发布的视频，粉丝能够观看，其他用户也同样可以观看。即使运营人员账号的粉丝较少，只要其拍摄的视频有好的内容就有成为爆款视频的潜力。什么是好的视频内容呢？它的衡量标准是传播性和关注度，而不是画面质量。那么怎么创作好的视频内容呢？融入这些元素——"热点""靓点""笑点""泪点""奇点"，有助于打造爆款视频。

- **热点** | 热点不仅适用于文章创作，同样可融入视频内容中。运营人员可以将社会事件的热点融入视频创作中，也可以模仿同行的爆款作品，模仿不是原样照搬，原样照搬属于抄袭。模仿创作的过程中需要分析视频中涉及的拍摄环境、人物、风格及道具有哪些等。然后围绕这几个要点进行改编，按照原版制作一个创意视频，如换场景、人物对象、音乐特效等。

- **靓点** | 靓点就是要给人美的观感。视频的美不局限于面容姣好的人物，也可以是蠢萌可爱的宠物。当然，在靓点的基础上还可以添加特色元素。例如，抖音短视频运营账号"会说话的刘二豆"靠两只小猫吸引了千万的粉丝关注，"会说话的刘二豆"的视频，并不只是简单地让宠物的可爱小圆脸出境，而是将宠物拟人化，并且每个视频都会有一个完整的剧情。

- **笑点** | 抖音短视频最主要的应用情景是碎片化时间的消遣，融入笑点的视频内容则是承担这一目的的主力，具体包含了人设反差、讲笑话、搞笑情景剧、失误画面等创作手法。当用户被逗笑了，点赞行为就成了顺其自然的一种奖赏表现。

- **泪点** | 融入泪点的视频常见的创作手法是用真诚的态度讲一个完整的感人故事。要注意创作融入泪点的视频不是消费人们的情感，而是向人们传递能量。

- **奇点** | 融入奇点的视频用于展示出乎意料、令人感到不可思议的新奇事物，如街头艺人的新奇表演等。

专家指导

抖音短视频的运营账号要保持活跃度，要适度地更新视频，即使没有视频发布，也可以浏览视频，进行点赞和评论等。

7.2 电商平台运营

所有电商平台的运营都具有相似性，主要包括店铺创建、店铺认证、商品发布、店铺装修和营销推广等方面的内容，下面以有赞微商城和拼多多为例介绍电商平台运营的相关知识和操作。

▶▶▶ 7.2.1　有赞微商城运营

有赞微商城是有赞旗下面向电商商家，提供完整的线上交易、分销体系等支持的一款手机软件，旨在帮助商家快速在网上开店卖货。有赞微商城只提供开放平台，不参与产品交易，目前店铺分为基础版、专业版和旗舰版，费用为 6800 元/年起，店铺等级越高支持的功能越多。

运营有赞微商城时，运营人员需要结合移动端和 PC 端对店铺进行管理。运营人员可以在移动端上方便地查看店铺信息，并进行简单的设置，而大部分设置和操作则需要通过 PC 端实现。

1. 店铺创建

运营人员可在有赞微商城的移动端上快速完成店铺的创建工作。下载有赞微商城 App 后，首先通过手机号注册有赞微商城账号，如图 7-37 所示；然后填写商家名称、地址、详细地址、主营类目等店铺基本信息创建店铺，如图 7-38 所示；接着选择一个店铺模板（保持默认的推荐选项即可，后面装修店铺时可根据需要更换模板），完成店铺的创建后将进入店铺的管理后台，如图 7-39 所示。

2. 店铺认证

在任何电商平台创建店铺，都需要对店铺进行认证。通过认证后，商家才可以进行店铺装修和商品管理等操作。有赞微商城店铺的认证分为主体信息认证、店铺认证和跨境电商认证。在 PC 端打开有赞微商城的官方网站，使用注册的账号登录并进入店铺的管理后台，选择"设置/店铺信息/店铺信息"选项，打开"店铺信息"页面，单击各认证类型栏中的"立即认证"超链接即可进行各项认证操作。另外，运营人员还可在"店铺信息"页面更换店铺标识，填写店铺简介和店长 QQ 等，如图 7-40 所示。

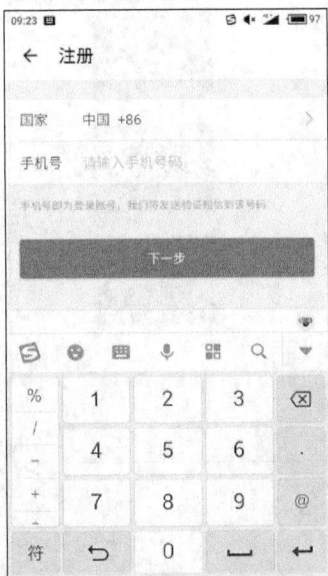

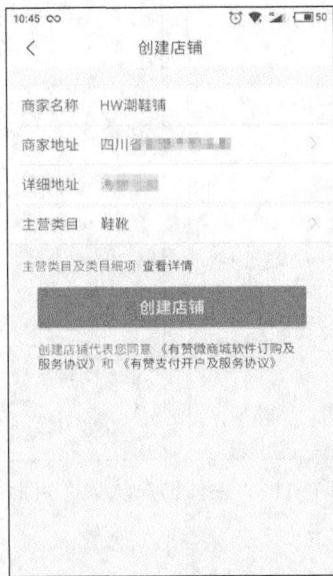

图 7-37　注册账号　　　　图 7-38　创建店铺　　　　图 7-39　店铺的管理后台

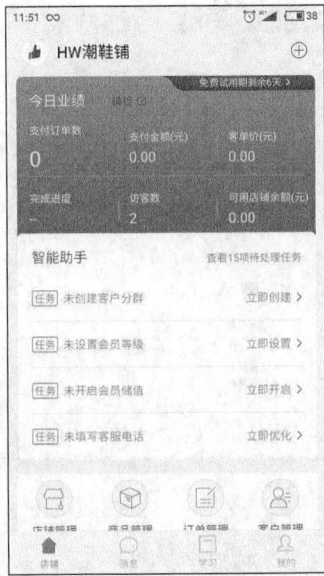

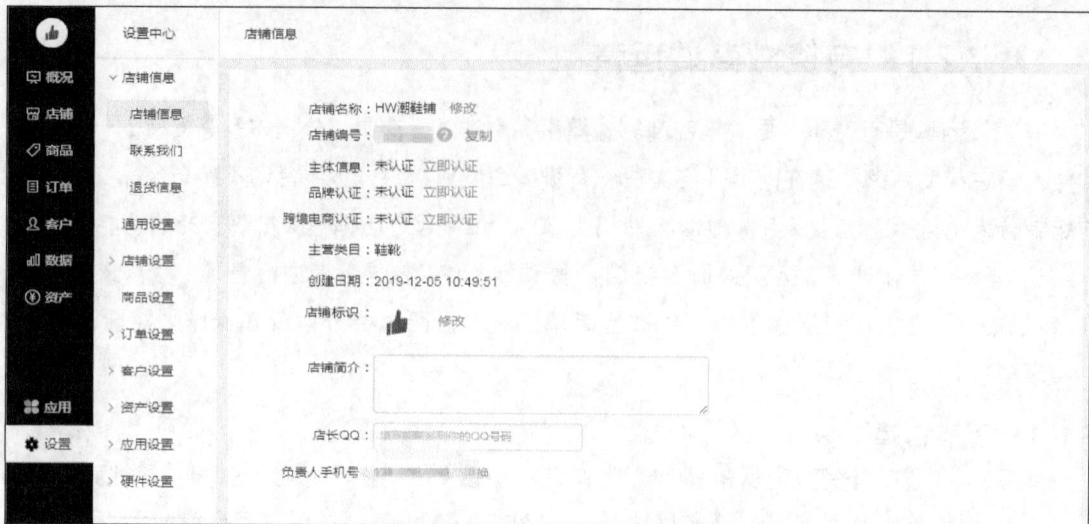

图 7-40 "店铺信息"页面

（1）主体信息认证

主体信息认证包括填写基本信息、主体信息和企业法定代表人（或代办人）信息这 3 个方面的内容，如图 7-41 所示。基本信息需要填写联系人信息和经营信息，其中，经营信息里的主营类目需要选择经营主体类型，包括个人、个体户、企业及其他组织，同时还要上传门店门头照片、门店内景照片和收银台照片（个人主体的线上商家可提供线上店铺首页、管理后台和商品截图）。选择的经营主体不同，需要填写的主体信息也不相同，个人主体需要提交身份证信息，个体户、企业或其他组织需要提交营业执照信息。主体选择为企业时还需提交企业法定代表人（或代办人）信息。商家入驻后，审核时间为 1～3 个工作日。店铺后台和功能使用不受影响。

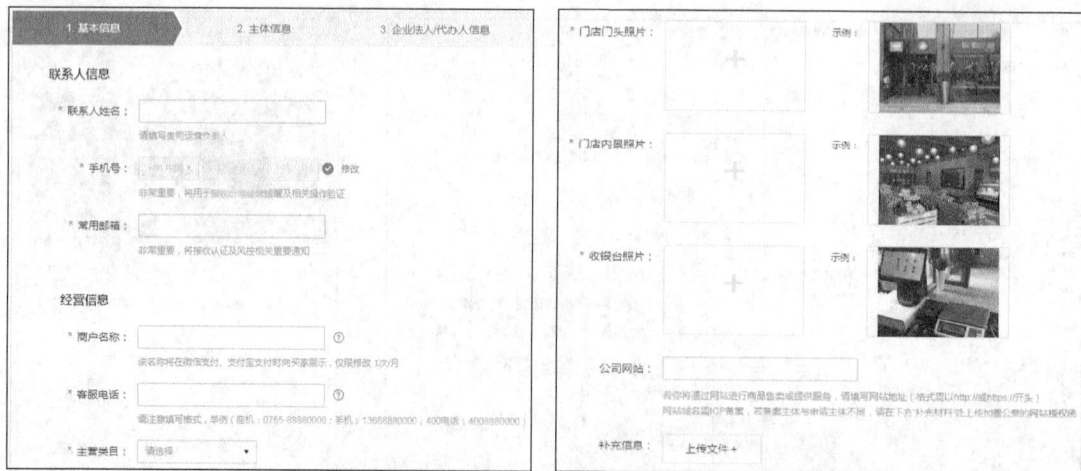

图 7-41 "主体信息认证"页面

（2）店铺认证

店铺认证实质是对店铺的品牌进行认证，店铺类型分为旗舰店、专卖店、直营店，运营人员需要提交相应文件进行认证，如图 7-42 所示。如店铺不属于以上 3 类性质的店铺，完成主体认证即可。下面分别对不同类型品牌店进行说明。

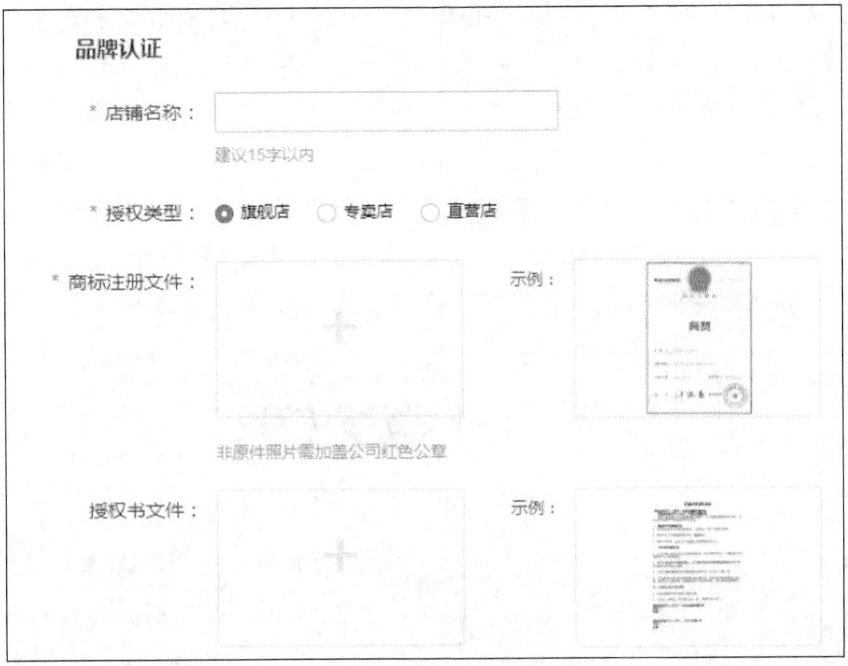

图 7-42 "品牌认证"页面

● **旗舰店**｜旗舰店是指商家以自有品牌或由权利人出具的在有赞微商城开设品牌旗舰店的独占性授权文件（授权文件中应明确独占性和不可撤销性）入驻有赞微商城开设的店铺。开设旗舰店时，填写店铺名称并提交商标注册文件即可。

● **专卖店**｜专卖店是指商家持他人品牌授权文件在有赞微商城开设的店铺。开设专卖店需要提交商标注册文件和授权书文件。

● **直营店**｜直营店是指经营有赞微商城相同一级类目下两个及以上他人或自有品牌商品的店铺。开设直营店需要提交商标注册文件和授权书文件。

（3）跨境电商认证

跨境电商认证是对跨境电商的商家进行跨境业务的认证。进行跨境电商认证时，商家需要先完成店铺主体认证，然后填写企业名称、营业执照注册号、负责人护照号码等信息。

3．商品发布

商品发布是指将商品信息上传至店铺中。商品信息包括商品图片、商品分类、商品规格以及运费信息、促销信息等，因此，在发布商品之前需要做一些准备工作，如掌握商品的尺寸、颜色、库存等信息，并准备商品图片等。在店铺的运营初期，运营人员应当发布特色商品、热销商品来吸引用户流量。在有赞微商城中发布的商品主要通过"发布商品"页面进行各项设置，该页面包括"编辑基本信息"和"编辑商品详情"两部分的设置内容，其中带有*符号的为必填选项，其他选项可根据需要进行设置。

案例 7-2 ◄

下面首先创建一个"店长推荐"商品分组，然后发布一款休闲鞋，其具体操作如下。

① 进入店铺的管理后台，选择"商品/商品管理/商品分组"选项，打开"商品分组"页面，带有*符号的默认分组不能进行更改。

② 单击 新建商品分组 按钮，打开"新建商品分组"页面，在"分组名称"文本框中输入分组名称，在"列表样式"中选中 ⊙ 小图 单选项，单击 保存 按钮，如图 7-43 所示。其他选项可根据需要进行设置，包括商品排序、购买按钮的样式等。

图 7-43　新建分组

③ 选择"商品/商品管理/商品管理"选项，打开"商品管理"页面，单击 发布商品 按钮，打开"发布商品"页面。

④ 在"商品类型"板块中选择"实物商品（物流发货）"选项；在"基本信息"板块的"商品名"文本框中输入商品标题，在"商品图"栏中上传商品的主图（最多可上传 15 张图片，仅支持 GIF、JPEG、PNG、BMP 这 4 种格式），在"商品分组"下拉列表框中选择"店长推荐"选项，在"商品类目"下拉列表框中选择"男人"选项，如图 7-44 所示。

⑤ 在"价格库存"板块中设置"商品规格"，这里为鞋子设置"颜色"和"尺码"规格名，并设置相应的规格值，如图 7-45 所示。

⑥ 在"规格明细"选项中根据不同的规格设置商品价格和库存数量，其他设置选项包括"划线价""库存扣减方式""会员折扣"等，本例的设置效果如图 7-46 所示。

⑦ 在"物流信息"板块中设置"配送方式"和"快递运费"，本例设置的"快递运费"为"0"表示免邮费，如图 7-47 所示。

1. 编辑基本信息	2 编辑商品详情

商品类型

实物商品	虚拟商品	电子卡券	酒店商品	蛋糕烘焙
（物流发货）	（无需物流）	（无需物流）	（无需物流）	（同城送或自提）

基本信息

* 商品名： 2019秋冬新款轻便防水男士加绒百搭时尚休闲鞋

分享描述：

微信分享给好友时会显示，建议36个字以内 查看示例

商品卖点：

在商品详情页标题下面展示卖点信息，建议60字以内 查看示例

* 商品图：

+ 添加图片

主图视频：

+ 添加视频

目前仅支持在手机端播放，建议时长9—30秒，建议视频宽高比16:9
注：试用期最大支持上传30M文件，立即获取 更多储存空间

商品分组： 店长推荐 ×   刷新 | 新建分组 | 如何创建商品分组？

商品类目： 男人 ▼

商品类目及类目细项，点此查看

图 7-44　设置商品的类型和基本信息

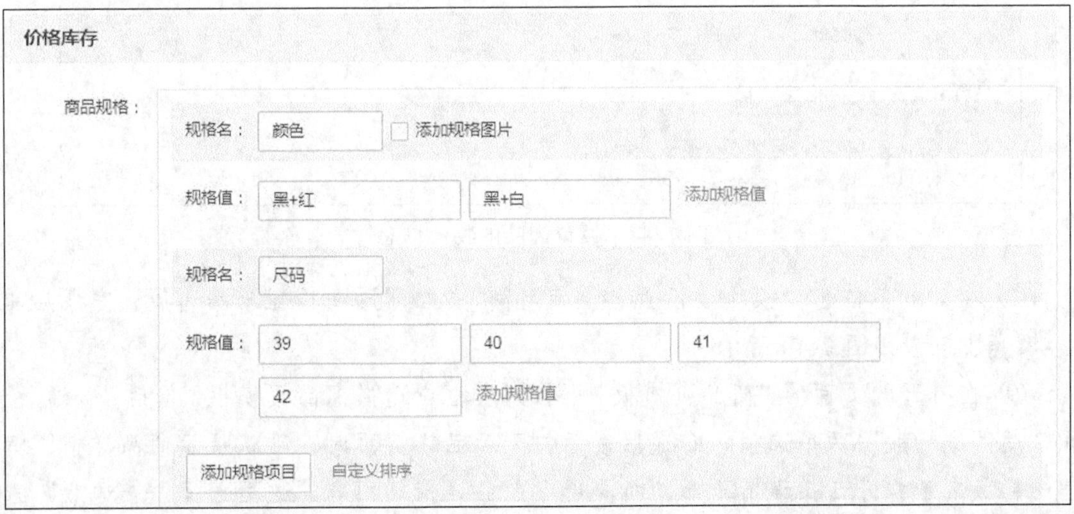

价格库存

商品规格：

规格名： 颜色   □ 添加规格图片

规格值： 黑+红   黑+白   添加规格值

规格名： 尺码

规格值： 39   40   41

42   添加规格值

添加规格项目   自定义排序

图 7-45　设置商品的规格

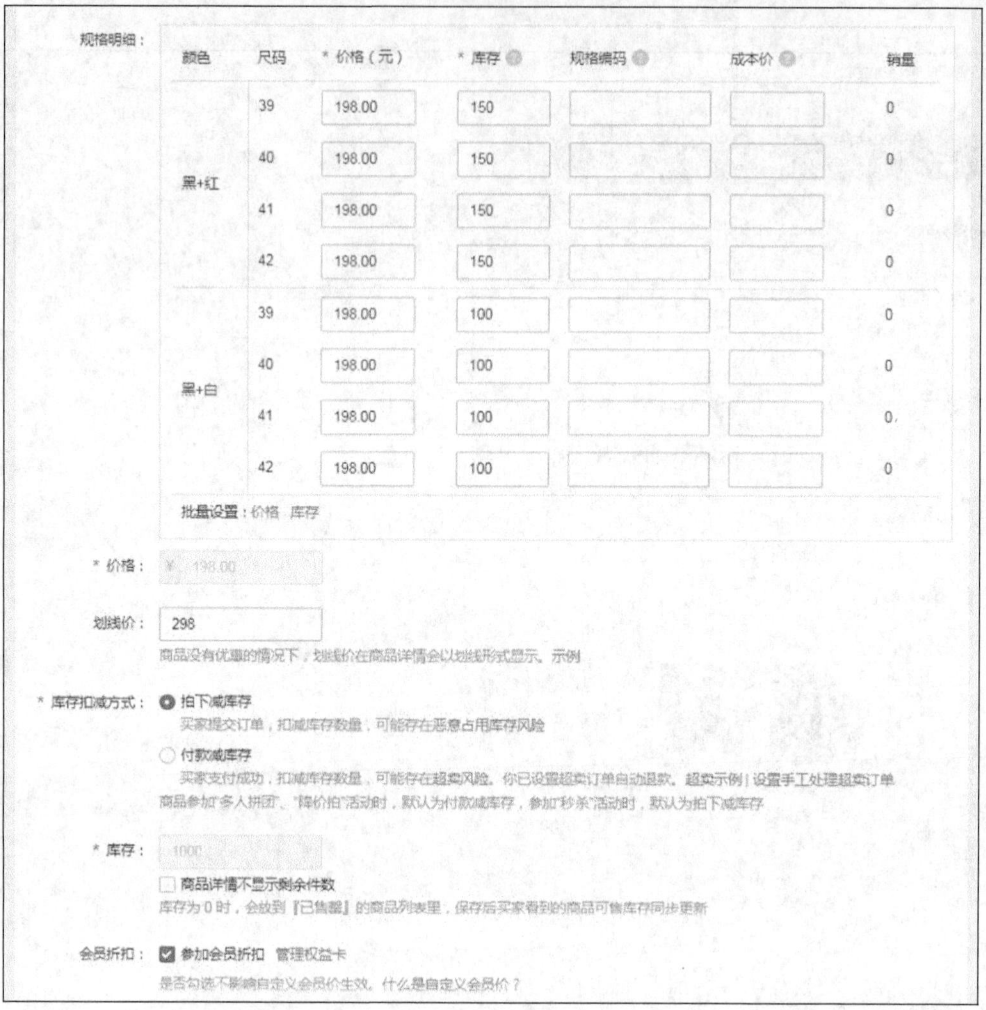

规格明细	颜色	尺码	*价格（元）	*库存	规格编码	成本价	销量
	黑+红	39	198.00	150			0
		40	198.00	150			0
		41	198.00	150			0
		42	198.00	150			0
	黑+白	39	198.00	100			0
		40	198.00	100			0
		41	198.00	100			0
		42	198.00	100			0

批量设置：价格 库存

* 价格： ￥ 198.00

划线价： 298
商品没有优惠的情况下，划线价在商品详情会以划线形式显示。示例

* 库存扣减方式： ● 拍下减库存
买家提交订单，扣减库存数量，可能存在恶意占用库存风险
○ 付款减库存
买家支付成功，扣减库存数量，可能存在超卖风险，你已设置超卖订单自动退款。超卖示例 | 设置手工处理超卖订单
商品参加"多人拼团""特价拍"活动时，默认为付款减库存，参加"秒杀"活动时，默认为拍下减库存

* 库存： 1000
□ 商品详情不显示剩余件数
库存为 0 时，会放到『已售罄』的商品列表里，保存后买家看到的商品可能库存同步更新

会员折扣： ☑ 参加会员折扣 管理权益卡
是否勾选不影响自定义会员价生效。什么是自定义会员价？

图 7-46　商品的规格明细

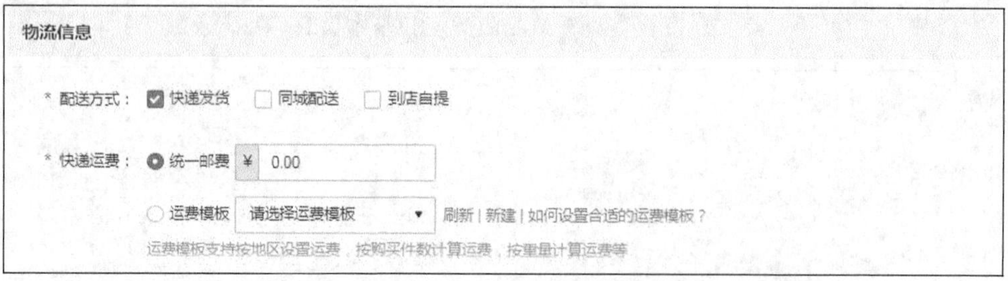

物流信息

* 配送方式： ☑ 快递发货　□ 同城配送　□ 到店自提

* 快递运费： ● 统一邮费 ￥ 0.00
○ 运费模板　请选择运费模板　|　刷新 | 新建 | 如何设置合适的运费模板？
运费模板支持按地区设置运费，按购买件数计算运费，按重量计算运费等

图 7-47　设置商品的物流信息

⑧ 在"其他信息"板块中设置"上架时间""立即购买按钮"等选项，完成后单击 下一步 按钮，如图 7-48 所示。

⑨ 在打开的页面的"商品页模板"下拉列表框中选择商品页模板，包括"普通版"和"简洁流畅版"两个选项。普通版表示打开商品详情页时，默认展示商品详情；简洁流畅版表示打开商品详情页时，折叠展示商品详情等内容。这里选择"普通版"选项，然后在下方右侧的文本框中输入"温馨提示"描述内容，如图 7-49 所示。

图 7-48　设置商品的其他信息

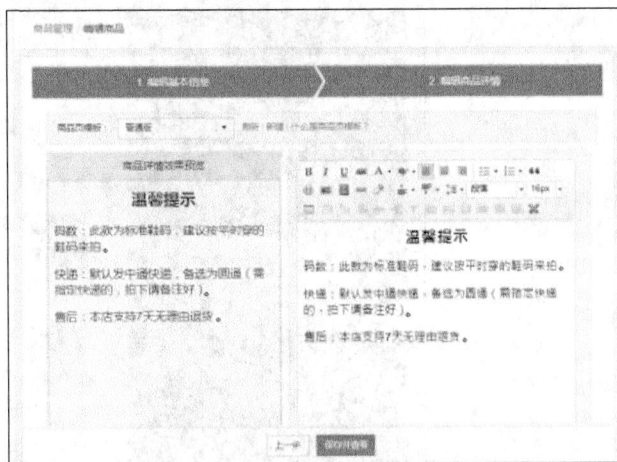

图 7-49　设置"温馨提示"

⑩　向下滑动页面，页面底部的各类组件可用于在商品详情页中插入各类元素，这里单击"基础组件"栏中的 图片广告 按钮，在商品详情页添加一个"图片广告"组件。在右侧设置面板的"选择模板"栏中选择"一行一个"选项，在"添加图片"栏中单击"添加一个背景图"超链接，如图 7-50 所示。

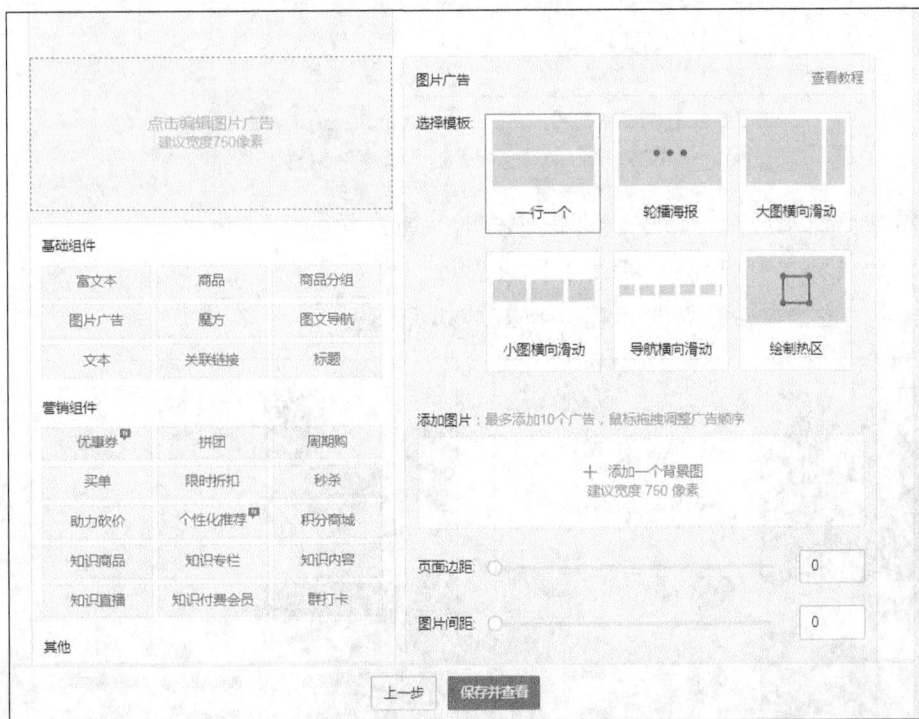

图 7-50　添加"图片广告"组件

⑪　在打开的对话框中上传商品的主图，效果如图 7-51 所示。

⑫　单击"基础组件"栏中的 标题 按钮，添加"标题"组件，在右侧设置面板的"标题名"文本框中输入标题名，选中 ◉ 居中显示 单选项，如图 7-52 所示。

图 7-51　上传商品主图

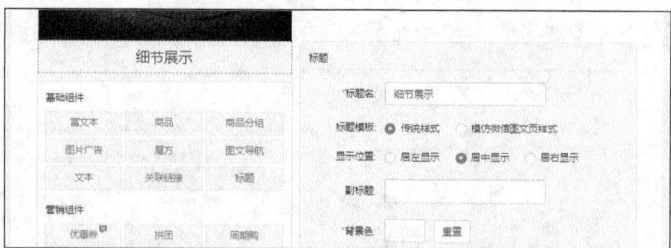

图 7-52　添加并设置"标题"组件

⑬ 添加"图片广告"组件，上传商品细节图，如图 7-53 所示。

⑭ 添加"标题"组件，"标题名"设置为"模特展示"并居中显示；添加"图片广告"组件，上传商品模特展示图，如图 7-54 所示。

图 7-53　上传商品细节图

图 7-54　上传商品模特展示图

⑮ 添加"标题"组件，"标题名"设置为"保养说明"并居中显示；添加"文本"组件，输入保养说明的内容，如图 7-55 所示。完成商品详情页的编辑后，单击 保存并查看 按钮，然后可在打开的页面中查看商品详情页的呈现效果。

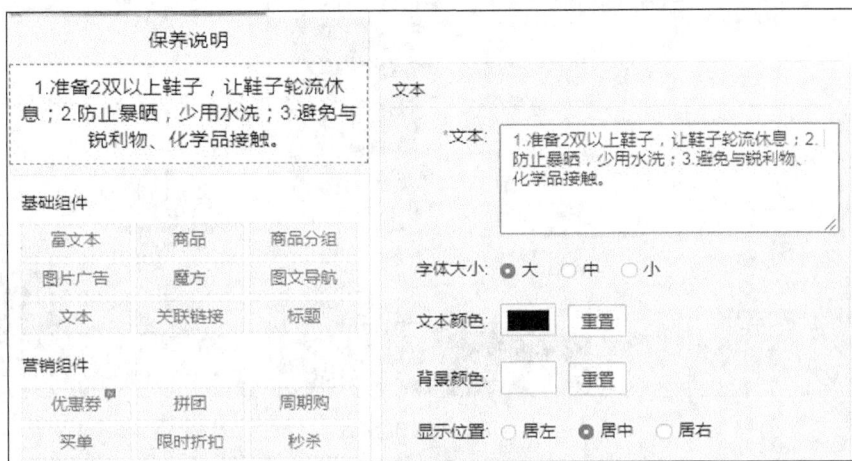

图 7-55　添加并设置"保养说明"

专家指导

　　注意：第一，商家应根据实际情况设置不同选项，特别是添加组件时，商家可尝试选择不同的组件设计出符合自己要求的页面；第二，选择"商品/商品管理/商品页模板"选项，在打开的"商品页模板"页面中可新建商品页模板，在设置商品详情页时，可直接调用该商品页模板，修改其中的内容即可快速完成商品详情页的编辑操作；第三，商家可以发布分销商品（平台上供应商提供的商品）来赚取佣金，选择"商品/我要分销/市场选货"选项，进入有赞微商城的分销市场后，选择一个销量较好且与自身店铺定位相符的分销商品发布即可。

4．店铺装修

　　网上店铺装修与实体店装修的目的相同，都是给消费者带来舒适的购物体验。在进行店铺装修时，商家应进行多方位的考虑，包含店铺的商品类型、商品定位等，力求商品与店铺装修搭配和谐、统一。有赞微商城提供了丰富的店铺模板，商家可在店铺模板的基础上，灵活运用组件快速搭建出理想的店铺页面效果。

案例 7-3

　　下面首先选择一个店铺模板，然后在应用模板的基础上进行店铺页面设计，添加实际需要的店铺页面元素，其具体操作如下。

　　① 选择店铺的管理后台，选择"店铺/店铺主题/店铺模板"选项，将鼠标指针移

到需要的模板上，单击 预览模板 按钮，在打开的对话框中扫描二维码，即可在移动端预览应用模板后的店铺效果；单击 使用模板 按钮即可应用模板，如图 7-56 所示。

图 7-56　应用模板

② 应用模板后，将跳转到微页面的设置页面（选择"店铺/内容制作/微页面"选项也可进入该页面）。页面右侧默认显示"页面设置"面板，在"页面名称"文本框中填写店铺主页的页面名称，如图 7-57 所示。

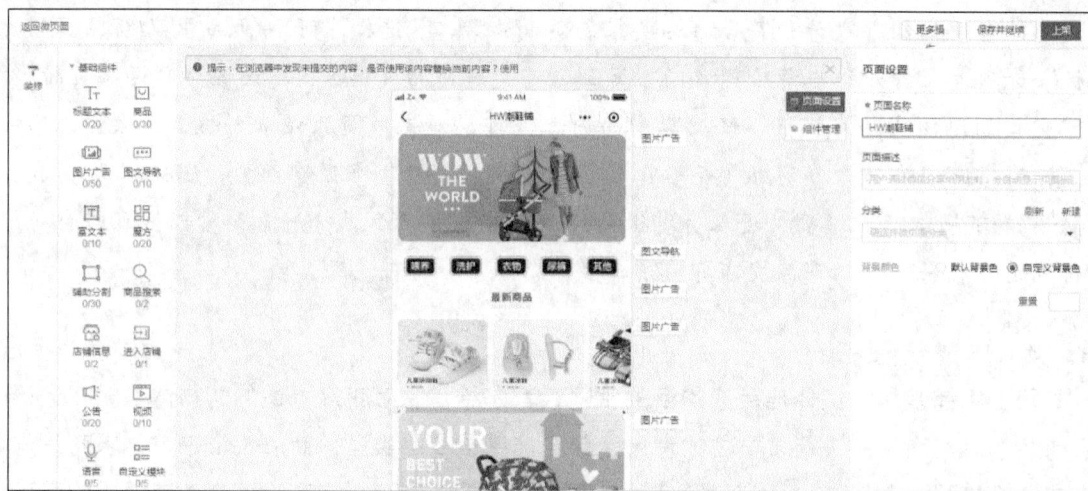

图 7-57　设置页面名称

③ 选择页面左侧的"图片广告"组件，在右侧的"添加图片"面板中更换图片。单击"选择跳转到的页面"超链接，在打开的下拉列表框中设置单击图片后跳转到的页面，这里选择"商品/全部商品"选项，如图 7-58 所示。

④ 选择"图文导航"组件，将鼠标指针移到该组件模块上，单击右侧显示的 🗑 按钮删除该组件模块，如图 7-59 所示。

图 7-58　设置"图片广告"组件

图 7-59　删除"图文导航"组件

⑤ 在"营销组件"栏中选择"优惠券"组件，按住鼠标左键不放，将其拖动至图7-60 所示的位置。在右侧的"优惠券"面板中单击"添加优惠券"超链接，在打开的"选择优惠券/码"对话框中单击 优惠券管理 按钮。

图 7-60　高级搜索

⑥ 打开"优惠券"页面，在"满减券"中单击 立即新建 按钮，如图 7-61 所示。

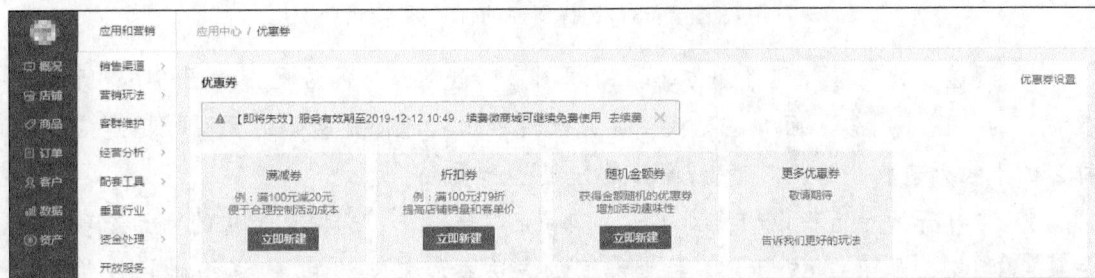

图 7-61　新建优惠券

⑦ 打开"新建满减优惠券"页面，在其中设置"优惠券名称""发放总量""适用商品""优惠内容""用券时间"等内容，设置完成后单击 保存 按钮，如图 7-62 所示。

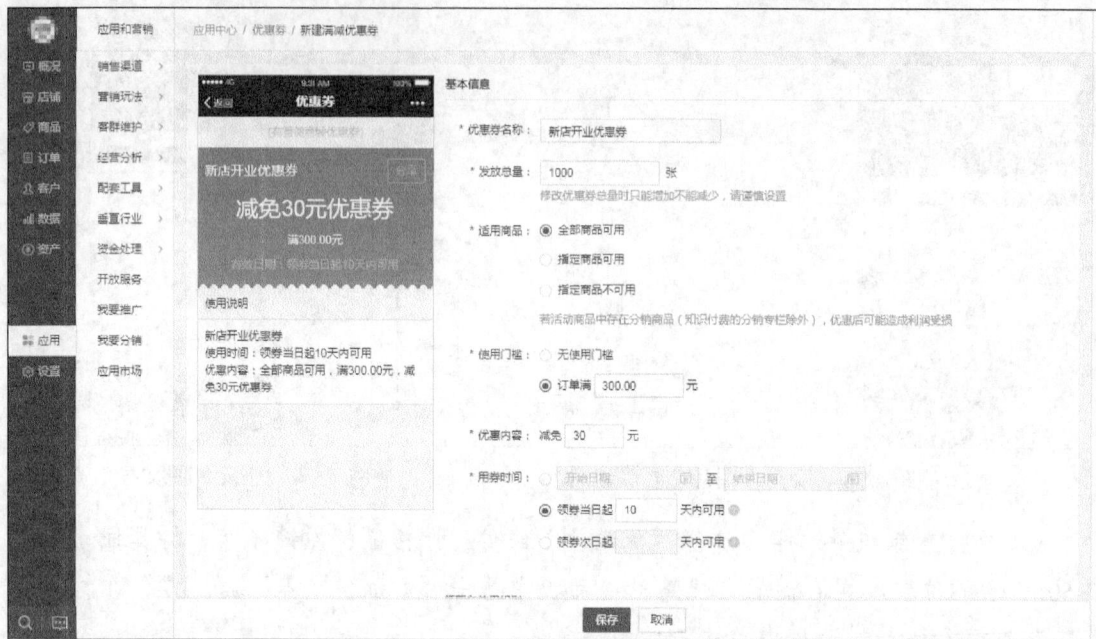

图 7-62　设置优惠券的内容

⑧ 返回"选择优惠券/码"对话框，单击"刷新"超链接，选中新建的优惠券选项，单击 确定(1) 按钮，如图 7-63 所示。

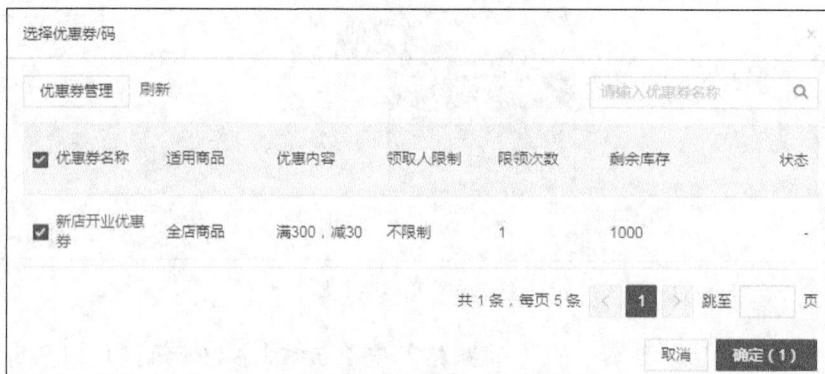

图 7-63　选择新建的优惠券

⑨ 调整"优惠券"组件下方单张的"图片广告"组件的位置，如图 7-64 所示。在右侧的"图片广告"面板中更换图片，然后单击"选择跳转到的页面"超链接，在打开的下拉列表框中选择"商品/商品及分组"选项。

⑩ 在打开的对话框中切换到"已上架商品"选项卡，选中已上传的商品选项，单击 确定 按钮，如图 7-65 所示。按照相同的方法添加相应组件，更换其他图片并设置跳转页面，单击 上架 按钮即可完成店铺装修的操作。

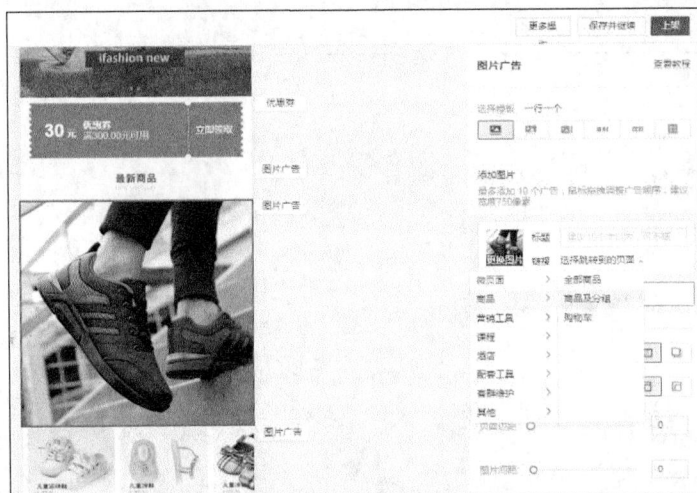
图 7-64 设置"图片广告"组件

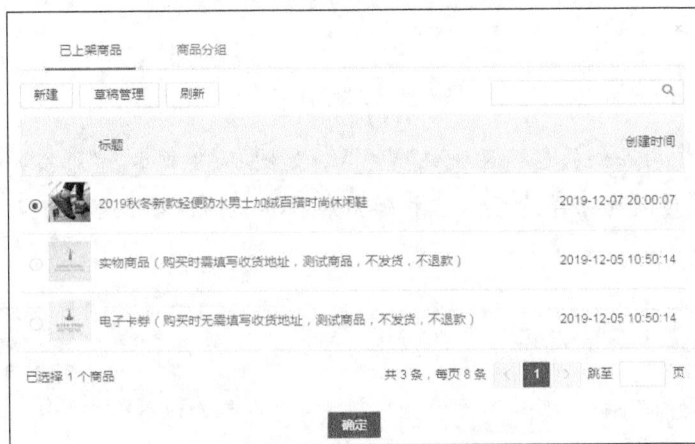
图 7-65 设置跳转到已发布的商品

5．营销推广

网上店铺要想取得好的销量，店铺的营销与推广是关键，掌握适当的营销和推广方法对于如今的网上店铺运营是必要的。有赞微商城为商家提供了丰富的营销推广渠道和工具，下面从商品推广、店铺推广和销售渠道这 3 个方面进行介绍。

（1）商品推广

进入店铺的管理后台，选择"商品/商品管理/商品管理"选项，打开"商品管理"页面，其中可看到发布到店铺中的商品，在"操作"栏中单击"推广"超链接即可对商品进行推广，包括使用商品二维码和商品链接这两种推广方式，如图 7-66 所示。

- **商品二维码**｜商品二维码包括 3 种二维码类型："直接购买商品"是指消费者扫描二维码后直接进入商品购买页；"关注后购买商品"是指消费者扫描二维码关注微信公众号后可购买商品，要想获得该类型的二维码，需要商家关联微信公众号；"创建一个优惠二维码"需要商家先设置"购买方式"和"优惠方式"，如图 7-67 所示，然后消费者扫描二维码将获得相应的优惠并进入商品购买页面。

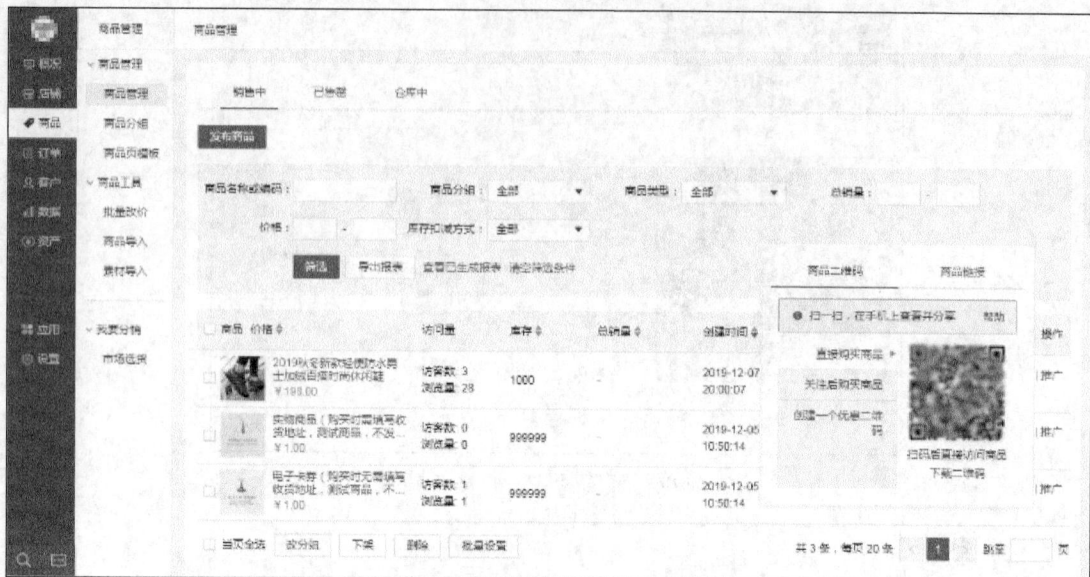

图 7-66　商品推广

- **商品链接**｜商品链接包括两种链接样式，如图 7-68 所示。"商品页链接"是指消费者单击分享的链接访问商品详情页；"直接弹出购买界面的链接"是指消费者单击分享的链接访问商品购买页。

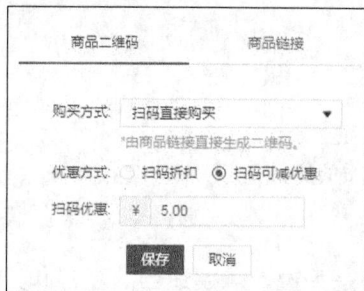

图 7-67　设置商品优惠信息

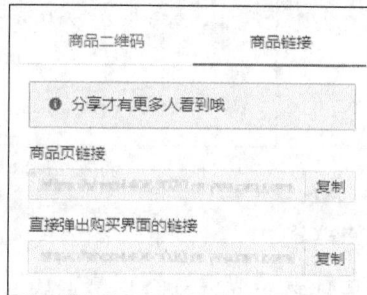

图 7-68　商品链接复制页面

（2）店铺推广

进入店铺的管理后台，选择"店铺/店铺管理/移动店铺"选项，打开"移动店铺"页面，系统默认显示"店铺主页"选项卡所在页面，该页面显示了店铺的推广入口，如图 7-69 所示。在"店铺主页"页面中单击 立即推广 按钮，在打开的对话框中商家可通过复制 H5 推广链接、下载完整海报或二维码对店铺进行推广，如图 7-70 所示。另外，"店铺主页"页面还为商家提供了"有赞精选""供货商""有赞广告""爱逛直播"这 4 种主要的推广渠道，选择相应的选项，按照提示进行操作即可入驻相应的推广平台。其中："有赞精选"是有赞微商城为消费者提供的移动购物电商平台，入驻该平台后消费者可在有赞精选平台上访问商家的店铺；"供货商"是指有赞供货商平台，入驻该平台后，商家可邀请其他商家来帮助自己分销商品；"有赞广告"是有赞微商城为商家提供的广告投放平台；"爱逛直播"是有赞微商城为商家提供的直播平台，能帮助商家直播卖货。

图 7-69　"店铺主页"页面

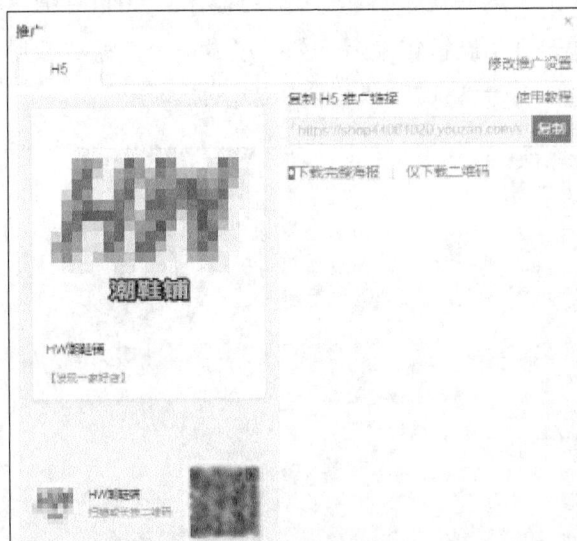

图 7-70　店铺推广

专家指导

　　商家在移动端也可以快速、方便地进行店铺推广，其操作方法为：在店铺的管理后台点击"店铺管理"按钮 🔓，打开"店铺管理"页面，如图 7-71 所示。在"店铺管理"页面中，点击"店铺二维码"按钮可在打开的页面中分享店铺二维码，如图 7-72 所示。在"店铺管理"页面点击"推广店铺"按钮可分享店铺链接，如图 7-73 所示。

图 7-71　"店铺管理"页面　　　图 7-72　分享店铺二维码　　　图 7-73　分享店铺链接

（3）销售渠道

进入店铺的管理后台，选择"应用/销售渠道"选项，打开"销售渠道"页面，其中可看到有赞微商城提供的销售渠道，如图 7-74 所示。在"销售渠道"页面中选择相应的选项，按照提示进行操作即可拓展销售渠道，如关联微信公众号或微博账号，生成微信小程序或百度小程序、入驻"有赞精选""供货商"平台等。

图 7-74　"销售渠道"页面

以关联微信公众号为例，在"销售渠道"页面中选择"微信公众号"选项，在打开的页面中单击 我有微信公众号，立即设置 按钮，如图 7-75 所示。在打开的页面中使用微信公众号绑定的管理员个人微信扫描二维码，在移动端上授权关联微信公众号，然后可在有赞微商城的后台编辑微信公众号的图文信息，最后向目标用户推送信息，如图 7-76 所示。

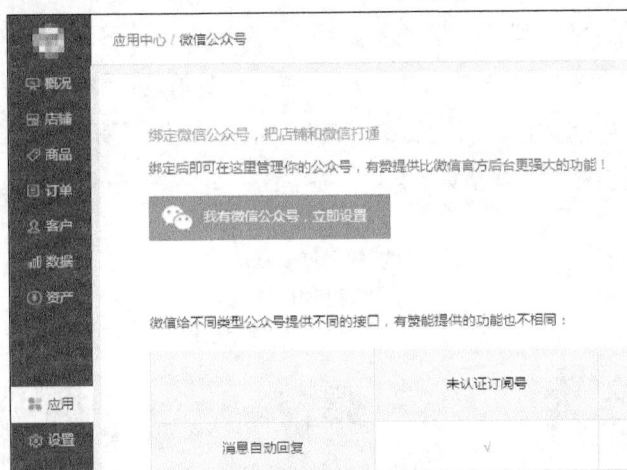

图 7-75　关联微信公众号

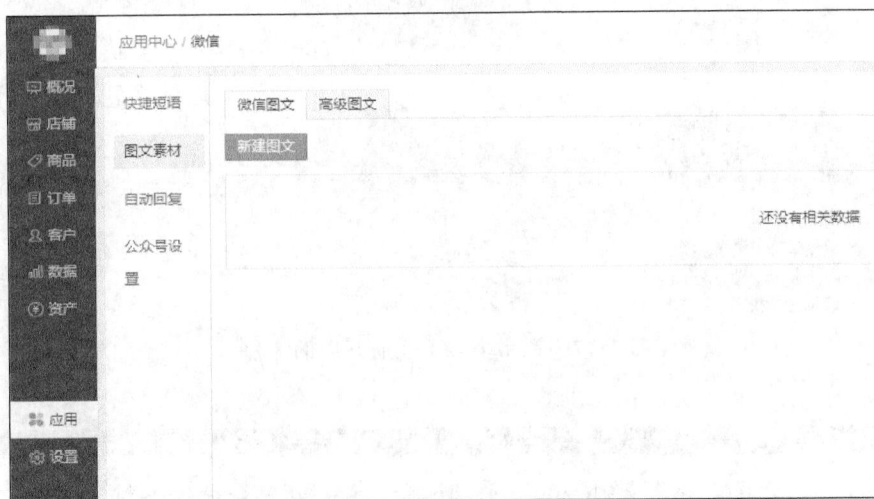

图 7-76　微信公众号图文编辑页面

▶▶▶ 7.2.2　拼多多运营

拼多多创立于 2015 年，是一家拥有"社交＋电商"模式，致力于为用户提供物有所值的商品和有趣互动购物体验的"新电子商务"平台。基于平台大数据，拼多多会根据用户的喜好与需求，帮助工厂实现定制化生产，持续降低采购、生产、物流成本，让"低价高质"商品成为平台主流。拼多多的成功在于利用微信海量的流量形成低成本用户裂变，抓住三四线及以下城市的用户对高性价比商品需求的痛点，然后找到"爆款"产品来完成销售的闭环。用户看中一件商品之后，可以选择自己开团或者参团，然后通过社交分享邀请更多的好友参团；当在有效时间内达到成团人数后，即可以拼购价购买商品。

目前，个人主体类型可以在移动端下载拼多多商家版注册开店，企业主体类型不支持在移动端注册开店，需要在 PC 端进入拼多多官网注册开店。图 7-77 所示为在拼多多上注册开店的基本流程。

第 7 章　移动商务平台运营

161

与有赞微商城的运营一样，运营拼多多时，商家可以结合移动端和 PC 端对店铺进行管理。商家可在移动端上方便地查看店铺信息，并进行简单的设置（在拼多多商家版的"我的"页面中可以设置店铺头像、店铺名称和店铺描述，操作很简单，这里不再赘述），大部分的设置和操作则需要在 PC 端上实现。

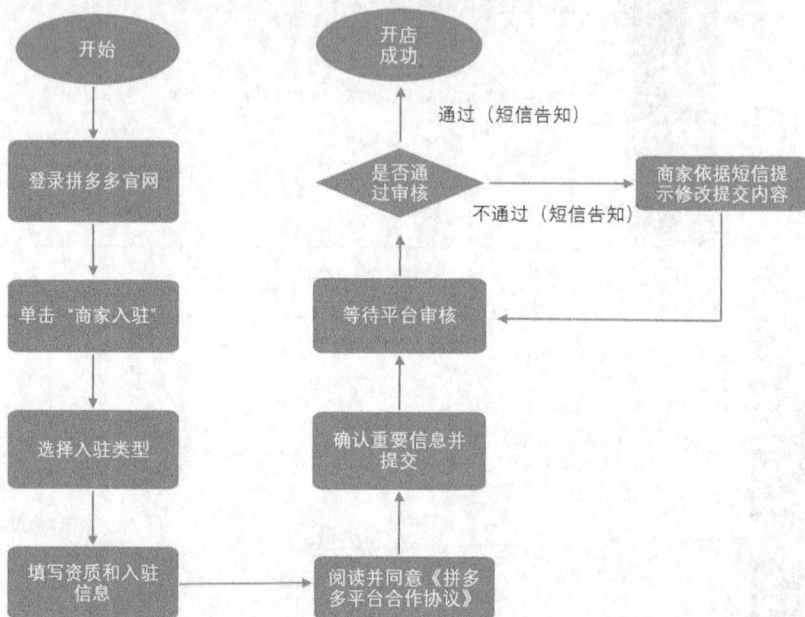

图 7-77　在拼多多上注册开店的流程

专家指导

在拼多多中开设店铺需交纳 2000 元保证金，否则店铺会受到限制。例如：被限制发布虚拟商品及其他需要额外保证金的商品；店铺可用资金少于 300 元时，成团订单总额不能超过 2500 元；成团订单数不能超过 100 单；提现次数不能超过 3 次等。

1. 商品发布

在拼多多中发布商品时，主要会进行"商品基本信息""商品规格与库存""服务与承诺"这 3 部分的设置内容，其中带有*符号的为必填选项，其他选项可根据需要进行设置。

案例 7-4

下面打开拼多多官方网站，使用注册的账号登录店铺的管理后台，发布一款高帮鞋，其具体操作如下。

① 在店铺的管理后台，选择"商品管理/发布新商品"选项，打开"发布新商品"页面，依次选择发布商品的类型，单击 我已阅读以下须知，确认创建该类商品 按钮，如图 7-78 所示。

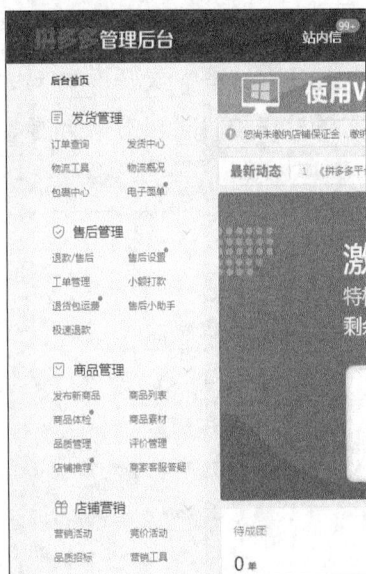

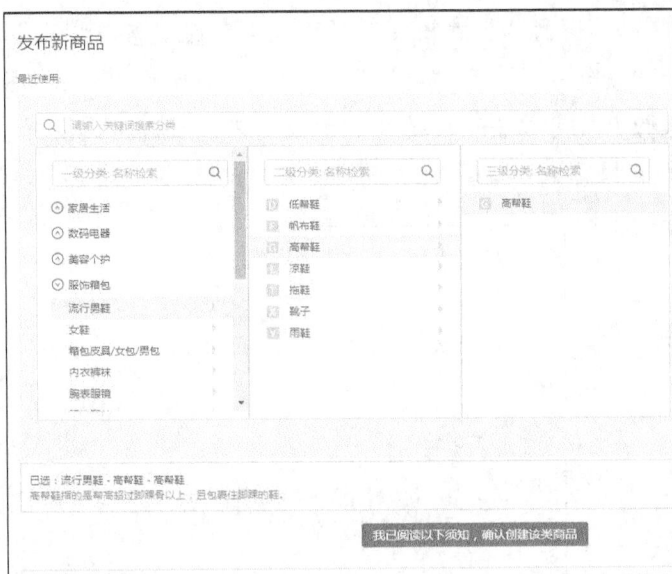

图 7-78　选择发布商品的类型

②　打开"新建商品"页面，填写商品的基本信息，包括"商品标题""商品属性""商品轮播图""商品详情图"等，其中"商品属性"填写得越完整，消费者越能精准地搜索到商品，如图 7-79 所示。

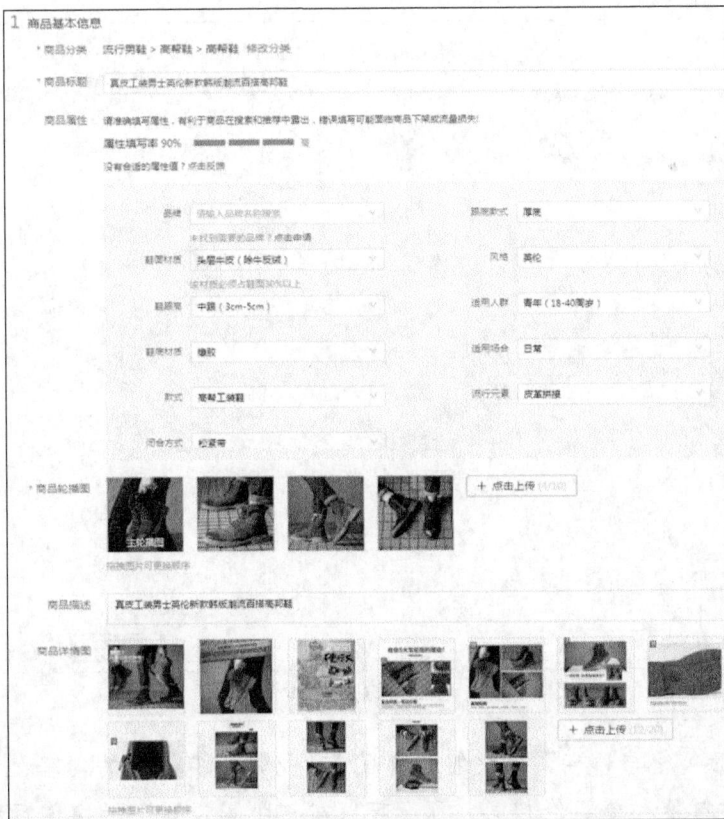

图 7-79　填写商品基本信息

③ 下滑"新建商品"页面至"商品规格与库存"板块，填写"商品规格"栏，包括"颜色分类"和"鞋码"，如图 7-80 所示。拼多多提供的鞋码有欧码、英码和美码，运营人员可单击下方的"添加尺码表"超链接，设置一个尺码对照表，供消费者参考，如图 7-81 所示。

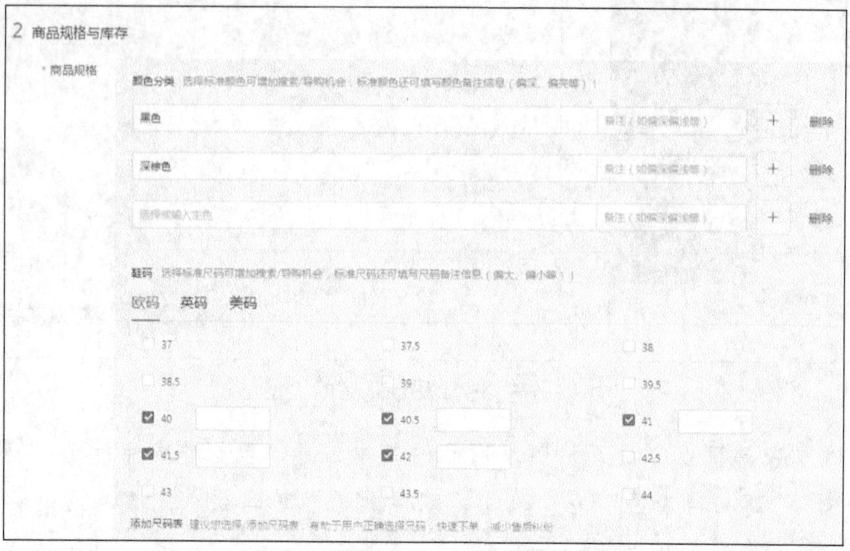

图 7-80　填写"商品规格"栏

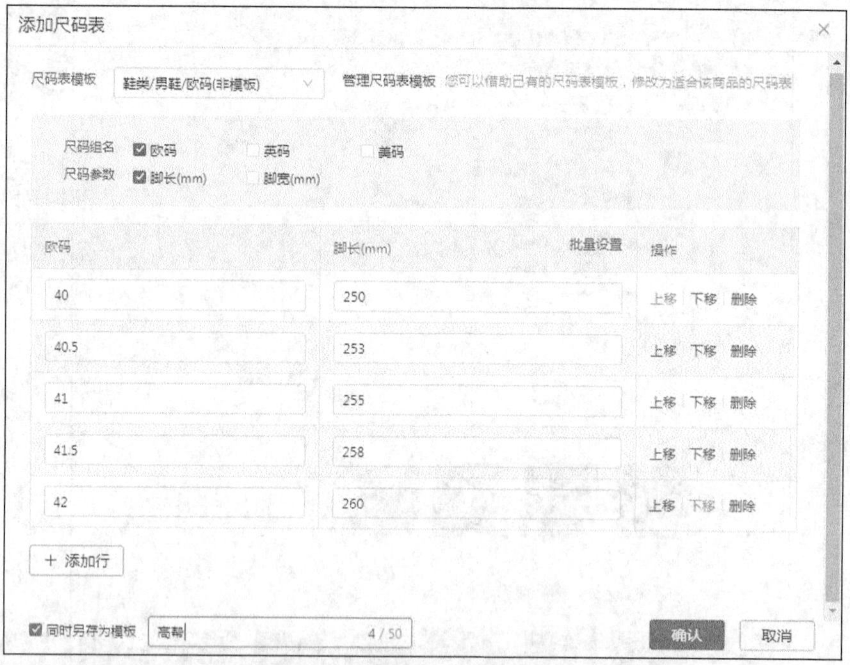

图 7-81　设置尺码对照表

④ 在"商品价格与库存"板块继续填写"价格及库存"栏的内容，如果所有商品规格的库存、拼单价和单买价相同，那么可以在"批量设置"栏中填写相应内容，单击 确定 按钮即可批量填充商品的价格与库存，如图 7-82 所示。

图 7-82 批量设置商品的价格及库存

⑤ 下滑"新建商品"页面至"服务与承诺"板块，填写"服务与承诺"栏，包括"商品类型""是否二手""是否预售""发货时间承诺""运费模板"等信息，完成后单击 提交并上架 按钮发布商品，如图 7-83 所示。如果商品信息填写完整、正确，在打开的页面将显示商品上传成功，如图 7-84 所示，单击 继续发布商品 按钮可继续发布商品，单击 查看线上商品 按钮可查看商品发布效果。

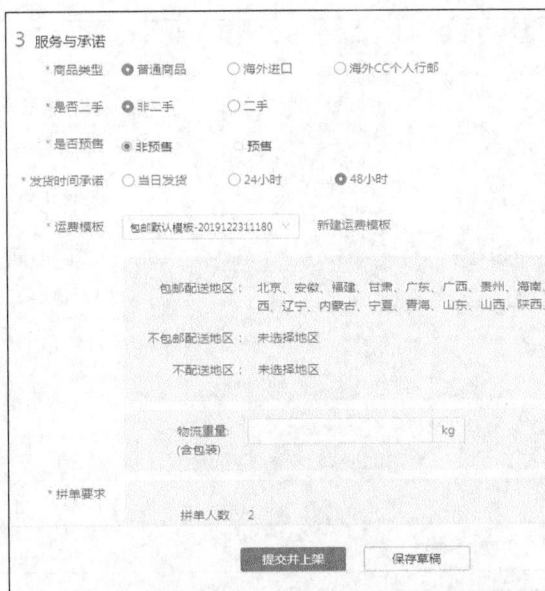

图 7-83 填写"服务与承诺"栏并发布商品

图 7-84 商品发布成功

选择"商品管理/商品列表"选项，打开的"线上商品"页面将显示已发布的商品，在商品栏目中可以查看评价、收藏数、库存、销量等商品信息，并且可对商品进行"修改库存""编辑""下架"等操作，如图 7-85 所示。

图 7-85　查看已发布商品的相关信息

2. 店铺装修

拼多多店铺装修较为简单，主要包括店铺首页、专题页面和店铺公告这 3 方面的内容。运营人员只需要在拼多多提供的框架上进行设置即可。

（1）店铺首页

拼多多店铺首页装修的操作与有赞微商城店铺装修的操作相似。在有赞微商城的店铺中，运营人员可利用各类组件设计店铺页面；而在拼多多中，运营人员可以使用模板设计店铺首页；拼多多的模板和有赞微商城的组件作用相同。

选择"店铺营销/店铺装修"选项，打开"店铺装修"页面，系统默认切换到"店铺首页"选项卡，在其中单击 编辑首页 按钮，打开"编辑首页"页面，该页面包括"拖曳模板""画布区""编辑区"这 3 个组成部分，如图 7-86 所示。

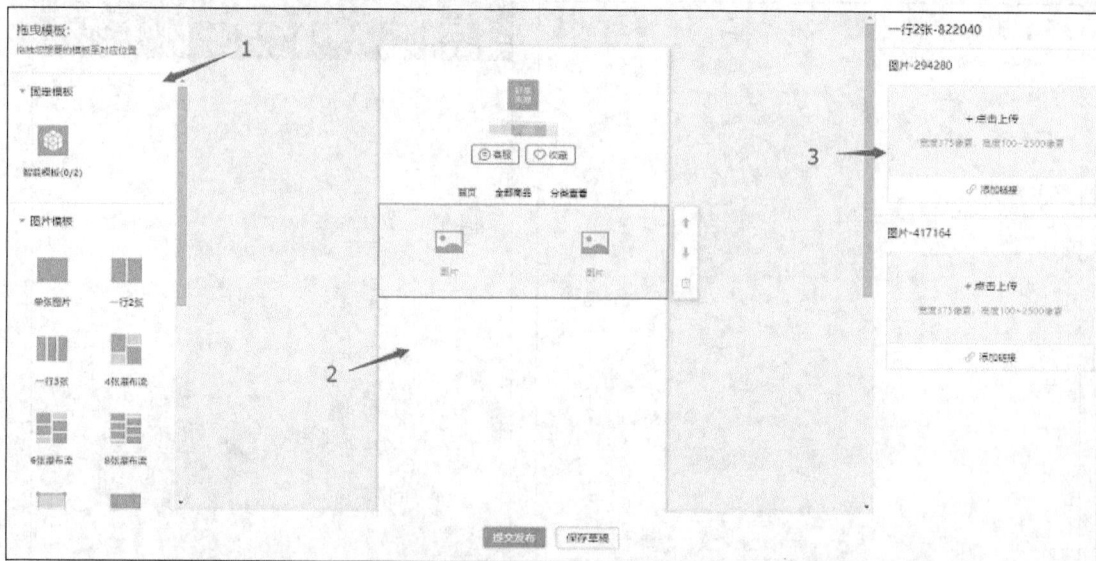

图 7-86　"编辑首页"页面

下面对"拖曳模板""画布区""编辑区"的作用分别进行简要介绍。

- **拖曳模板**｜在"拖曳模板"中，有固定、图片、商品等各类模板。选择目标模块，然后直接将模块拖入中间的"画布区"，即可开始进行店铺首页装修。
- **画布区**｜"画布区"是放置模板的区域，运营人员可以将所需模板添加进来，完成后可以查看装修效果图，提交发布后才能同步至店铺首页。
- **编辑区**｜运营人员可在"编辑区"进行上传图片、添加商品等操作，编辑完后的效果图会在"画布区"展示。

（2）专题页面

专题页面用于创建商品专题，如活动专题、节日专题等。创建专题页面的具体操作如下：选择"店铺营销/店铺装修"选项，打开"店铺装修"页面，切换到"专题页面"选项卡，在其中单击 立即创建 按钮，打开"创建专题页面"页面，运营人员可在其中设置页面标题、添加主题图以及添加商品（至少添加 3 个已发布的商品），如图 7-87 所示。

图 7-87　创建专题页面

需要注意的是，专题页面并不会显示在店铺页面中，成功创建专题页面后，系统将生成专题页面的链接，如图 7-88 所示。此时，运营人员可将店铺首页轮播图链接至专题页面，用于推荐商品专题，或者将专题页面的链接分享至微信朋友圈进行推广。

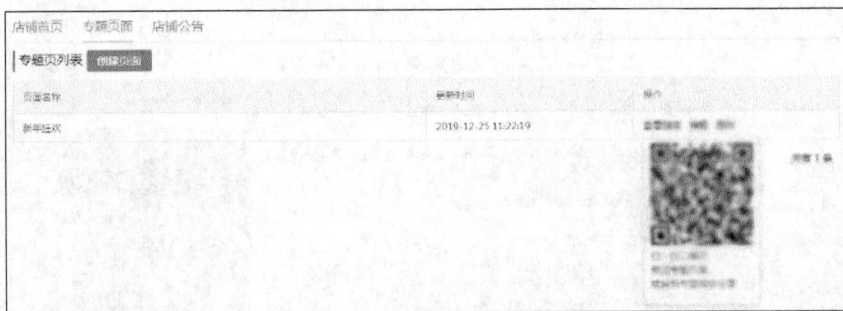

图 7-88　生成的专题页面链接

（3）店铺公告

店铺公告用于设置店铺的公告信息，如新店开张的优惠信息、购物的注意事项、店铺的特色等。选择"店铺营销/店铺装修"选项，打开"店铺装修"页面，切换到"店铺公告"选项卡，在其中单击"编辑"超链接，然后在显示的文本框中输入公告信息并进行提交即可，如图7-89所示。

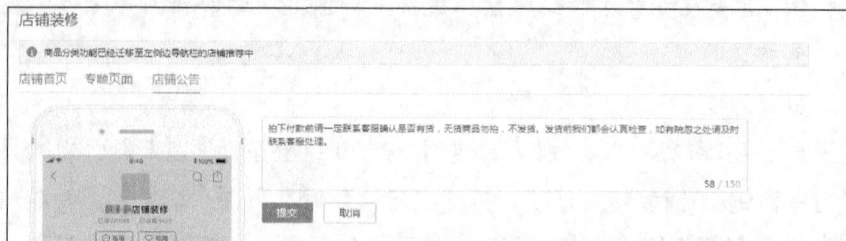

图7-89　设置店铺公告

3. 营销推广

拼多多为商家提供了丰富的营销推广渠道和工具，下面分别对"店铺营销""多多进宝""推广中心"这3个板块进行介绍。

（1）店铺营销

在"店铺营销"板块下，拼多多为商家提供了"营销活动""竞价活动""短信营销""拼单返现"等营销渠道，选择相应选项即可进入对应的设置页面，然后查看详细的规则说明信息，按照提示进行操作即可。以"营销活动"为例，选择"店铺营销/营销活动"选项，打开"营销活动"页面，该页面的上方显示了活动报名的基本条件，下方显示了各种活动场景和活动类型，运营人员可根据不同的活动场景筛选活动类型，再单击活动栏目右侧的 去报名 按钮报名活动，如图7-90所示。

图7-90　"营销活动"页面

在拼多多商家版中点击"我的"按钮👤，进入"我的"页面后，点击页面顶部店铺信息区域，打开"店铺信息"页面，点击"店铺二维码"按钮◉可将店铺二维码分享至微信好友、微信朋友圈、QQ空间等。

（2）多多进宝

多多进宝是拼多多给商家提供的重要的营销工具。商家可以设定一定的佣金比例，吸引推手去帮助商家分享商品链接，实现商品销售和推手获利的双赢。

推手可以理解为拼多多中的"销售人员"，推手的作用是帮助商家宣传、推广商品。要让更多的推手主动为商家的商品进行宣传推广，商家一是要考虑商品在价格上有无竞争力或商品有无销售市场等，二是设置的佣金比例不能过低。当佣金设置得合理并且商品能够获得消费者的喜爱，就能取得好的推广效果。推广生效后，推手可通过"多多进宝"微信公众号或多多客API获取商家推广任务，分享商品链接到自己的微信群和微信朋友圈。如果推手将商品链接推广了出去，那么从消费者点开链接的15天内，不论消费者是从哪个渠道再次进入商品页并进行购买的，商家都要支付佣金（成交价×佣金比率）。此外，成功推广商品后，商家还需向平台缴纳商品佣金的10%作为软件服务费。

多多进宝主要包括两种推广方式，即单品推广和全店推广，下面分别进行介绍。

● **单品推广** | 单品推广用于推广指定的单个或多个商品，佣金比例设置范围为1%～40%。单品推广的设置方法为：选择"多多进宝/推广设置"选项，打开"进宝推广设置"页面，系统默认切换到"单品推广"选项卡，在其中单击 立即开通 按钮；打开"新建商品推广"页面，选择需推广的商品后，在"设置佣金比率"文本框中设置佣金比例，单击 下一步 按钮，如图7-91所示；如果选择了多个商品，可在打开的页面中为每个商品设置不同的推广佣金比例，并且还可以添加优惠券；完成设置后，单击 确认 按钮即可。

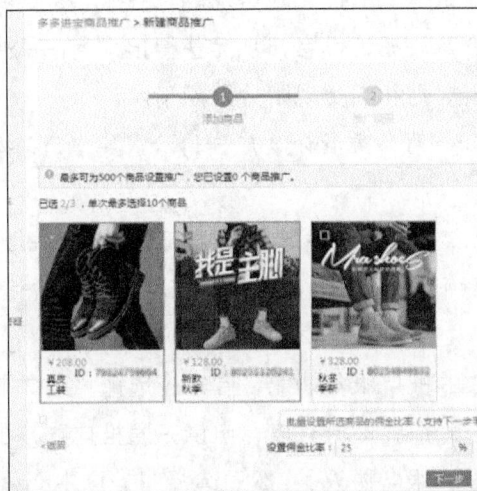

图7-91　设置单品推广

• **全店推广**｜全店推广用于全店商品的推广，佣金比例设置范围为 1%～20%。全店推广的设置方法为：选择"多多进宝/推广设置"选项，打开"进宝推广设置"页面，首先切换到"全店推广"选项卡，在打开的页面中单击 立即开通 按钮；然后在打开的页面中设置全店推广佣金比率和全店推广优惠券，完成后单击 提交 按钮，如图 7-92 所示。

图 7-92　设置全店推广

（3）推广中心

推广中心是拼多多为商家提供的推广服务功能，俗称"拼多多直通车"。商家可以通过设置关键词出价和商品出价参与竞价排名，从而获得推广商品的展示机会。提升店铺销量及交易额。推广服务的排名规则和扣费规则分别如下。

• **排名规则**｜综合排名=商品质量分×广告出价。其中商品质量分与商品销量、点击率等因素相关。

• **扣费规则**｜按单次点击扣费。推荐场景下商品单次点击按商品点击价扣费，搜索场景下商品单次点击按关键词出价扣费。同一个买家对同一个推广商品的多次点击只记一次。

商家要想使用推广中心的推广服务功能，首先应选择"推广中心/推广账户"选项，在打开的页面中申请开通推广账户并进行充值，申请开通推广账户的基本条件是缴纳店铺保证金并签署《拼多多店铺推广服务协议》；然后选择"推广中心/推广计划"选项，创建推广计划。创建推广计划包括以下 4 个步骤。

（1）设置推广信息，包括设置计划名称和消耗上限。消耗上限默认为不限，但为了账户安全，单日消耗超过 9999 元后，系统将自动停止推广计划。商家也可自定义消耗上限，最低为 100 元。

（2）首先选择需要推广的商品，一般有成交基础、性价比高的商品，对买家更有吸引力。同时，可选择多种类型的商品，以满足不同类型买家的需求，且相同类型的商品每类选择 1～3 款即可。然后，填写商品点击价格（商品点击价格为拼多多推荐场景下的广告位的点击付费单价，价格范围在 0.1～99 元）。

（3）根据关键词在拼多多客户端被用户搜索的热度，系统将为推广商品推荐最多 50 个关键词。商家可选择相应的关键词，并设置关键词出价（关键词出价是搜索关键词展示结果的点击付费单价，关键词出价范围在 0.1～99 元）。

（4）确认推广计划的各项信息后即可点击发布。推广账户余额充足的情况下，点击发布后平台将立即开始推广。

选择"推广中心/推广概况"选项，在打开的"推广概况"页面中，可查看推广信息的展示量、点击量、账户余额和单日消耗金额，以及推广商品、店铺因投放广告产生的交易额等数据。

专家指导

选择"商家服务市场/服务市场"选项，在打开的"服务市场"页面中有很多第三方平台的营销推广工具，商家可根据具体情况付费使用。另外，选择"售后管理/售后设置"选项，在打开的"售后设置"页面中可添加售后联系电话，降低售后纠纷率。售后电话将显示在商品订单详情页，消费者可通过该电话号码咨询商品售后问题。

7.3 实战训练

本章主要对常见社交平台运营的相关知识和操作进行了讲解，并以有赞微商城和拼多多为例介绍了电商平台运营的相关知识和操作。本章的实战训练要求在有赞微商城上创建一个女装店铺，并利用微信朋友圈发布商品的推广信息。

▶▶▶ 7.3.1 实战目标

本次实战训练的目标主要包括以下几个。

- 熟悉电商平台上的运营思路。
- 掌握在电商平台创建和认证店铺的方法。
- 掌握在有赞微商城中发布商品的方法。
- 掌握在有赞微商城中装修店铺的方法。

- 掌握使用微信个人号推广店铺的方法。

▶▶▶ 7.3.2　实战要求

在有赞微商城中创建店铺并以个人类型进行主体认证；在店铺中发布一件商品，然后使用"女装-风格2"模板对店铺进行装修，要求添加"商品搜索"和"优惠券"组件；下载店铺的二维码，然后在微博和微信个人号的朋友圈发布包含店铺二维码的推广信息。本例店铺页面和微信朋友圈的推广信息的参考效果分别如图7-93、图7-94所示。

图 7-93　店铺页面的参考效果

图 7-94　微信朋友圈的推广信息参考效果

▶▶▶ 7.3.3　实战步骤

本实战的主要操作如下。

① 下载有赞微商城 App，注册账号并创建店铺，店铺名称参考"美丽衣橱""优品女装""佳人服装""梦依莲""衣姿独秀"。

② 在 PC 端登录店铺的管理后台，选择"设置/店铺信息/店铺信息"选项，打开"店铺信息"页面，单击"主体信息"栏中的"立即认证"超链接进行主体认证。

③ 选择"商品/商品管理/商品管理"选项，在打开的"商品管理"页面中单击 发布商品 按钮进行商品发布。本例提供了商品素材图片（配套资源：素材\第 7 章\女装商品发布素材），供练习使用，读者也可以使用自己搜集的商品图片。

④ 选择"店铺/店铺主题/店铺模板"选项，应用"女装-风格2"模板，然后修改店铺页面的组件（配套资源：素材\第 7 章\女装店铺装修素材）。

⑤ 选择"商品/商品管理/商品管理"选项，打开"商品管理"页面，在发布商品的"操作"栏中单击"推广"超链接，创建一个优惠二维码，优惠内容为"扫码购买立减

20 元"。

⑥ 在微信朋友圈发布包含商品二维码的推广信息（可以将微信个人号的昵称设置为"店铺名称+姓名"的格式）。

7.4 课后练习

一、简答题

1. 简述不同社交平台的运营有什么共同点。

2. 如果运营头条号来实现农产品的营销变现，你将如何对头条号进行定位？

3. 如果使用微信个人号销售化妆品，你将怎样设计昵称和头像？

4. 在有赞微商城中，商品链接推广和商品二维码推广中哪种推广方式更有效？

5. 在拼多多中，使用多多进宝进行全店推广，应怎样设置佣金比例？

二、操作题

1. 在微博中查看热门话题，并参与到话题中，利用该方式提高自己微博账号的知名度。

2. 以转发集赞的方式，在微信朋友圈发布一条新颖、有趣的女鞋广告，并和参与活动的用户进行互动。

3. 注册头条号，以当前的热门新闻为主题，撰写并发布一条微头条，并回复参与评论的用户。

4. 首先在有赞微商城中创建个人类型的店铺并认证主体信息，然后发布商品并装修店铺，最后通过移动端分享店铺二维码。

5. 首先在拼多多中创建店铺，发布 3 件商品并装修店铺首页，然后开通全店推广并在此基础上设置单品推广，最后再通过移动端分享店铺二维码。

第8章
移动商务数据运营

本章简介

随着大数据时代的到来与大数据的应用，数据运营已经成为一种流行的商务模式，被越来越多的企业和个人使用。数据运营离不开数据分析，数据分析是通过正确、有效的方法对采集的数据进行各种分析，并提取有用信息来得出结论，这些建立在有效数据基础上的分析结论将有助于移动商务的运营。

本章首先介绍数据运营的概念、数据运营的条件、数据运营的目的、数据的获取及数据运营的依据等基础知识，然后介绍 App、第三方平台和网店这 3 个层面的数据分析指标，最后介绍数据运营的分析方法和分析工具。

学习目标

| 了解数据运营概述
| 掌握数据运营的分析指标
| 掌握数据运营的分析方法
| 掌握数据运营的分析工具

8.1 数据运营概述

数据运营并不是移动商务出现后才出现的，它一直存在于各种商务活动中。对需要处理更加庞大数据量的移动商务行业，数据运营的重要性体现得更为明显。下面先来了解移动商务数据运营的基础知识。

8.1.1　数据运营的概念

狭义的数据运营是整个运营体系的分支，数据运营以大数据为基础，将运营的各个环节数据化，通过对数据的收集、整理和分析等实现运营目的，为企业提供决策支持，支撑整个企业的运营体系往精细化运营方向发展。与传统运营相比，数据运营的效率更高、作用更大、结果更准确。

8.1.2　数据运营的条件

数据运营可以帮助运营人员在运营流程中自始至终都心中有数、有的放矢，还可以帮助运营人员细分受众、监控营销各个环节、预测营销效果等，因此越来越多的企业和个人开始实行数据运营管理。企业想要实行数据运营管理，需要具备以下几方面的成熟条件，才能真正让数据在运营过程中起到更大的作用。

- 企业有精细化运营的迫切需求。
- 企业决策层始终倡导并持续支持数据化运营策略。
- 有企业级的海量数据存储环境。
- 能够使用数据分析和数据挖掘技术对数据进行有效应用。

8.1.3　数据运营的目的

数据运营是有明确目的的行为。这个目的可以是短期的、一次性的，也可以是长期的、周期性的。因此在进行数据运营之前，必须先确定一个明确的目标。根据数据运营场景的不同，可以将数据运营的目标进行分类。

1. 以某一具体指标为目的

以某一具体指标为目的的数据运营，其目标往往是短期的或一次性的，一般针对的是能通过分析数据找到刺激用户的情景，以求在短期内实现数据指标量级上的提升。例如，以一周内新增用户达到 10 万、活跃率达到20%、留存率达到30%、转化率达到4%为目标进行数据运营，都属于典型的以某一具体指标为目的。

2. 以发现问题并解决问题为目的

以发现问题并解决问题为目的数据运营非常普遍。例如，发现访问量出现断崖式下降，就会以解决此问题为目标来进行数据运营，以查明为什么访问量会突然快速下降，并尽快将问题解决。

3. 以发现潜在方向为目的

在大数据时代的背景下，大数据产品的出现往往实行的是"发现并分析用户需求，进而衍生出解决用户需求的产品"这种模式。通过数据运营，运营人员可以发现很多用户没有显示出来的问题和痛点，进而发现潜在的用户需求和产品方向。

4．以掌握产品生态为目的

掌握产品生态指的是将数据运营应用到日常工作流程中，使其成为日常工作流程中的一部分，这也是开展数据运营的企业或个人的最终目标。这样运营人员便可通过数据沉淀、数据分析来全面且准确地了解产品的用户群、用户分类等情况，对用户进行精细化运营。同时，掌握了产品生态，就能更好地了解产品生态的上下游情况，如上游用户获取情况、下游用户的转化和分发情况等。对平台类产品或需要上下游业务支撑的产品来说，数据化运营对产品后期的规划、发展也有很大的价值。

▶▶▶ 8.1.4 数据的获取

电商产品在上线后会不断积累、沉淀用户的注册、登录、使用等各个维度的数据。运营人员在数据获取阶段就需要采集这些数据，并对数据进行处理，使其达到可以可用于数据分析的程度。

1．数据采集

对 App 而言，数据的来源主要有两种：一种是通过数据埋点提取数据字段；另一种则是通过用户使用日志文件分析用户数据及用户行为。

对第三方平台和网店而言，数据来源可以通过平台的后台数据分析工具获取，也可以通过专业的数据分析工具获取。

专家指导

数据埋点一般有两种方式：一是在产品设计阶段提交相应需求，由研发团队在设计底层数据模型时，将在产品上线后需要特别注意的数据字段进行标识；二是通过第三方统计平台来统计用户的行为数据。

2．数据处理

采集到的数据一般都需要经过处理才可用于数据分析。对采集到的不规范数据，可以进行清洗；如数据存在缺失，可以进行补充；存在多余数据时，则需要进行删除；对数值性数据，则需要考虑对单位进行处理等。

另外，采集的原始数据与数据分析所需要的数据这两者的维度可能会有所不同。例如，采集到的原始数据是按照天进行汇总的，但是数据分析需要按月汇总，那么在进行数据分析前，就需要将数据按月汇总，这个过程就是对数据的处理。

▶▶▶ 8.1.5　数据运营的依据

运营人员需要掌握数据运营的主要依据，即数据分析是长期追踪的过程、数据需要多维度分析和处理。只有长期追踪和多维度地分析和处理数据，才能得到更准确的分析结果。

1. 数据分析是长期追踪的过程

数据需要通过积累和沉淀才能更加准确地让运营人员发现和解决问题。单一的数字没有任何意义，只能称为数值。例如，一个网店今天的访问量是 5000、转化率为 3%、成交额为 15000 元，这些数据是好还是不好，是增长还是下降，单一来看是不能界定的，只有放到近 1 周、近 1 月甚至是近 1 年的数据中组成一定的趋势去研究，才能真正找到问题。因此，从这个意义上来看，追踪的本质就是通过趋势来处理数据。

虽然目前许多移动商务平台都发布了成熟的后台数据处理工具或利用第三方数据分析工具，这些工具能够支持一定的数据追踪，但这还远远不够。运营人员如果需要利用数据运营的管理方式来经营，就应该把所有数据都记录下来，保存到自己的数据库中，建立不同的数据维度和追踪机制来分析和处理数据。

2. 数据需要多维度分析和处理

因为所有移动商务的核心数据在一段时间内兼具偶然性和关联性的特性，单独利用一个维度来追踪一个数据会显得比较片面，严重时会导致结论出错。所以处理数据一定要使用多个维度一起分析。例如，转化率和流量一般呈负相关关系，流量猛涨，转化率就会降低。假如在分析转化率为什么降低时，发现流量并没有快速上涨，此时就无法找到问题所在。如果结合其他维度，如分析"客单价"这个指标，就可以发现，在流量基本保持在同一水平的情况下，由于客单价有所提升，进而导致了转化率有所降低。

> **专家指导**
>
> 数据偶然性指某一阶段的数据并不能完全反映出店铺的整体真实情况，如拿活动期间的访问量来说明店铺的整体访问量，自然得到的结果就虚高。数据关联性是多维度的一种体现，电商经营活动中的大部分数据指标都具有关联性，因此多维度地结合其他分析数据非常有必要。

8.2　数据运营的分析指标

数据运营，数据是运营的基础和核心。因此，运营人员需要清楚应该收集、整理、分析哪些数据指标。一般，移动商务运营平台包括 App、第三方平台（如微信公众号、今日头条等）和网店，下面将从这 3 个层面介绍数据分析的常见数据指标。

▶▶▶ 8.2.1　App 数据分析

企业如果自己开发手机 App 来开展移动电商业务，那么无论是 App 产品的功能迭代还是运营活动的推广评估等都需要数据指标去衡量，去解答"哪些用户在用这款 App""用户是否喜欢用这款 App""用户是否经常使用这款 App""哪些渠道带来的用户质量更高"等问题。App 数据分析主要包含五大维度，即用户规模分析、用户参与度分析、渠道分析、功能分析、用户属性和画像分析。

1．用户规模分析

对用户规模进行分析能够检验产品定位和运营对用户与市场的判断是否正确，用户规模能够较为直观地展现有意向使用 App 的用户量。App 用户规模常见的基础指标包括用户总量、新增用户、留存用户和活跃用户。

- **用户总量**｜用户总量指所有 App 用户的数量总和。通常，一款 App 的下载量远大于安装量，安装量又大于注册用户量，注册用户量大于活跃用户量，活跃用户量又大于付费用户量。我们这里所说的用户总量是指安装并注册了的用户数量。虽然，下载量对 App 很重要，但有的有千万下载量的 App，其注册用户量可能只有几十万，所以统计 App 注册用户量更有实际意义。

- **新增用户**｜新增用户是指统计周期内的新用户数量，按照统计时间跨度的不同可分为日、周、月新增用户。新增用户主要用于衡量这款 App 产品在一定时期内的推广效果。新增用户占比较高，说明推广效果较好。

- **留存用户**｜很多企业为了提高用户量，常采用安装注册 App 送奖品、发红包等较为有效的方式来推广 App，但是很多用户在获得红包和奖品后，会直接将 App 卸载。留存用户就是指没有在安装后就马上卸载 App 的用户，该数据主要用来监控统计时间内新增用户的留存情况，如次日留存、7 日留存、30 日留存等。留存数据能够展现用户与 App 的契合度。App 早期的用户留存数据能够展示 App 在市场的生存能力，留存率（留存用户占新增用户的比例）越高，App 的生存能力越强。

- **活跃用户**｜活跃用户指在统计周期内启动过 App 的用户，此外，我们也可以将活跃用户定义为统计周期内操作过产品核心功能的用户。活跃用户是客观衡量一款 App 价值及用户质量的核心指标。根据不同统计周期，活跃用户数可以分为日活跃用户数（Daily Active Users，DAU）、周活跃用户数（Weekly Active Users，WAU）、月活跃用户数（Monthly Active Users，MAU）。通常，新闻类 App、社交类 App 等人们高频使用的应用，其产品的关键绩效指标（Key Performance Indicator，KPI）均为日活跃用户数。而对某些低频消费需求的应用，如旅游类 App、摄影类 App 等，可能会关注月活跃用户数，甚至更长时间周期内的活跃用户数。

除了上述基础指标，还有一些围绕基础指标扩展的指标，如本周回流用户、连续活跃用户、忠诚用户、近期流失用户等。本周回流用户指上周未启动过应用，本周启动应用的用户；连续活跃用户一般指连续活跃两周及以上的用户；忠诚用户一般指连续活跃5周及以上的用户；近期流失用户指连续 N 周（一般 $1 \leqslant N \leqslant 4$）没有启动过应用的用户。

2. 用户参与度分析

用户参与度用于衡量用户 App 使用深度和用户黏性，主要包括每日启动次数、每日使用时长、访问页面数等指标。

- **每日启动次数** | 每日启动次数指用户每日启动 App 的次数。每日启动次数包含两方面的内容，一是启动次数的总量走势，二是人均启动次数（启动次数总量与活跃用户数的比值）。

- **每日使用时长** | 每日使用时长可以从每日使用总时长、每日人均使用时长和每日单次使用时长等角度进行分析。使用总时长是指用户从启动 App 到关闭 App 的总计时长，人均使用时长是使用总时长与活跃用户数的比值，单次使用时长是使用总时长与启动次数的比值。如果用户愿意每日投入更多的时间使用 App，说明用户非常认可和重视这款 App。

- **访问页面数** | 访问页面数指用户启动一次 App 后访问的页面数。在实际分析中，通常会统计一定周期内的 App 访问页面数的活跃用户数分布，如一天或一周访问 3 个页面以下、访问 3～10 个页面或访问 10～30 个页面的活跃用户数等。同时，可以统计访问页面分布的差异，即哪些页面的访问量大，哪些页面的访问量小，以便优化用户体验。

3. 渠道分析

渠道分析主要是分析不同渠道下，用户数量的变化和趋势，包括新增用户、留存用户、活跃用户、启动次数、使用时长等数据指标。渠道分析用于评估渠道质量，如哪个渠道所获得的用户更多、哪个渠道获得的用户质量更高等，以便优化渠道推广策略。在安卓系统（Android）中，App 的推广渠道包括手机厂商预装、第三方应用商店、广告联盟等。在苹果系统（iOS）中，App 的推广渠道主要是苹果应用程序商店（App Store），实际分析中，统计的是进入苹果应用程序商店的途径的相关数据。

4. 功能分析

功能分析主要分析功能活跃情况、页面访问路径以及转化率等数据。

- **功能活跃情况** | 功能活跃情况主要用于分析 App 的某个功能的新增用户数、留存用户数和活跃用户等数据指标。这些指标的定义与"用户规模分析"的指标类似。只是分析功能活跃情况只关注 App 的某一功能板块，而不是 App 整体。分析功能活跃情况能够有效地对 App 的功能进行优化，合理取舍功能板块。

- **页面访问路径** | 页面访问路径分析主要是统计用户从启动 App 到关闭 App 整个过

程中每一步骤的页面访问和跳转情况，即分析用户是浏览哪些页面访问到当前页面的，然后从当前页面访问了哪些其他页面。用户访问路径是分析用户行为的关键，可用于评估各个页面对销售额的贡献。例如，用户完成 500 元销售额，是从哪个入口或哪个活动带来的。或者，用户在浏览过程中，用户通过哪些页面完成了某商品的选购和成交，本次的访问路径是怎样的。

- **转化率** | 转化率是指进入下一页面的人数与当前页面的人数的比值，运营人员可以通过漏斗分析法来分析 App 中关键路径的转化率，以确定 App 流程的设计、用户体验问题。例如，一款电商类 App 可以从"启动 App—浏览或搜索商品—加入购物车—完成支付"的路径来分析不同路径的转化率，判断关键路径是否存在优化的空间，以提升转化率。

5. 用户属性和画像分析

用户属性分析主要从用户使用的移动终端设备、网络及运营商、地域分布等角度进行分析。移动终端设备分析的维度有机型分析和操作系统分析等，网络及运营商分析指接入移动互联网的方式（如 4G、Wi-Fi 等）和电信运营商（如电信、移动、联通等），地域分布分析主要从不同省市和地区来分析。

用户画像分析包含的内容较多，如性别、年龄、学历、职业、收入、健康诉求、个人兴趣爱好（如听音乐、看电影、健身、养宠物）、商业兴趣爱好（如品牌偏好，对房产、汽车等领域感兴趣）等。

专家指导

通常，认可产品、对产品有一定的忠诚度、能为产品贡献口碑效应，愿意对产品进行消费的用户才是有价值的用户。因此，不要只看用户有多少，而是要重点关注用户的质量和用户的价值。

▶▶▶ 8.2.2 第三方平台数据分析

第三方平台运营关注的数据指标与 App 关注的数据指标的分析维度相似。通常，第三方平台在其管理后台都提供了数据分析工具，方便运营人员查看相关数据并导出数据。例如，登录微信公众号的管理后台，在左侧"统计"栏中单击"用户分析"选项，打开"用户分析"页面，系统默认切换到"用户增长"选项卡，分别单击"新增人数""取消关注人数""净增人数""累计人数"选项，可显示最近 7 天、15 天、30 天的新增人数、取消关注人数、净增人数或累计人数，图 8-1 所示为某微信公众号最近 30 天取消关注人数的趋势图。在头条号后台左侧导航栏中选择"数据分析"选项，在打开的默认页面中可查看某时间段内的数据详情（包括推荐量、阅读量、粉丝阅读量等）和人群分析（包括性别比例和年龄分布），某头条号的数据分析概况如图 8-2 所示。

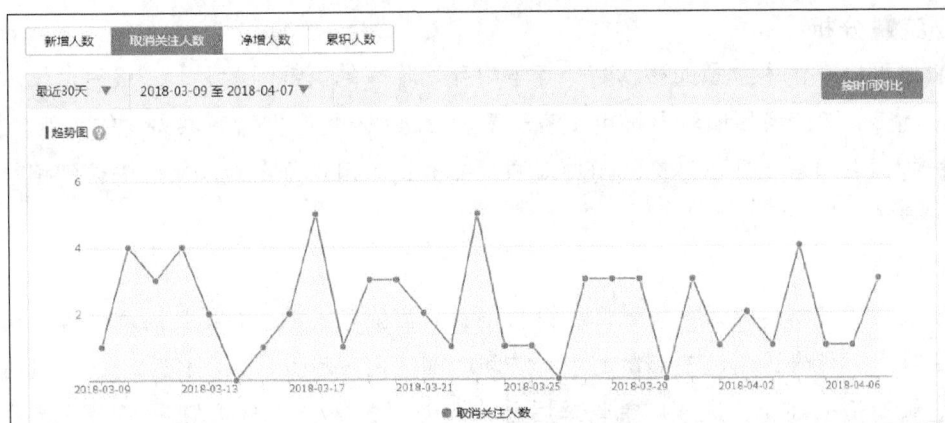

图 8-1　某微信公众号最近 30 天的取消关注人数趋势

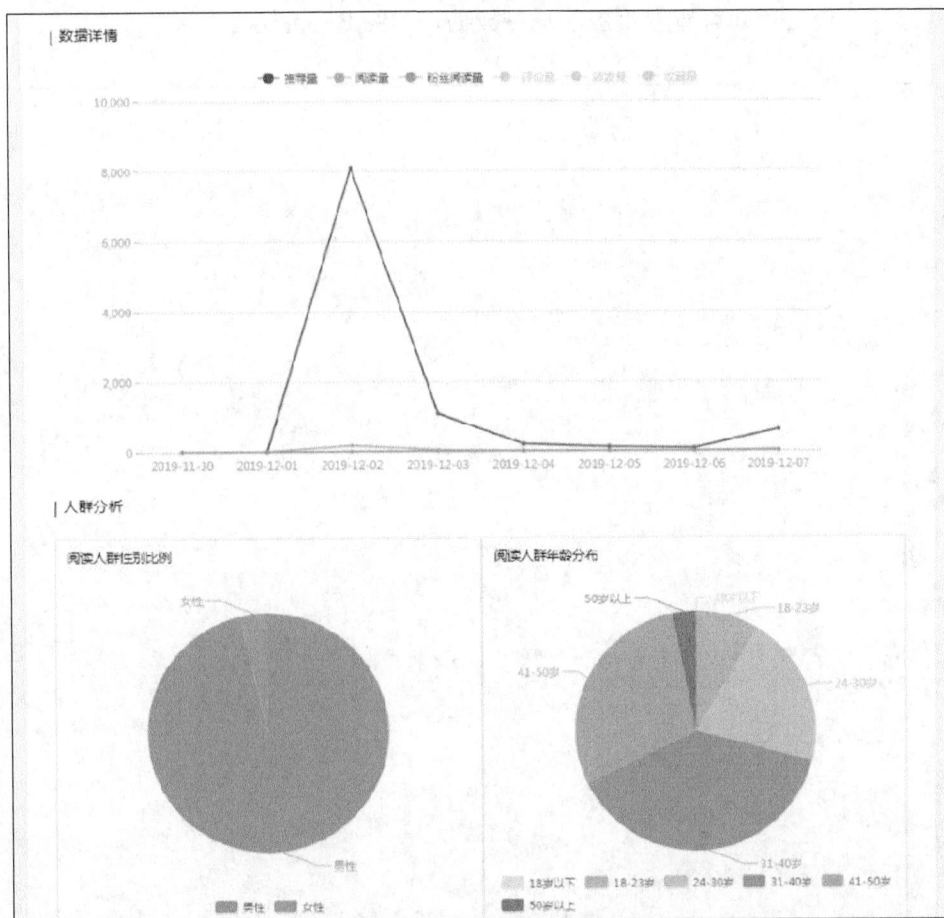

图 8-2　某头条号的数据分析概况

▶▶▶ 8.2.3　网店数据分析

商家对网店的数据进行分析才能做出正确的运营策略。下面主要从流量分析、商品分析和交易分析这 3 方面来介绍网店数据分析的内容。

1．流量分析

流量是网店在竞争激烈的移动商务竞争中存活下来的关键因素之一。没有流量就表示店铺无人问津，即使商品质量再好也无济于事。因此，流量数据是商家关注的焦点。通常，流量分析的重点内容包括访客量、用户来源、关键词、用户分布地区、店内访问路径、不同时段流量等。

（1）访客量

访客量指的是网店的访客数量，店铺有销量的首要条件就是有用户进入店铺。访问店铺的用户越多，代表该店铺的流量越大；访问店铺的用户越少，表示该店铺的流量越小。例如，登录有赞微商城，进入店铺管理后台，选择"数据/流量分析/流量总览"选项，打开"流量总览"页面，在"统计时间"下拉列表框中设置统计时间，包括自然日、自然周、自然月等选项，设置后即可查看相应的流量数据，如图 8-3 所示。

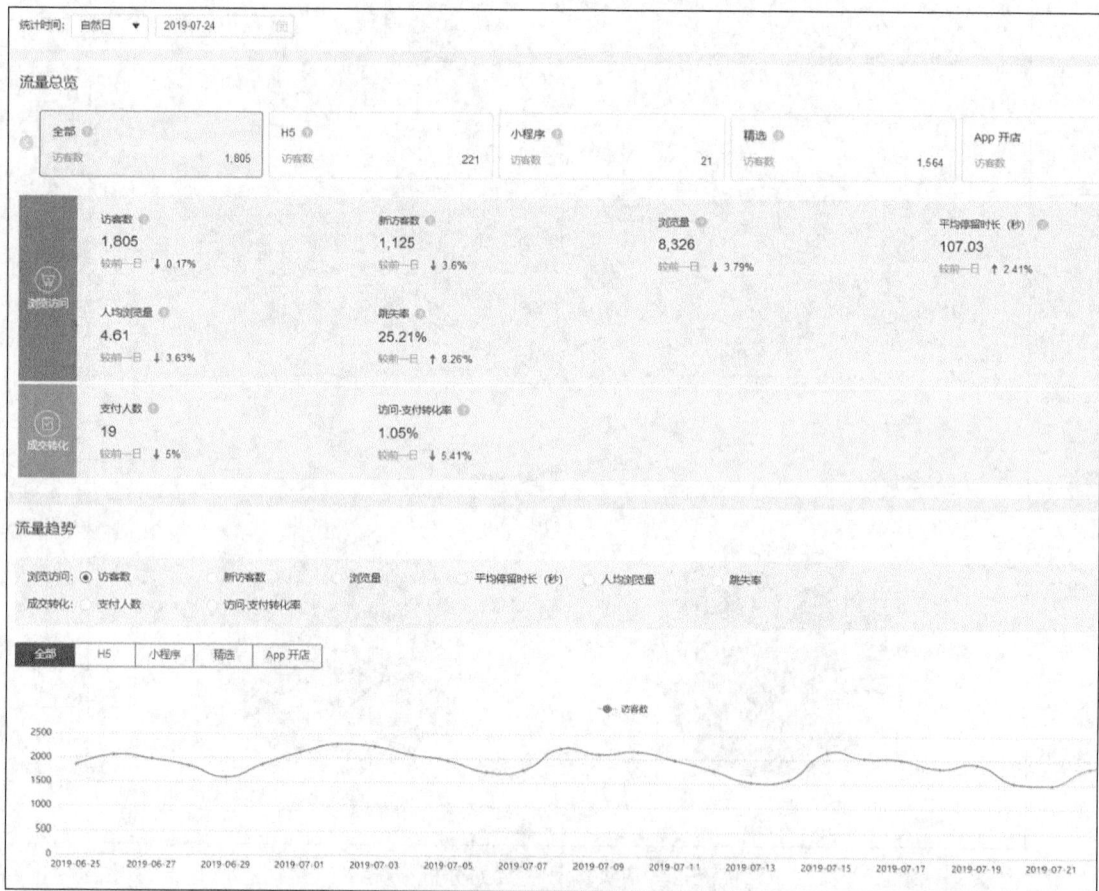

图 8-3　有赞微商城的店铺"流量总览"页面

（2）用户来源

用户来源是指用户进入网店的途径。用户进入店铺的途径较多，且不同开店平台进入店铺的途径也不同，但归纳起来，主要有以下几种类型。

- **直接访问** | 直接访问的用户流量非常稳定并且成交转化率也很高，因为这些用户通常是之前在店铺中已经有过成功的交易经历，因此才会通过店铺或商品收藏、购物车、已购买的商品等渠道直接进入店铺。另一方面，用户会再次进店购物，也说明了他们对店铺中的商品很满意，这时只要商家维护好与这些"老用户"的关系，就会提高这些用户的复购率并且用户会主动将店铺介绍给自己的亲戚朋友，为店铺带来更多流量。

- **搜索进入** | 搜索进入是指用户通过平台的搜索功能和分类导航功能搜索商品进入网店。通过搜索进入的用户流量，是店铺通过关键字优化、主图优化等方式获取到的自然流量，这类流量获取的成本较低，流量的精准度比较高。通常，通过该方式进入店铺的用户有很强的购物意向，但是他们在购物过程中容易受到商品价格、功能、详情页内容等因素的影响，从而影响成交转化率。

- **付费推广引流进入** | 付费推广引流进入是指用户通过付费推广工具或平台进入网店，如通过点击商家在付费推广平台中投放的广告图片进入网店。这类流量精准度高，这种方式容易吸引有相应需求的用户，但会增加获取流量的成本。

- **外部平台引流进入** | 外部平台引流进入是指商家在微信、微博这些外部平台上开展营销推广活动，用户通过商家的分享链接进入网店。通常，这种方式带来的流量的成交转化率不是很高，但是在提升店铺知名度和影响力方面能够发挥巨大的作用。

（3）关键词

关键词分析是针对搜索进入的用户而言，即对用户进行商品搜索时输入的关键词进行统计。当某个关键词占比较高时，说明通过这个关键词搜索商品从而进入网店的用户较多，那么商家在设置商品标题时，就可以包含这个关键词，增加被用户搜索到的可能性。

（4）用户地区分布

用户地区分布分析主要统计用户分布地区、地区用户数量及不同地区的用户比例等数据。不同地区的用户消费习惯和消费水平不同，风俗或气候条件也不同，这些因素都会影响当地用户的购物需求和偏好。例如，一款羽绒服，不同地区的销售情况是不同的，像处于热带的地区根本就没有需求，因此，在分地区投放广告时便可以忽略该地区，否则，会增加营销成本却毫无收获。

（5）店内访问路径

店内访问路径指用户进入店铺后每一步的页面访问和跳转情况，这个数据能够帮助运营人员分析店内哪些页面的访客更多、停留时间更久、流失率更低。例如，登录有赞微商城，进入店铺的管理后台，选择"数据/流量分析/店内路径"选项，打开"店内路径"页面，在其中即可查看用户在店内的访问路径，如图 8-4 所示。其中，每一步下的流量块代表不同的页面类型，面积越大，说明该页面类型的会话数（访问数）越多。将鼠标指针悬停在路径图中的页面类型卡片上，可查看该页面类型在统计时间内的会话数占比、会话平均停留时长、有效会话、流失率。第 1 步与第 2 步中间的线条代表流量的流向。

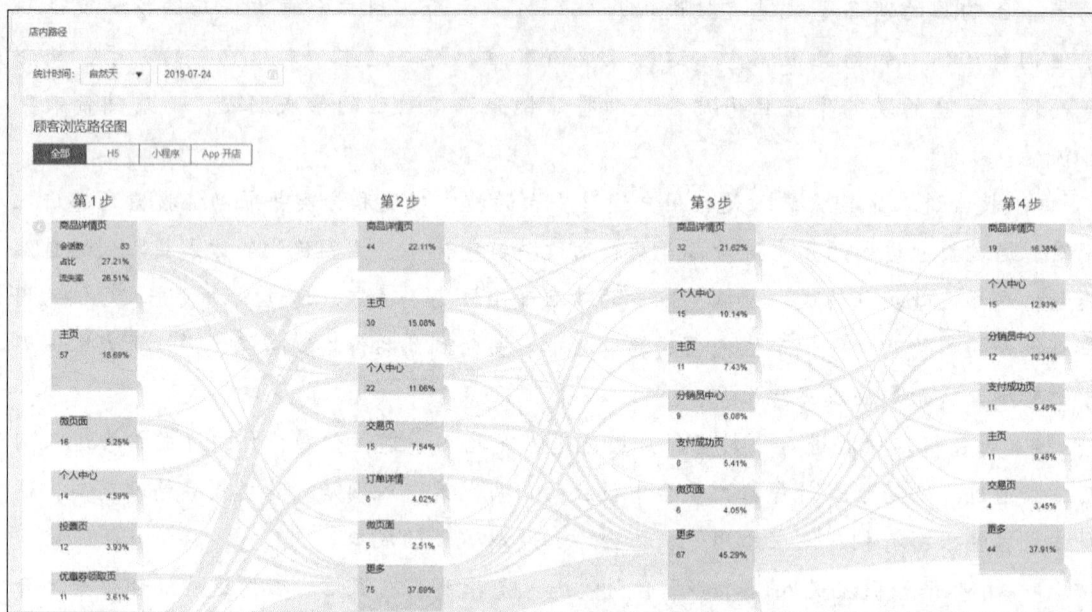

图 8-4　有赞微商城店铺的用户访问深度数据

（6）不同时段流量

不同时段的流量统计是指在每日、每周等时间范围内分析不同时段的网店流量变化。针对不同时段的流量变化，商家可以集中在用户访问网店的高峰期进行商品信息、促销信息的推送，这样会取得比较好的效果。

2. 商品分析

商品销售是一个需要不断完善和优化的过程。商品在不同时期、不同展示位置、不同价格区间，其销量都会有所不同，商家需要根据不同情况进行实时调整。

一般来说，商品销量可以通过访客量、跳失率、收藏率、下单率、转化率、成交件数、成交笔数等数据指标进行分析。

- **访客量**｜访客量是指访问商品的用户数量。商品的访客量越大才越有可能提高销售量。

- **跳失率**｜跳失率是指用户只访问了一个页面就离开的访问次数占该页面总访问次数的比例。例如，有 2 个用户访问了某个商品，但是看了几眼就关掉了页面，跳失率就是100%；而如果其中一个用户访问商品页面后，通过商品页面进入其他页面（首页或其他商品页面），那么此时的跳失率就是50%。如果商品的跳失率很高，最大的可能性是商品页面优化效果、标题、价格、促销信息对用户没有吸引力。

- **收藏率**｜收藏率是指收藏商品的用户数量占访客数量的比例。收藏了商品，就说明用户对该商品感兴趣，日后成交的可能性较大。

- **下单率** | 下单率即下单转化率，指下单用户数量占访客量的比例。选择下单，说明该用户有较强的购买意向，但可能仍然存在疑虑。此时，商家可以与用户进行沟通以提高转化率。

- **转化率** | 转化率即成交转化率，指下单后付款了的用户数量占访客量的比例。下单的一部分用户可能是加入了购物车但是未付款的。转化率越高说明商品页面优化效果、标题、价格、促销信息对用户吸引力越大。

- **成交件数** | 成交件数是指买家收到货并确认付款的商品数量。成交件数直接体现了商品的销量大小。

- **成交笔数** | 成交笔数是指用户成功购买商品的次数。成交笔数越多，说明该商品的品质好，受到了某些用户的青睐，因此这些用户才会多次购买该商品。同时，商家可以将这些用户视为"老顾客"。

专家指导

运营人员需要对每个商品的销售情况进行了解和跟踪。这样不仅可以持续完善销售计划，促进销量的增长，还可以优化库存和供应链体系，提高供应周转效率，降低店铺运营成本。

3. 交易分析

网店交易情况如何、数据是否正常等是商家应该关注的。一般网店的交易情况可通过访客数、下单人数、下单笔数、下单金额、支付人数、支付金额、客单价等数据来进行观察和分析。在有赞微商城的店铺管理后台中选择"数据/交易分析/交易概览"选项后，"交易概览"页面将显示店铺交易的实时数据，如图 8-5 所示。除客单价外，其他数据指标都比较容易理解，与商品分析的数据指标概念相似，只是这些数据针对的是店铺整体的交易情况，即所有商品的销售情况。下面重点介绍客单价的相关知识。

通常，网店的销售额由访客数、转化率和客单价这 3 个指标决定。因此，围绕着访客数、转化率和客单价这 3 个指标进行运营，就是网店经营的核心内容。而在这 3 个指标中，大多数卖家会主动围绕访客数和转化率进行运营和操作，却忽略了客单价这个指标。因为在他们看来，客单价就是单品价格，没有可以操作的余地和空间。但真的是这样吗？下面就来了解客单价这个指标。

（1）客单价的概念

介绍客单价的概念之前，先举个例子。某网店在上午 11 点至 12 点的时间段，共有 10 位买家进行了交易，成交总额为 12000 元。其中 9 位买家分别成交了 1 笔订单，1 位买家成交了 3 笔订单。那么，该店铺在该时间段的客单价应该是 1200（即：12000÷10）元还是 1000 [即：12000÷（9+3）]元呢？答案是 1200 元。

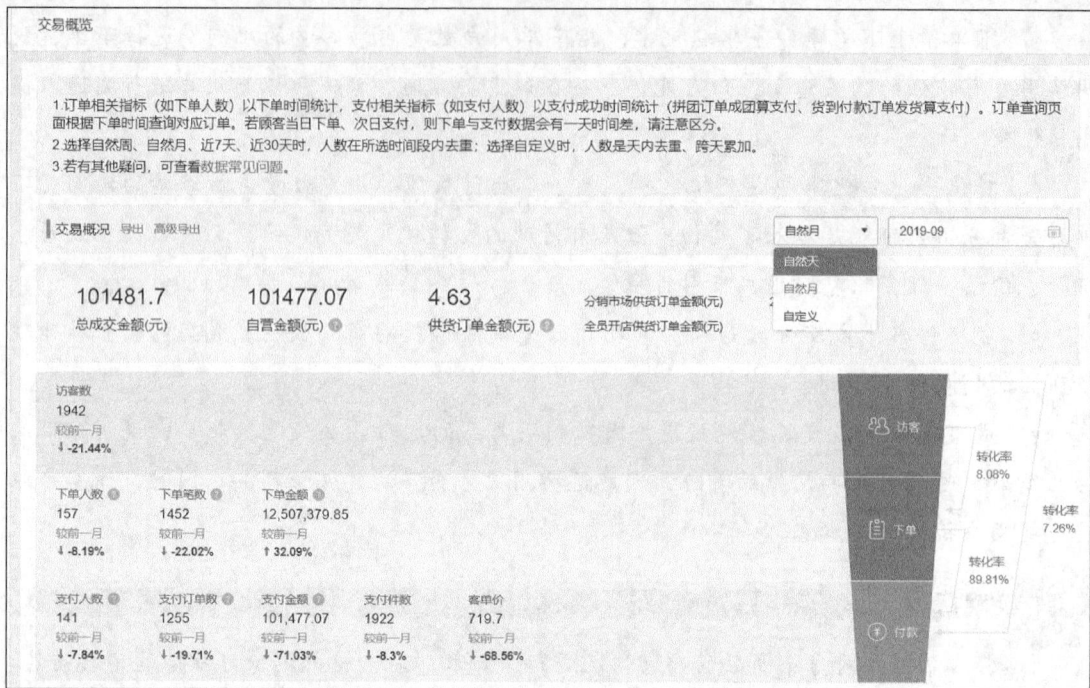

图 8-5　有赞微商城店铺交易概况

原因在于，客单价=成交金额÷成交用户数。该时间段内，成交金额为 12000 元，成交用户数为 10 人，因此客单价为 1200 元。而 12000÷（9+3）=1000 元，这个 1000 元为"笔单价"，即每一笔订单的交易额，人均交易笔数则为（9+3）÷10=1.2 笔。可以发现 1000×1.2=1200，这正好是客单价的数据。因此，笔单价与人均交易笔数的乘积，就是客单价。

可见，客单价是由笔单价和人均交易笔数决定的，这就为提升客单价提供了方向。

（2）影响客单价的因素

影响客单价的因素主要有产品定价、促销优惠、关联销售和购物数量等。

- **产品定价**｜产品定价的高低基本上确定了客单价的多少，理论上客单价只会在该定价的一定范围内上下浮动（正常情况），这与市场经济学里面的价值规律类似。

- **促销优惠**｜在大型促销优惠的过程中，客单价的高低取决于优惠的力度。另外，免运费的最低消费标准的设置对客单价也有重要影响。例如，在"双十一"期间某店铺设置的免运费的最低消费标准为 199 元，也就是消费满 199 元才能免运费。这样的设定，在促销优惠较大的时候，可以让客户选择凑单购买多件商品，这时客单价往往就会比平时提高不少。

- **关联销售**｜这是一个间接影响因素。店铺一般会在某商品的详情页中加入其他商品的链接。这种关联销售是交叉推荐的最原始定义，也称为相互引流。现在基于大数据的算法，首页、搜索页、详情页、订单页等各种页面都会有关联销售的推荐。

- **购物数量**｜这个因素往往由商品类目的属性决定。例如，客户想要买一瓶矿泉水，那么在最近的小卖部购买就行了，一般不会到大型超市去购买；而如果客户选择去超市，那么他预期购买的商品往往不仅是一瓶水，要么会购买一箱矿泉水，要么会顺便购买其他商品。换句话说，对定价不同的商品，购物花费的时间成本与操作成本也会不同。基于这一点，要想提高客单价，就可以设法增加单个客户购物的种类与单个订单内商品的数量。目前许多购物平台推出的"凑单"销售模式的原理就是如此。

（3）提升客单价的方法

客单价由笔单价和人均交易笔数决定，那么当笔单价固定不变时，就可以促使客户购买多件商品来提高客单价。下面就列举一些常见的提升客单价的销售运营方法以供参考。

- **提供附加价值** | 设置消费达到某个值后可以享受的服务。例如，一些需要安装的商品，可以策划"满××元免费上门安装"的活动，因为现在很多卖家都有上门安装的服务，收费也不高，操作起来非常方便。这种运营手段主要针对不愿意动手的客户和需要进行安装的商品，如果客户嫌麻烦往往就会愿意多产生一些交易来满足参加活动的要求，省去自己安装的麻烦。

- **价格吸引** | 最常见的就是"买一送一""买二送三""第二件半价"等优惠活动。利用"买得多就赚得多"的心理，引起客户的购买欲，提升客单价。这种运营手段往往要求店铺的单品种类繁多、款式不一，以产生不错的效果。

- **套餐** | 这种运营手段适合零食类目等商品，商家可以根据店铺人群属性设计不同的套餐。

- **商品详情页关联** | 适合将互补的商品搭配起来关联销售。图8-6所示为某食品店在商品详情页推荐的关联食品。这种运营方式不仅减少了客户自主搭配的烦恼、提高了购物体验，又可以提高客单价，效果往往是比较好的。

图8-6　食品店商品详情页关联销售

8.3 数据运营的分析方法

根据对数据的不同需求，企业可以选择不同的方法对移动商务数据进行分析，并以相关分析信息为基础，进行运营策略的制订与调整。下面介绍常用的 5 种基础数据分析方法。

▶▶▶ 8.3.1 直接观察法

直接观察法是最基本的移动商务数据分析方法。所谓直接观察法，就是利用移动商务平台内的数据分析工具和第三方数据分析平台的数据分析功能，通过绘制的图表等形式，展示出相关数据的变化、对比情况及发展趋势，以找出异常数据，对用户进行画像等。借助于强大的数据分析工具，企业可以有效提升数据处理和分析的效率。

▶▶▶ 8.3.2 AB 测试法

在移动商务数据分析中，AB 测试法通常是设计两个或多个方案，其中 A 方案一般为当前方案，B 方案为其他方案或设想方案。通过测试比较这些方案带来的不同效果，可以选择出最佳方案。例如，设计两个创意广告，通过相同平台的投放效果的不同来选择使用哪一个广告设计；或者设计两套主图和商品详情页，通过比较最终的成交转化率来确定使用哪一套主图和商品详情页。

▶▶▶ 8.3.3 对比分析法

数据分析的结果是企业经营现状的体现，越是精准的数据越能反映当前情况下的业务发展情况。在进行数据分析时，单一的数据分析只能体现单一变量的情况，如某一天的流量、销量，如果将某段时间内不同时期的流量、销量进行对比，就可以得到更多的信息，如流量提高或降低、销量增加或减少等。将某个确定的因素作为比较的条件，对其他的数据进行对比分析，可以得到企业经营过程中的各种数据变化情况，从而更好地发现并解决问题。图 8-7 所示为某店铺第四季度的产品销售额对比情况，从中可以看出 11 月的销售额最高，12 月销售额最低。那么就要对销售额增加与减少的原因进行分析，是因为"双十一"活动的原因导致 11 月的销售额激增，或是市场行情、引流、竞争对手导致 12 月的销售额降低，降低的幅度是否正常？分析出原因后再有针对性地进行解决。

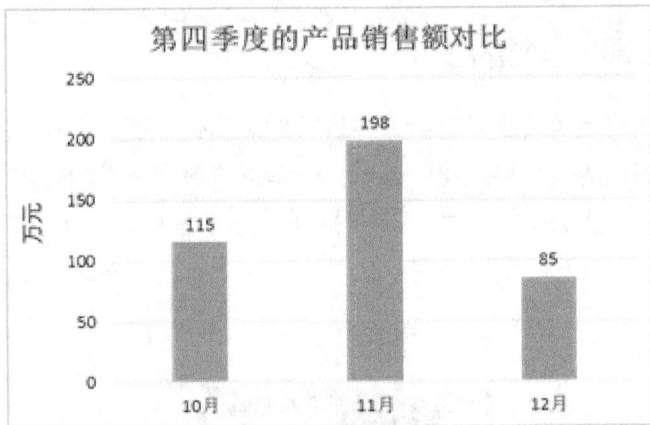

图 8-7　某店铺第四季度的产品销售额对比情况

专家指导

　　对比分析法也可以进行优化前后的对比和活动前后的对比。前者用于判断移动商务运营的调整工作是否有效，如修改标题关键词、优化主图及商品详情页内容、优化访问路径等；后者用于判断移动商务营销推广活动的优化是否有效，找到活动策划的优点和问题各在哪些地方，以便为下一次活动提供更好的数据支持，进一步提高活动的质量和优化活动的效果。

▶▶▶ 8.3.4　拆分分析法

　　拆分分析法是指将一个大的问题进行拆分，将其细分为一个一个的小问题，对小问题进行分析，进而快速找到产生问题的原因。例如，商品销售额主要由流量和转化率来决定，因此，如果发现网店的销售额降低，可将销售额分为流量和转化率两个方面，再分别对每一个方面进行细分，如图 8-8 所示。图 8-8 中列出了导致销售额发生变化的主要因素，对拆分后的数据进行分析可以直观地看出引起问题的原因，从而找到问题根源并进行解决。

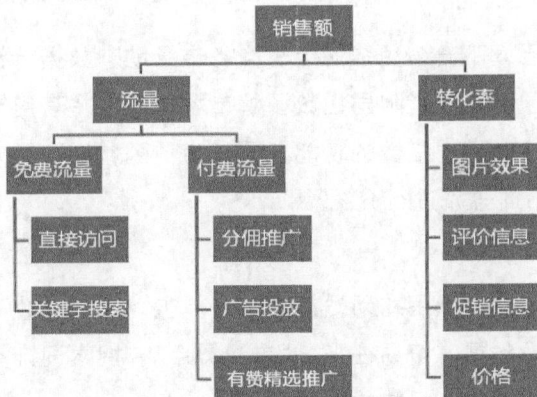

图 8-8　拆分分析法

▶▶▶ 8.3.5　漏斗分析法

漏斗分析法是指对运营各个环节的流程进行对比分析，能够直观地发现并说明问题，适合用于进行电商网店的转化率数据的分析；营销推广各个环节的转化分析（从展现、点击、访问、咨询、订单生成的角度进行分析）；客户各阶段的转化比较等。图 8-9 所示为漏斗分析法示意图。漏斗分析的数据是从上到下逐步变小的，要想达到更好的效果，可以不断扩展漏斗的开口。

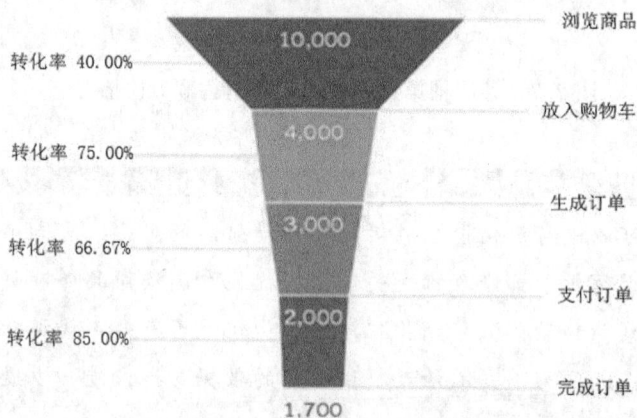

图 8-9　漏斗分析法

8.4　数据运营的分析工具

用于进行数据分析的工具很多，除了电商平台提供的后台数据分析工具，还有一些专门用于移动商务数据分析的平台，如阿里指数、百度指数、百度移动统计、酷传等。商家可以根据自己的实际需要选择相应的工具进行分析。

▶▶▶ 8.4.1　使用阿里指数查看区域与行业的数据

阿里指数是阿里巴巴旗下一个免费的电子商务市场动态数据分析平台。在开店之前需要分析市场行情，商家便可以参考阿里指数了解市场行情，将其用于热门类目、搜索词排行、买家概况等数据分析。阿里指数的功能主要分为"区域指数"分析和"行业指数"分析，如图 8-10 所示，下面分别进行介绍。

1. 区域指数分析

首先登录阿里指数网站，然后在网站首页上方单击"区域指数"超链接即可进入区域指数分析页面。区域指数包括"贸易往来""热门类目""搜索词排行""买家概况""卖家概况"这 5 个数据分析板块，各板块的说明如下。

图 8-10　阿里指数官方网站

- **贸易往来** | 该板块是对交易双方的输出地与输入地进行定位，分析两地之间的商品贸易往来关系，对热门的前 10 名的商品类目进行排序和汇总。图 8-11 所示为"浙江省到四川省"和"四川省到浙江省"的贸易往来分析。

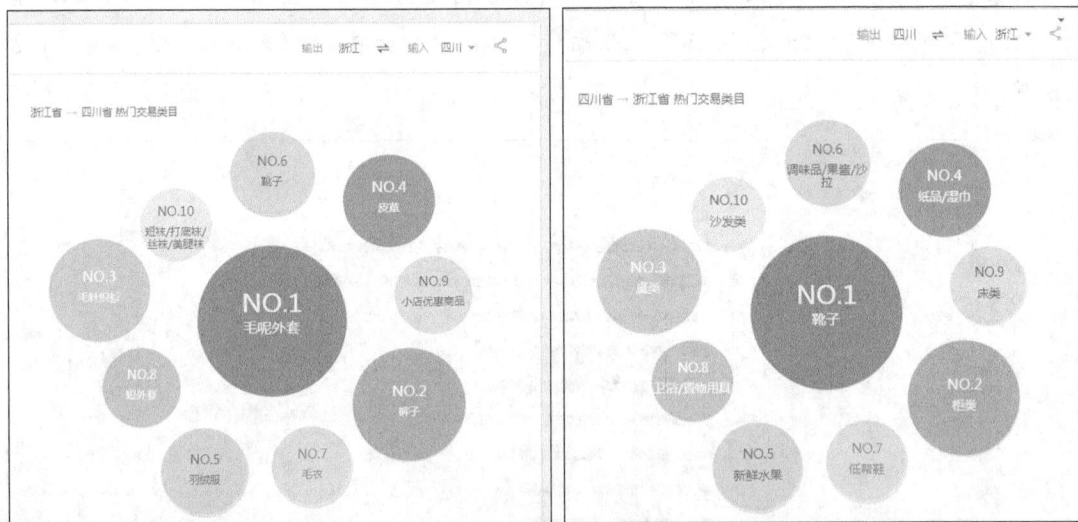

图 8-11　贸易往来分析

专家指导

　　运营人员可以在"贸易往来"页面右上方设置商品的输出地区与输入地区。设置好输出地区和输入地区后，单击 ⇌ 按钮，可快速实现输出地区和输入地区的互换。统计时间不可更改，为最近 7 天的数据。

- **热门类目** | 切换到"热买"和"热卖"选项卡，页面将显示目标省份前 10 名的热

门商品购买类目和商品销售类目，以及对应的地区。图 8-12 所示为浙江省的商品类目热买排行榜和热卖排行榜。

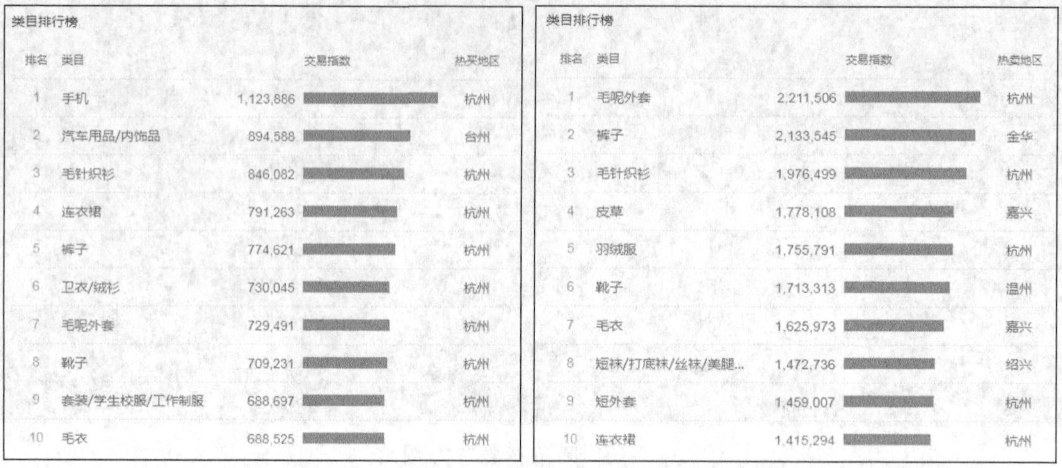

图 8-12　浙江省的商品类目热买排行榜和热卖排行榜

- **搜索词排行**｜运营人员可以在搜索词排行数据分析板块中查询目标省份最热门的前 10 名搜索词及其对应的搜索指数。单击搜索词项目对应的"操作"栏中的"趋势图"按钮 ，则可显示对应搜索词近 7 天的搜索指数折线图。图 8-13 所示为浙江省前 10 名的搜索词排名。此外，切换到"涨幅榜"选项卡，可查询搜索涨幅最大的前 10 名搜索词。

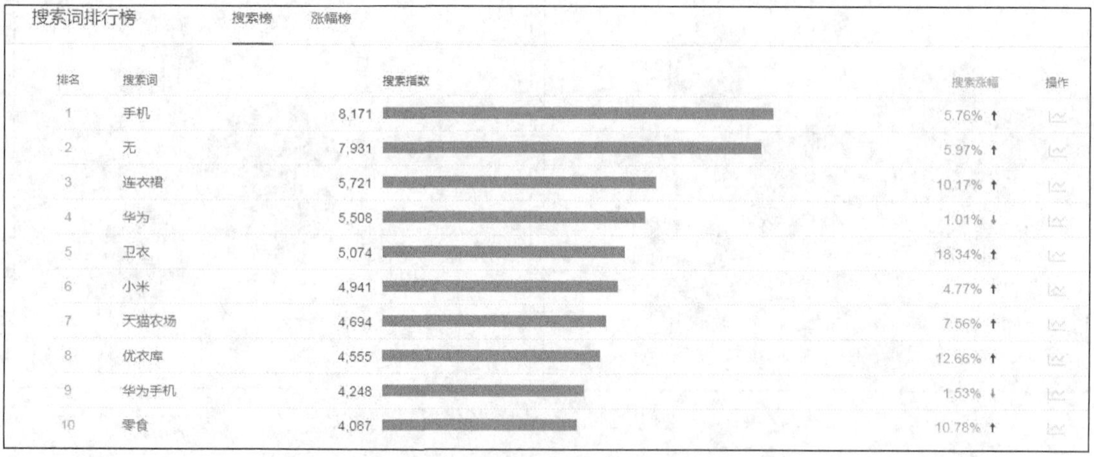

图 8-13　浙江省的搜索词排名

- **买家概况**｜该板块用于显示目标区域消费者的性别占比、年龄阶段占比、爱好（喜好度）、淘宝会员等级占比及终端偏好占比等数据，能够让用户直观地看到目标区域消费者的总体情况，如图 8-14 所示。
- **卖家概况**｜该板块用于显示目标区域商家的主营行业占比、星级占比和经营阶段占比等数据，能够让用户直观地看到目标区域商家的总体情况，如图 8-15 所示。

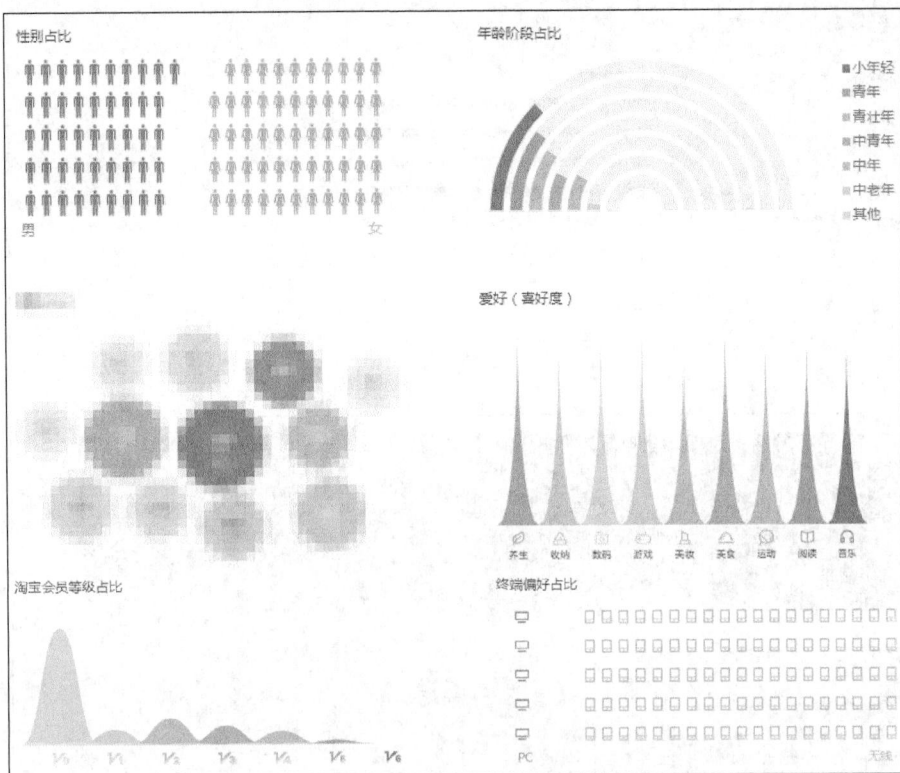

图 8-14　买家概况分析

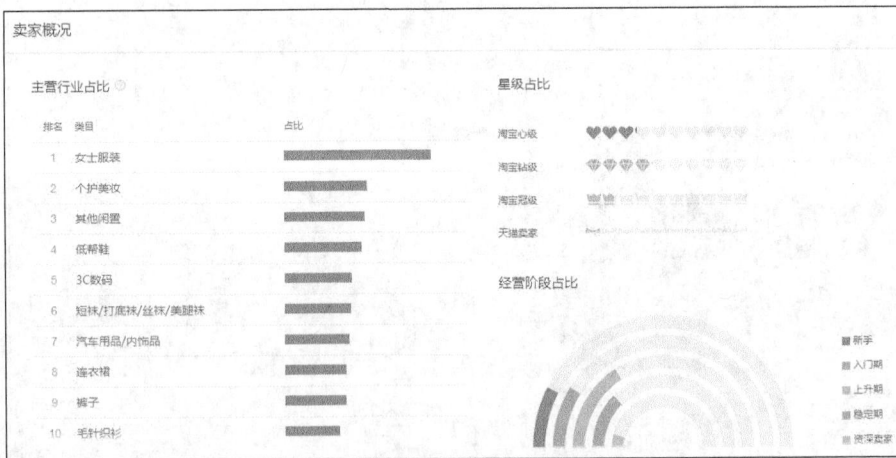

图 8-15　卖家概况分析

2. 行业指数分析

在阿里指数网站上方单击"行业指数"超链接，即可进入行业指数分析页面。运营人员可以利用行业指数下方的导航条进一步查看相应的行业数据，并且还可以在导航条右侧设置查询行业的细分类目。

行业指数分析是指对某个行业的细分类目的"搜索词排行""热门地区""买家概况""卖家概况"等数据进行分析，以帮助用户更好地获得所需类目的相关信息，从而做出合理的营销方案。图 8-16 所示为"女装/女士精品/风衣"类目对应的数据分析结果。

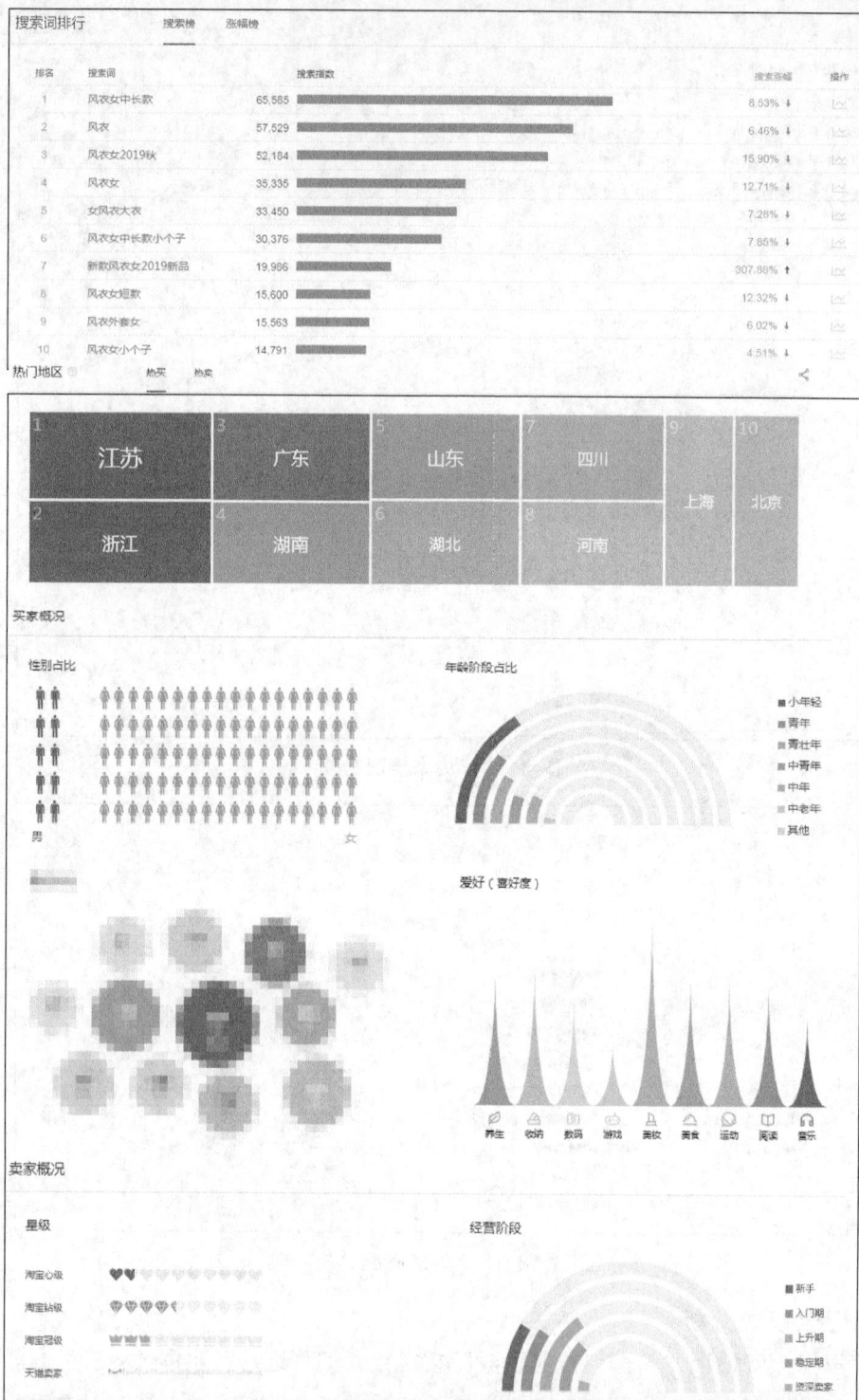

图 8-16 "女装/女士精品/风衣"类目对应的数据分析结果

8.4.2　使用百度指数查看趋势、需求和人群画像

百度指数是以百度搜索引擎的数据为基础进行数据统计与分析的平台，能够帮助用户

查询某个关键词在百度的搜索规模、关键词在某段时间内的涨跌态势以及与其相关的新闻舆论变化，关注这些关键词的用户是什么样的、分布在哪里等。

　　百度指数的主要功能包括基于关键词的趋势研究、需求图谱和人群画像等，用户登录百度指数网站后，即可在首页的搜索框中输入关键词，如输入"卫衣"，如图 8-17 所示，单击 开始探索 按钮即可在打开的页面中查看相关数据。

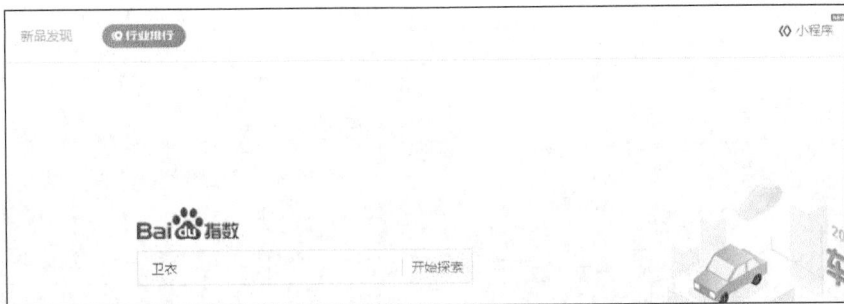

图 8-17　输入关键词

1. 趋势研究

　　用户输入关键词并单击 开始探索 按钮后，系统将默认打开"趋势研究"页面，用户可查看关键词的搜索指数和资讯关注。

　　（1）搜索指数

　　搜索指数默认显示的是输入的关键词在全国范围内近 30 天的"PC 端+移动端"的搜索指数趋势图，以及各种日均值和同比、环比数值。该页面默认选中 新闻头条 复选框，在搜索指数趋势图中与关键词相关的新闻头条将以大写字母进行显示，单击该字母可显示相应新闻的时间和简介内容，如图 8-18 所示，单击简介内容可直接进入新闻页查看新闻。此外，用户可在页面右上方手动设置统计周期（"近 7 天""近 30 天""近 90 天"等）、终端来源（"PC""移动""PC+移动"）和统计范围（全国或各省份）。

图 8-18　"卫衣"的搜索指数数据

在"趋势研究"页面左上方单击 添加对比 按钮，在打开的文本框中输入其他关键词，如"风衣"，单击 确定 按钮，此时页面可同时显示两个关键词的搜索指数数据，如图 8-19 所示。

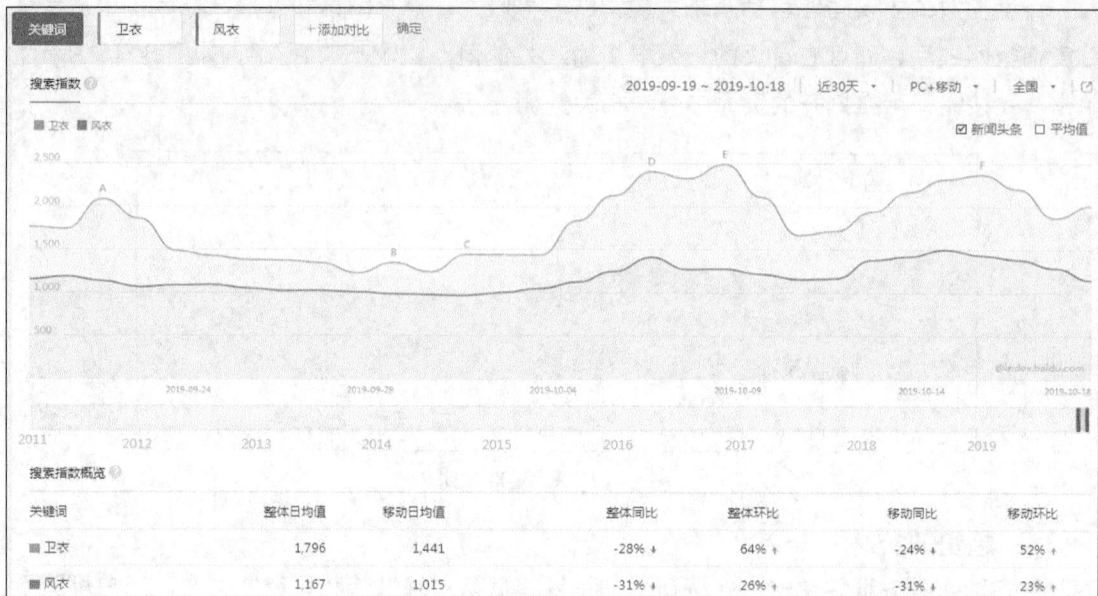

图 8-19 "卫衣"和"风衣"的搜索指数数据

（2）资讯关注

资讯关注包括"资讯指数"和"媒体指数"两个板块。系统默认打开的是"资讯指数"页面，该页面用于显示输入的关键词在全国范围内近 30 天的资讯指数趋势图，以及日均值、同比和环比数值，如图 8-20 所示。切换到"媒体指数"选项卡可打开"媒体指数"页面，显示媒体指数趋势图，同时与关键词相关的新闻头条将以大写字母进行显示，单击该字母可以显示当日与关键词相关的新闻头条。

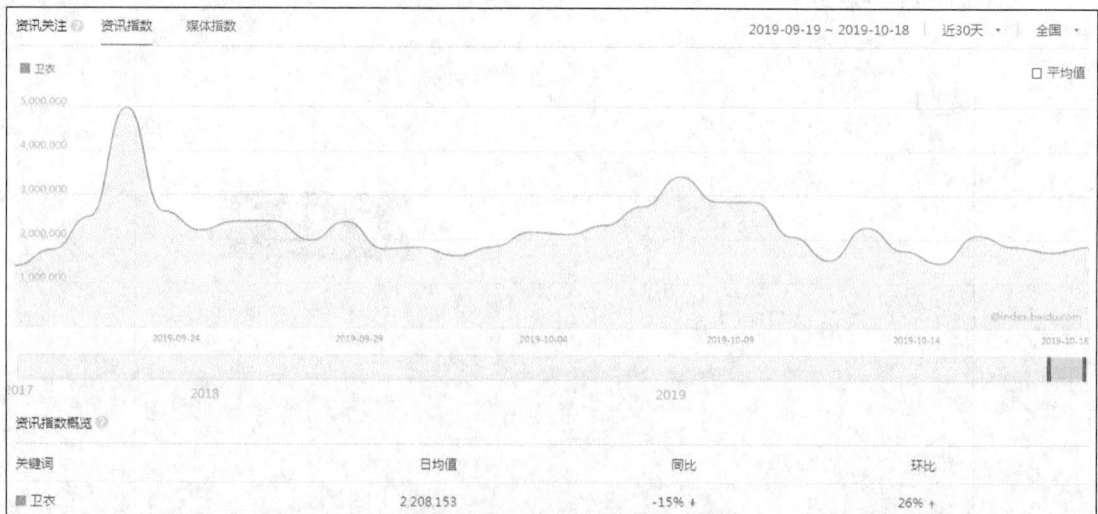

图 8-20 "卫衣"资讯指数分析

2. 需求图谱

需求图谱能够显示用户最近 7 天对搜索的关键词关注的内容和关注点。图 8-21 所示为"卫衣"关键词的需求图谱。另外，需求图谱下方还显示了与搜索关键词相关的词语的搜索热度和搜索变化率，如图 8-22 所示。

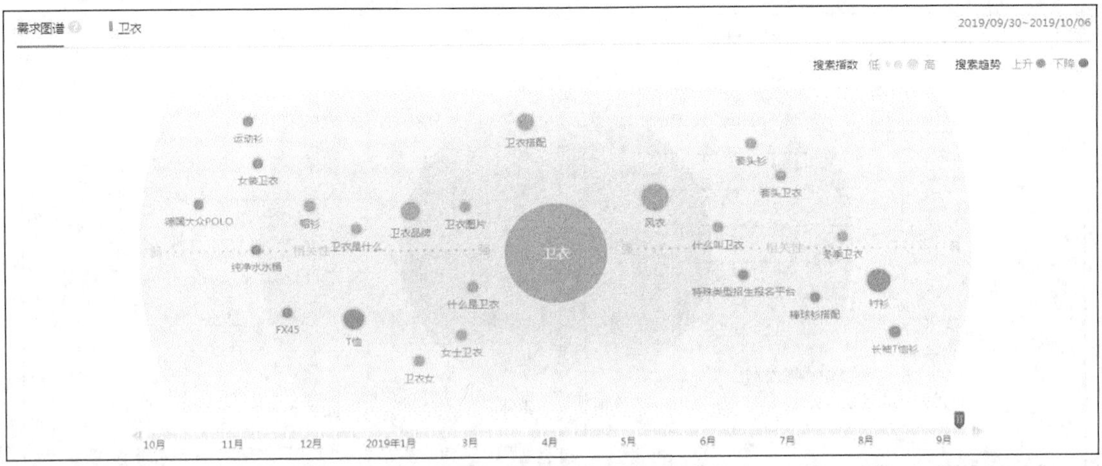

图 8-21 "卫衣"的需求图谱

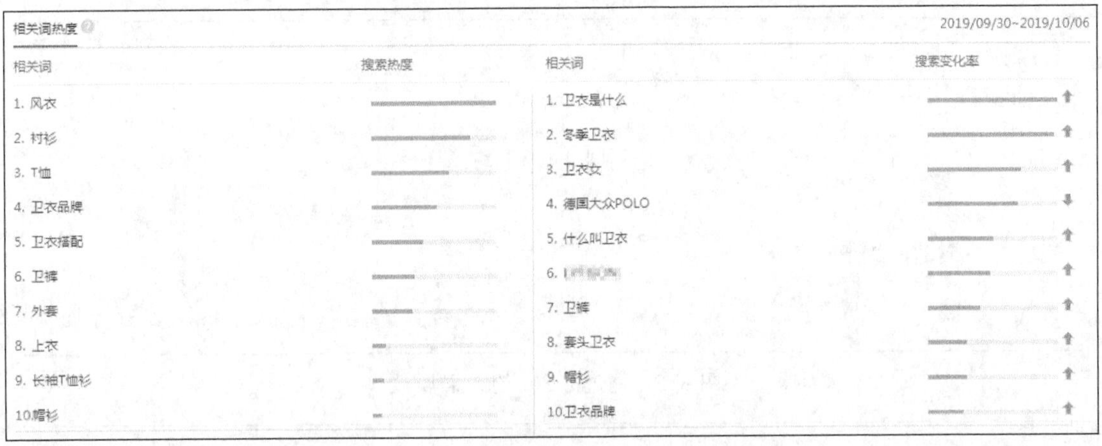

图 8-22 相关词的搜索热度和搜索变化率

专家指导

根据百度指数的数据来选择核心关键词时，关键词的搜索指数越高，说明关键词被搜索的次数越多，流量越大，关键词越热门，这样的词语就越有价值，但关键词的竞争也越激烈。与之相对的是冷门关键词，这样的关键词排名也比较靠前，但搜索量较少。

3. 人群画像

百度指数的人群画像功能可对关键词的地域分布、人群属性、兴趣分布进行分析。其中：地域分布数据用于显示关键词在各省份、区域和城市的排名情况，图 8-23 所示为各省份和各城市的卫衣搜索排名，切换到"省份""区域""城市"选项卡，即可进行相应的查看；人群属性数据显示了关键词在各年龄段和不同性别人群中的搜索分布情况，如图8-24所示；兴趣分布数据则用于显示各兴趣类目下，搜索关键词的人群占比，如图8-25所示。

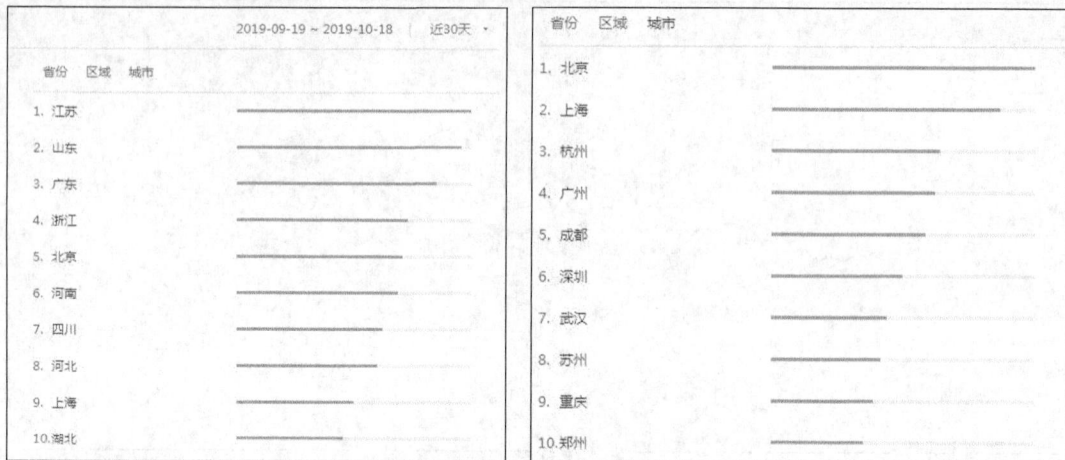

图 8-23　各省份和各城市的卫衣搜索排名

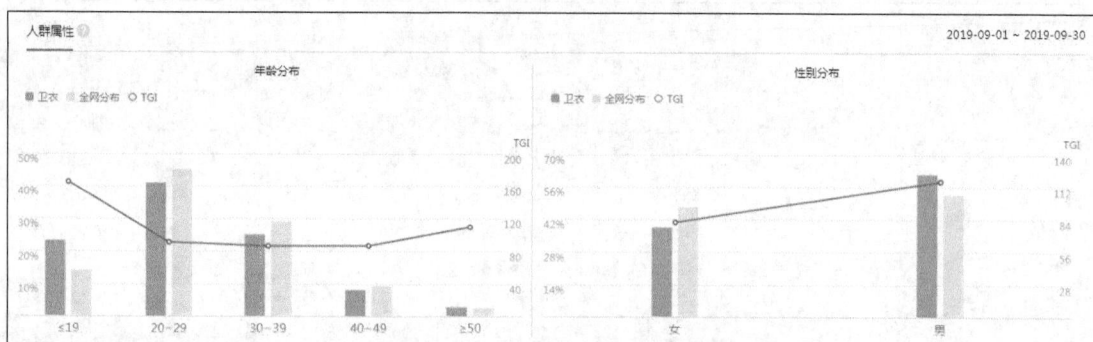

图 8-24　搜索卫衣的人群属性

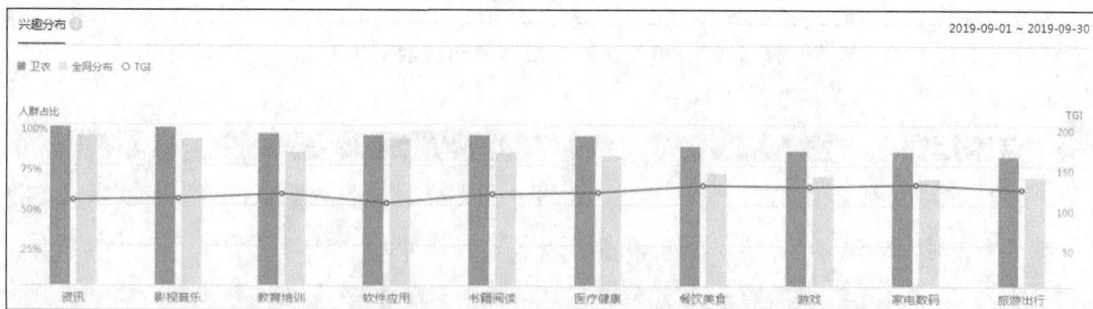

图 8-25　搜索关键词的人群占比

▶▶▶ 8.4.3　使用百度移动统计分析 App 应用数据

百度移动统计是一款移动应用统计分析工具，支持 iOS 和 Android 系统。开发者可以通过嵌入统计 SDK（指软件开发工具包，即开发应用软件时的相关文档和工具的集合），实现对移动应用的全面监测，从而实时掌握产品情况，洞察用户行为。

　　使用百度移动统计时，需要首先使用百度账号登录百度移动统计网站（一个账号可以同时管理多个应用），然后将跳转到完善信息页面，填写个人基本信息后，单击  同意以下协议并开通 按钮开通百度移动统计服务，如图 8-26 所示。此时系统将打开新增应用页面，填写应用的基本信息，包括应用类型、平台、应用名称、内容分类及描述等，如图 8-27 所示，获取应用的唯一识别码（即 AppKey）。最后在打开的"新增应用-集成 SDK"页面中按照步骤提示完成 SDK 接入配置，如图 8-28 所示。完成配置后即可进入百度移动统计平台。

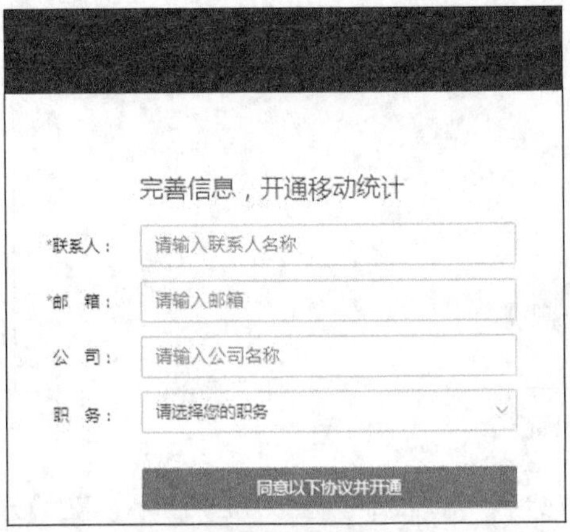

图 8-26　完善信息

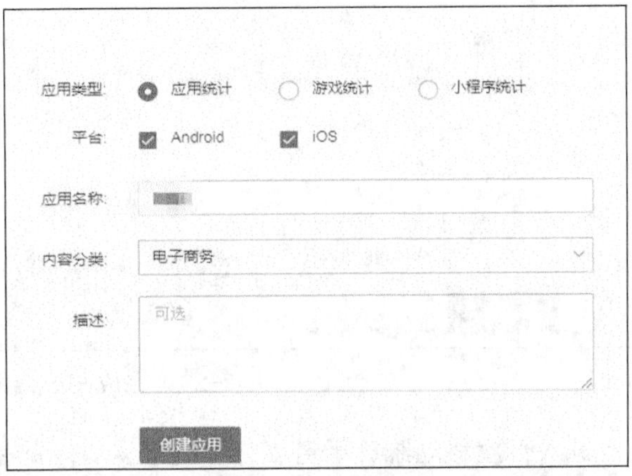

图 8-27　创建应用

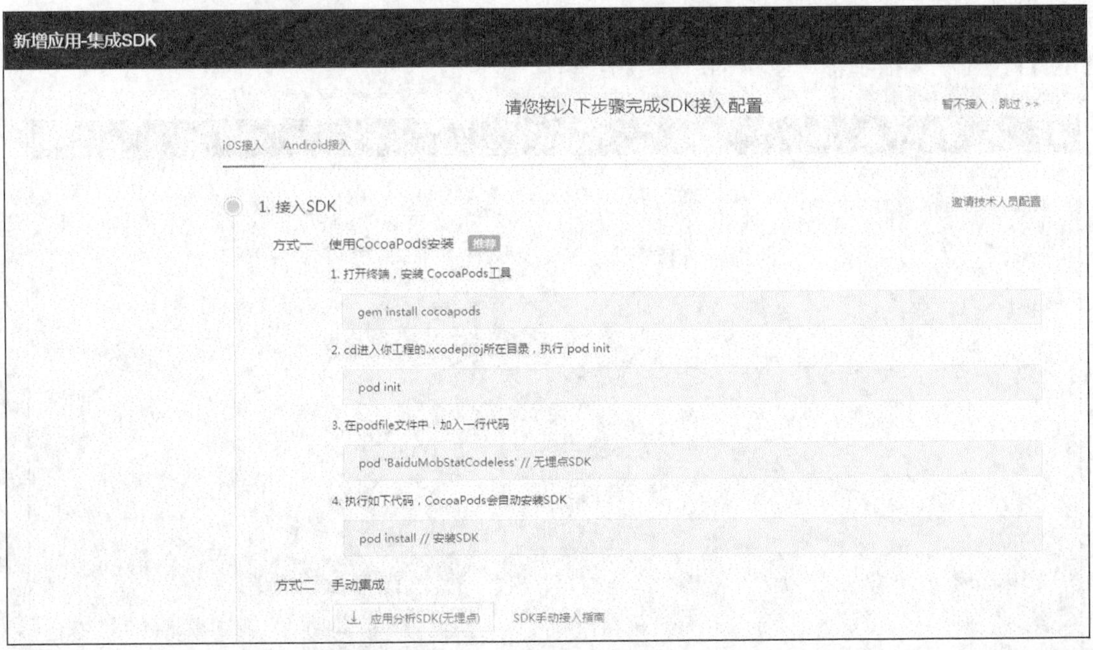

图 8-28　完成 SDK 接入配置

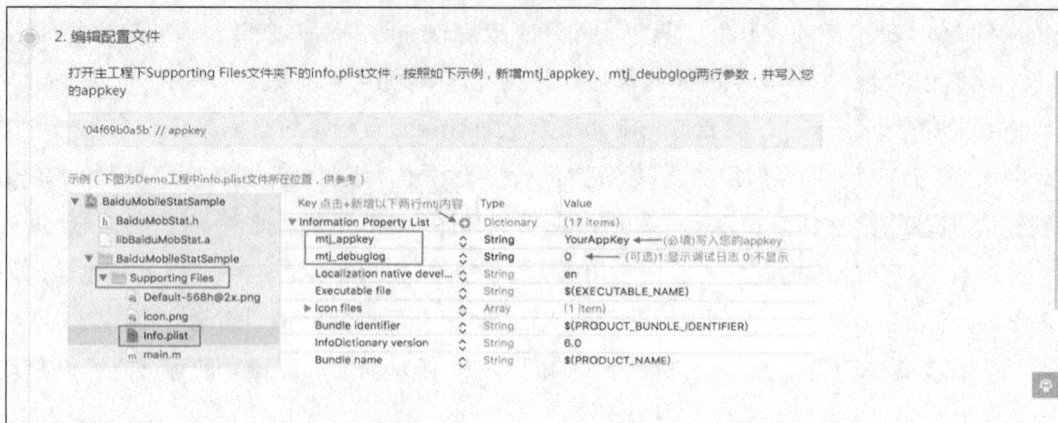

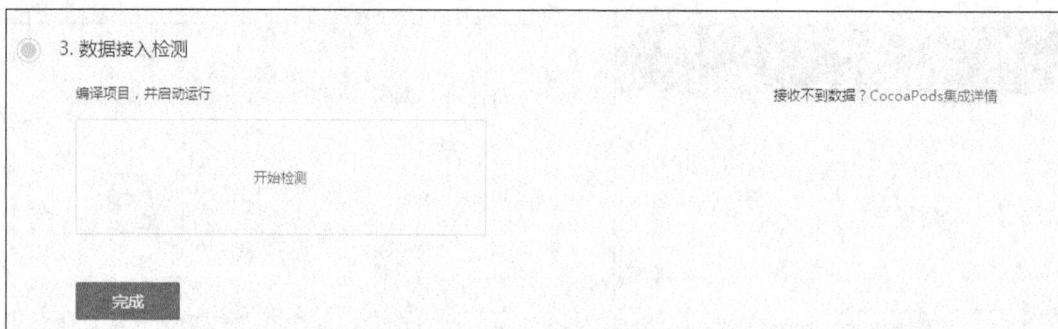

图 8-28　完成 SDK 接入配置（续）

进入百度移动统计平台后，系统默认显示的是"分析"页面，如图 8-29 所示。在"分析"页面左侧的导航栏中可看到用于 App 等移动应用的数据统计分析板块，包括"定制分析""用户分析""使用行为""渠道分析""启动来源""留存分析""转化分析"等数据分析项目，几乎囊括了移动应用的所有数据指标。

图 8-29　"分析"页面

8.4.4 使用酷传发布与监控 App

酷传是一款发布与监控 App 的工具，致力于为企业或 App 开发者提供一站式的服务。图 8-30 所示为酷传官方网站首页。

图 8-30 酷传官方网站首页

酷传包含 4 个功能板块，即"发布""监控""关键词投放""位置投放"，下面对各板块的功能分别进行说明。

- **发布** | 酷传的发布功能支持一键发布 App，以帮助企业一键发布 App 到多家主流 App 应用商店（包括 360 应用商店、百度应用商店、应用宝、华为应用商店、小米应用商店、OPPO 应用商店、魅族应用商店等），并实时查看 App 的发布状态。

- **监控** | 该板块用于查看 App 在多家主流应用商店的数据，如下载量、搜索排名、评分评论等数据，并与竞品进行系统的数据对比分析，帮助企业了解市场竞争情况，掌握最佳获客策略。用户在"监控"板块的文本框中输入应用名称或 App ID（App 的账号编码），如输入"Keep"，按<Enter>键即可进入数据分析页面查看相关数据，如图 8-31 所示。在数据分析页面中，单击页面左上方的 Android 或 iOS 按钮可切换监控的系统，带有标记的分析选项则需要付费开通。

- **关键词投放** | 该板块用于提供关键词投放平台和应用商店优化（AppStore Optimization，ASO）方案，并用于帮助用户提升 App 在各应用商店排行榜和搜索结果的排名，提升产品影响力及自然下载量，即利用应用商店的搜索规则和排名规则让 App 更容易被用户搜索或看到。

- **位置投放** | 该板块为企业提供了 App 广告投放服务，支持 OPPO、vivo、华为、百度、豌豆荚、应用宝等投放平台。

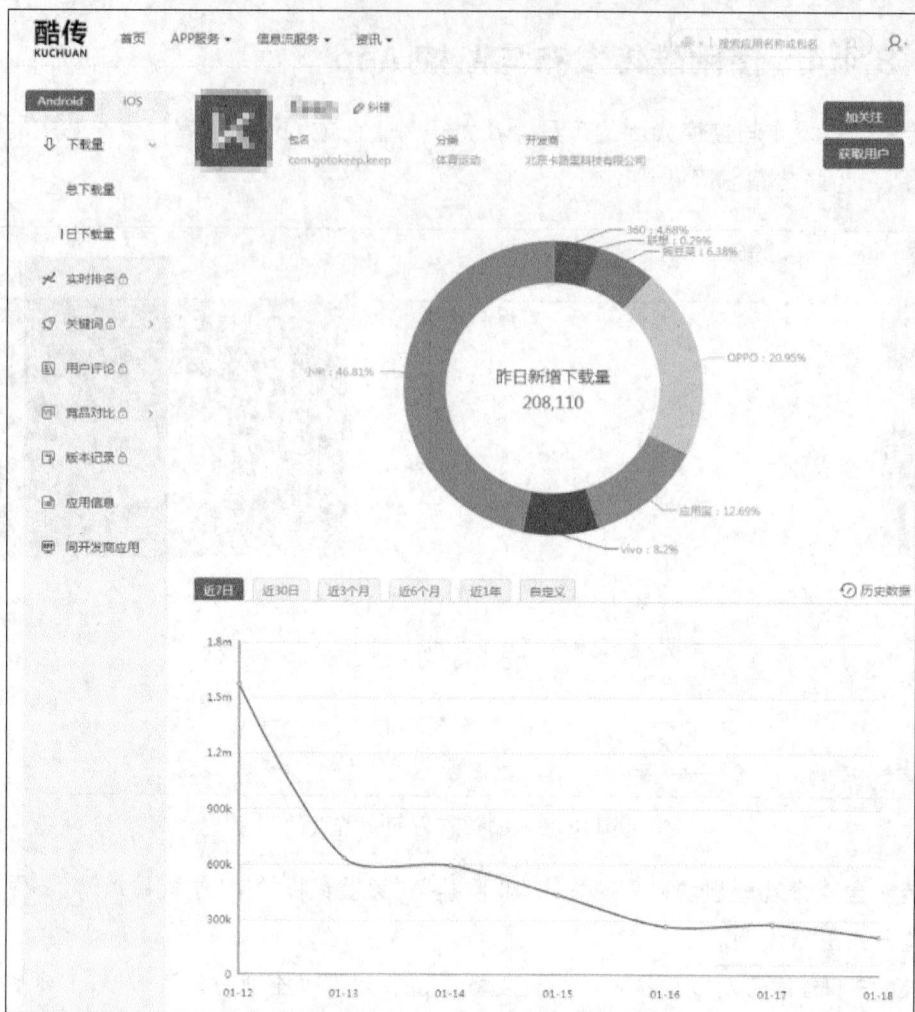

图 8-31　App 数据监控页面

专家指导

　　用于 App 数据分析的工具较多，除百度移动统计和酷传外，常见的工具还有腾讯移动分析、友盟、七麦数据、蝉大师等。其中，腾讯移动分析、友盟的操作和功能与百度移动统计相似，七麦数据、蝉大师的操作和功能与酷传相似。此外，多数 App 数据分析工具的部分功能均需要付费开通。

8.5　实战训练

　　本章首先介绍了数据运营的基础知识，然后重点介绍了数据运营的分析指标、分析方法和分析工具的相关内容。为了更好地掌握移动商务数据运营分析的相关知识与操作，下面我们将通过一系列实践训练来进行练习。

▶▶▶ 8.5.1　实战目标

本章实战目标主要包括以下几个。

- 熟悉网店数据分析和 App 数据分析中各指标的含义。
- 掌握阿里指数的使用方法。
- 掌握在有赞微商城中对店铺数据进行分析的操作。
- 掌握百度移动统计的使用方法。
- 掌握使用直接观察法对数据进行分析的方法。

▶▶▶ 8.5.2　实战要求

① 进入阿里指数的行业指数页面后，选择"连衣裙"行业，查看搜索词的排名情况，并说明不同搜索词搜索量上涨和下降的原因（如秋冬连衣裙的搜索量上涨、秋装连衣裙搜索量下降可能是因为进入冬季后，天气开始变化）。然后说明热买、热卖地区，以及买家性别占比、年龄阶段占比、卖家的经营阶段等数据表明的行业状态。

② 登录有赞微商城的店铺管理后台，在"流量分析"栏目下查看"流量总览"和"访客特征"的情况，分析店铺访客数、新访客数、支付人数、访问-支付转化率、访问深度、访客地域分布等数据；在"交易分析"栏目下查看"交易概览"的情况，分析下单人数、下单笔数、下单金额、支付人数、支付金额、转化率和客单价等数据。然后根据流量和交易的分析数据，说明目前店铺的大体经营状况。

③ 在百度移动统计中添加 App，在"分析"页面中查看最近 7 天和最近 30 天的活跃用户、启动来源概况、新用户留存数据，并结合数据情况说明目前 App 的大体运营情况。

▶▶▶ 8.5.3　实战步骤

本实战的主要操作如下。

① 登录阿里指数网站，单击"行业指数"超链接，进入行业指数分析页面。在导航条中选择"女装/女装精品/连衣裙"选项，分别切换到"搜索词排行""热门地区""买家概况""卖家概况"选项卡查看对应行业数据。

② 登录有赞微商城的店铺管理后台，选择"数据/流量分析/流量总览"选项，打开"流量总览"页面，查看"流量总览"的流量数据；选择"数据/流量分析/访客特征"选项，打开"访客特征"页面，查看访问深度、访客地域分布等数据；选择"数据/交易分析/交易概览"选项，打开"交易概览"页面，查看店铺当前的交易概况。

③ 登录百度移动统计网站，按照操作提示完成新增应用配置。进入百度移动统计平台后，在"分析"页面左侧的导航栏中选择"用户分析/活跃用户"选项，打开"活跃用户"页面，分别将统计时间设置为"最近 7 天"和"最近 30 天"，查看对应统计时间内的活跃

用户数据情况；选择"启动来源/启动来源概况"选项，打开"启动来源概况"页面，分别将统计时间设置为"最近 7 天"和"最近 30 天"，查看对应的数据情况；选择"留存分析/新用户留存"选项，打开"新用户留存"页面，分别将统计时间设置为"最近 7 天"和"最近 30 天"，查看对应的数据情况。

8.6 课后练习

一、简答题

1. 简述数据运营对移动商务运营有何作用。

2. 数据运营的条件和依据分别是什么？

3. 简述数据分析对网店的经营有何作用。

4. 网店数据分析的主要数据有哪些？App 数据分析的主要数据有哪些？

5. 有哪些方法可提高网店客单价？

二、操作题

1. 使用阿里指数分析"零食/坚果/特产/巧克力"的行业指数概况。

2. 在有赞微商城中，使用后台的数据分析工具，查看流量、商品和交易的数据概况，大体说明目前店铺的经营状况。

3. 使用酷传查看竞争对手 App 的运营数据。